Tantra : La Chanson du Tilopa Mahamoudra

Dhamma Bouddha

Published by Dhamma Bouddha, 2024.

While every precaution has been taken in the preparation of this book, the publisher assumes no responsibility for errors or omissions, or for damages resulting from the use of the information contained herein.

TANTRA : LA CHANSON DU TILOPA MAHAMOUDRA

First edition. June 21, 2024.

Copyright © 2024 Dhamma Bouddha.

ISBN: 979-8227519498

Written by Dhamma Bouddha.

Table des Matières

L'expérience ultime... 1

Le problème de fond...25

La nature des ténèbres et de la lumière.................................47

Soyez comme un bambou creux..67

La vérité innée 88

Le grand enseignement.. 116

Le chemin sans chemin 143

Couper la racine... 170

Au-delà et au-delà 194

La compréhension suprême..217

L'expérience ultime

DANS SA CHANSON DE MAHAMOUDRA, TILOPA DIT : MAHAMOUDRA EST AU-DELÀ DE TOUS LES MOTS ET SYMBOLES, MAIS POUR TOI, NAROPA, SINCÈRE ET LOYAL, CECI DOIT ÊTRE DIT :

LE VIDE N'A BESOIN D'AUCUNE CONFIANCE, MAHAMOUDRA NE REPOSE SUR RIEN. SANS FAIRE D'EFFORT, MAIS EN RESTANT LIBRE ET NATUREL, ON PEUT BRISER LE JOUG - ET AINSI OBTENIR LA LIBÉRATION.

L'expérience de l'ultime n'est pas une expérience du tout - parce que l'expérimentateur est perdu. Et quand il n'y a pas d'expérimentateur, que peut-on en dire ? Qui le dira ? Qui racontera l'expérience ? Lorsqu'il n'y a pas de sujet, l'objet disparaît également - les rives disparaissent, seule la rivière de l'expérience demeure. La connaissance est là, mais le connaisseur n'est pas là.

Cela a été le problème de tous les mystiques. Ils atteignent l'ultime, mais ils ne peuvent pas en parler à ceux qui les suivent. Ils ne peuvent pas en parler à ceux qui voudraient avoir une compréhension intellectuelle. Ils sont devenus un avec lui. Tout leur être est en relation avec elle, mais aucune communication intellectuelle n'est possible. Ils peuvent vous le donner si vous êtes prêts à recevoir ; ils peuvent permettre que cela se produise en vous si vous le permettez également, si vous êtes réceptifs et ouverts. Mais les mots ne suffisent pas, les symboles ne sont d'aucune aide ; les théories et les doctrines ne sont d'aucune utilité.

L'expérience est telle qu'elle ressemble plus à un vécu qu'à une expérience. C'est un processus - qui commence, mais qui ne se termine jamais. Vous y entrez, mais vous ne la possédez jamais. C'est comme une goutte qui tombe dans l'océan, ou l'océan lui-même qui tombe dans la goutte. C'est une fusion profonde, c'est l'unité, vous vous fondez simplement en elle. Rien n'est laissé derrière, pas même une trace, alors qui va communiquer ? Qui reviendra dans le monde de la vallée ? Qui reviendra dans cette nuit noire pour vous le dire ?

Tous les mystiques du monde entier se sont toujours sentis impuissants en matière de communication.

La communion est possible, mais la communication, non. Cela doit être compris dès le début.

Une communion est une dimension totalement différente : deux cœurs se rencontrent, c'est une histoire d'amour. La communication se fait de tête à tête ; la communion se fait de cœur à cœur, la communion est un sentiment. La communication est une connaissance : seuls les mots sont donnés, seuls les mots sont dits, et seuls les mots sont pris et compris.

Et les mots sont tels : la nature même des mots est si morte que rien de vivant ne peut être relaté à travers eux. Même dans la vie ordinaire, en laissant de côté l'ultime, même dans l'expérience ordinaire, lorsque vous avez un moment de pointe, un moment extatique, lorsque vous ressentez vraiment quelque chose et devenez quelque chose, il devient impossible de le raconter avec des mots.

Dans mon enfance, j'avais l'habitude d'aller tôt le matin à la rivière. C'est un petit village. La rivière est très très paresseuse, comme si elle ne coulait pas du tout. Et le matin, quand le soleil n'est pas encore levé, on ne peut pas voir si elle coule, tant elle est paresseuse et silencieuse. Et le matin, quand il n'y a personne, les baigneurs ne sont pas encore venus, c'est terriblement silencieux. Même les oiseaux ne chantent pas le matin - tôt, aucun son, juste une absence de son. Et l'odeur des manguiers flotte sur la rivière.

J'avais l'habitude d'aller là, dans le coin le plus éloigné de la rivière, juste pour m'asseoir, juste pour être là. Il n'y avait pas besoin de faire quoi que ce soit, il suffisait d'être là, c'était une si belle expérience d'être là. Je prenais un bain, je nageais, et quand le soleil se levait, j'allais sur l'autre rive, sur la vaste étendue de sable, et je me séchais là sous le soleil, et je m'étendais là, et parfois même je m'endormais.

Quand je revenais, ma mère me demandait : "Qu'as-tu fait toute la matinée ?" Je répondrai : "Rien", car en fait, je n'avais rien fait. Et elle me disait : "Comment est-ce possible ? Quatre heures que tu n'es pas là, comment est-ce possible que tu n'aies rien fait ? Tu dois avoir fait quelque chose." Et elle avait raison, mais je n'avais pas tort non plus.

Je ne faisais rien du tout. J'étais simplement là, avec la rivière, sans rien faire, en laissant les choses se produire. Si j'avais envie de nager, rappelez-vous, si j'avais envie de nager, je nageais, mais ce n'était pas un acte de ma part, je ne forçais rien. Si j'avais envie d'aller dormir, j'y allais.

Des choses se produisaient, mais il n'y avait pas de faiseur. Et mes premières expériences de satori ont commencé près de cette rivière : sans rien faire, en étant simplement là, des millions de choses se produisaient.

Mais elle insistait : "Tu as dû faire quelque chose." Alors je disais : "D'accord, j'ai pris un bain et je me suis séché au soleil", et elle était satisfaite. Mais je ne l'étais pas, parce que ce qui s'est passé là-bas dans la rivière n'est pas exprimé par des mots : "J'ai pris un bain" - ça a l'air si pauvre et si pâle. Jouer avec la rivière, flotter dans la rivière, nager dans la rivière, c'était une expérience si profonde. Dire simplement : "J'ai pris un bain" n'a aucun sens ; ou dire simplement : "Je suis allé là-bas, je me suis promené sur la rive, je me suis assis là", ne transmet rien.

Même dans la vie ordinaire, vous ressentez la futilité des mots. Et si vous ne ressentez pas la futilité des mots, cela montre que vous n'avez pas vécu du tout ; cela montre que vous avez vécu très superficiellement. Si ce que vous avez vécu peut être transmis par des mots, cela signifie que vous n'avez pas vécu du tout.

Lorsque, pour la première fois, quelque chose commence à se produire qui est au-delà des mots, la vie vous est arrivée, la vie a frappé à votre porte. Et lorsque l'ultime frappe à votre porte, vous êtes tout simplement au-delà des mots - vous devenez muet, vous ne pouvez pas dire ; pas même un seul mot ne se forme en vous. Et tout ce que vous dites semble si pâle, si mort, si vide de sens, sans aucune signification, qu'il semble que vous fassiez une injustice à l'expérience qui vous est arrivée. Souvenez-vous de cela, car le Mahamoudra est la dernière, l'ultime expérience.

Mahamoudra signifie un orgasme total avec l'univers. Si vous avez aimé quelqu'un et que vous avez parfois ressenti une fusion - les deux ne sont plus deux ; les corps restent séparés, mais quelque chose entre les corps crée un pont, un pont d'or, et la gémellité intérieure disparaît ; une seule énergie vitale vibre sur les deux pôles - si cela vous est arrivé, alors vous seul pouvez comprendre ce qu'est le Mahamoudra. Des millions et des millions de fois plus profond, des millions et des millions de fois plus haut, c'est le Mahamoudra. C'est un orgasme total avec le tout, avec l'univers. C'est se fondre dans la source de l'être.

Et ceci est une chanson de Mahamoudra. Il est beau que Tilopa l'ait appelé un chant. Vous pouvez le chanter, mais vous ne pouvez pas le dire ;

vous pouvez le danser, mais vous ne pouvez pas le dire. C'est un phénomène si profond que le chant peut en transmettre une toute petite partie - non pas ce que vous chantez, mais la manière dont vous le chantez.

De nombreux mystiques ont simplement dansé après leur expérience ultime ; ils ne pouvaient rien faire d'autre.

Ils disaient quelque chose par l'intermédiaire de tout leur être et de tout leur corps ; en fait, le corps, l'esprit, l'âme, tout ce qui est impliqué. Ils dansaient ; ces danses n'étaient pas des danses ordinaires. En fait, toutes les danses sont nées à cause de ces mystiques ; c'était une façon de raconter l'extase, le bonheur, la félicité. Quelque chose d'inconnu a pénétré dans le connu, quelque chose de l'au-delà est venu sur la terre - que pouvez-vous faire d'autre ? Vous pouvez le danser, vous pouvez le chanter. C'est un chant de Mahamoudra.

Et qui va la chanter ? Tilopa n'est plus. Le sentiment orgasmique lui-même chante. Ce n'est pas une chanson de Tilopa ; Tilopa n'est plus. L'expérience elle-même vibre et chante. Ainsi, le chant du Mahamoudra, le chant de l'extase, l'extase elle-même le chante. Tilopa n'a rien à faire ; Tilopa n'est plus là du tout, Tilopa s'est fondu. Lorsque le chercheur est perdu, alors seulement le but est atteint. Ce n'est que lorsque l'expérimentateur n'est plus, que l'expérience est là. Cherchez et vous le manquerez - parce que grâce à votre recherche, le chercheur sera renforcé. Ne cherchez pas et vous le trouverez. La recherche même, l'effort même, devient une barrière, car plus vous cherchez, plus l'ego est renforcé : le chercheur. Ne cherchez pas.

C'est le message le plus profond de toute cette chanson du Mahamoudra : ne cherchez pas, restez simplement tel que vous êtes, n'allez nulle part ailleurs. Personne n'atteint jamais Dieu, personne ne le peut car vous ne connaissez pas l'adresse. Où irez-vous ? Où trouverez-vous le divin ? Il n'y a pas de carte, il n'y a pas de chemin, et il n'y a personne pour dire où il se trouve. Non, personne n'atteint jamais Dieu. C'est toujours l'inverse : Dieu vient à vous. Dès que vous êtes prêt, il frappe à votre porte ; il vous cherche dès que vous êtes prêt. Et la disponibilité n'est rien d'autre qu'une réceptivité. Lorsque vous êtes complètement réceptif, il n'y a plus d'ego ; vous devenez un temple creux sans personne à l'intérieur.

Tilopa dit dans la chanson, devenez comme un bambou creux, rien à l'intérieur. Et soudain, au moment où vous êtes un bambou creux, les lèvres divines sont sur vous, le bambou creux devient une flûte, et la chanson commence - c'est la chanson du Mahamoudra. Tilopa est devenu un bambou creux, le divin est venu, et la chanson a commencé. Ce n'est pas le chant de Tilopa, c'est le chant de l'expérience ultime elle-même.

Quelque chose sur Tilopa avant d'entrer dans ce beau phénomène. On ne sait pas grand-chose de Tilopa, parce qu'en fait, on ne peut rien savoir de ces personnes. Ils ne laissent pas de trace, ils ne font pas partie de l'histoire. Elles existent à côté, elles ne font pas partie du trafic principal où l'humanité entière se déplace ; elles ne s'y déplacent pas. L'humanité entière se déplace à travers le désir, et les personnes comme Tilopa se déplacent dans l'absence de désir. Ils s'éloignent simplement du trafic principal de l'humanité où l'histoire existe.

Et plus ils s'éloignent de la circulation, plus ils deviennent mythologiques. Ils existent comme des mythes, ils ne sont plus des événements dans le temps. Et c'est ainsi que cela doit être, car ils se déplacent au-delà du temps, ils vivent au-delà du temps - ils vivent dans l'éternité. De cette dimension de notre humanité commune, ils disparaissent simplement, ils s'évaporent. Le moment où ils s'évaporent, c'est seulement à ce moment-là que nous nous souvenons, qu'ils font partie de nous. C'est pourquoi on ne sait pas grand-chose de Tilopa, de qui il est.

Seul ce chant existe. C'est son cadeau, et le cadeau a été donné à son disciple, Naropa. Ces cadeaux ne peuvent pas être donnés à n'importe qui - à moins qu'une profonde intimité amoureuse n'existe. Il faut être capable de recevoir de tels cadeaux. Ce chant a été donné à Naropa, son disciple. Avant que ce chant ne lui soit donné, Naropa a été testé de millions de façons : sa foi, son amour et sa confiance. Lorsqu'il s'est avéré qu'il n'existait rien de tel que le doute en lui, pas même une infime partie de doute, lorsque son cœur était totalement rempli de confiance et d'amour, alors ce chant a été donné.

Je suis également ici pour chanter une chanson, mais elle ne peut vous être donnée que lorsque vous êtes prêts. Et votre état de préparation signifie que le doute doit simplement disparaître de votre esprit. Il ne doit pas être supprimé, vous ne devez pas essayer de le vaincre, parce que vaincu, il restera en vous ; supprimé, il restera une partie de votre inconscient et il continuera à vous affecter. Ne combattez pas votre esprit sceptique, ne le supprimez pas.

Au contraire, vous apportez simplement de plus en plus d'énergie à la confiance. Vous êtes simplement indifférent à votre esprit de doute, il n'y a rien d'autre à faire.

L'indifférence est la clé : il suffit d'être indifférent. Il est là - acceptez-le. Amenez vos énergies de plus en plus vers la confiance et l'amour - car c'est la même énergie qui devient le doute ; c'est la même énergie qui devient la confiance. Restez indifférent au doute. Dès que vous êtes indifférent, votre coopération est rompue, vous ne le nourrissez pas - car c'est par l'attention que l'on nourrit quoi que ce soit. Si vous prêtez attention à votre doute, même si vous êtes contre, y prêter attention est dangereux car l'attention même est la nourriture ; c'est votre coopération. Il faut simplement être indifférent, ni pour ni contre : ne pas être pour le doute, ne pas être contre le doute.

Vous devez donc maintenant comprendre trois mots. L'un est "doute", l'autre est "croyance", le troisième est "confiance" ou "foi" - ce que l'on appelle en Orient SHRADDHA. Le doute est une attitude négative envers quoi que ce soit. Quoi que l'on dise, vous le regardez d'abord négativement. Vous êtes contre, et vous trouverez des raisons, des rationalisations pour soutenir votre "contre". Ensuite, il y a l'esprit de croyance. C'est exactement comme l'esprit de doute, mais à l'envers ; il n'y a pas beaucoup de différence. Cet esprit regarde les choses de manière positive et essaie de trouver des raisons, des rationalisations pour les soutenir, pour être pour elles.

L'esprit qui doute supprime la croyance ; l'esprit qui croit supprime le doute - mais ils sont tous deux de la même substance ; la qualité n'est pas différente.

Puis il y a un troisième esprit dont le doute a simplement disparu - et lorsque le doute disparaît, la croyance disparaît également. La foi n'est pas la croyance, c'est l'amour. La foi n'est pas une croyance parce qu'elle n'est pas une moitié, elle est totale. La foi n'est pas une croyance parce qu'il n'y a pas de doute en elle, alors comment pouvez-vous croire ? La foi n'est pas du tout une rationalisation : ni pour ni contre, ni ceci ni cela. La foi est une confiance, une confiance profonde, un amour. Vous ne trouvez aucune rationalisation pour cela, c'est simplement ainsi. Alors que faire ?

Ne créez pas de croyance contre la foi. Soyez simplement indifférent à la croyance et au doute, et amenez vos énergies vers de plus en plus d'amour ; aimez plus, aimez inconditionnellement. Pas seulement m'aimer, car cela n'est pas possible : si vous aimez, vous aimez simplement davantage. Si vous aimez, vous existez simplement de manière plus aimante - non seulement envers le maître, mais envers tout ce qui existe autour de vous : envers les arbres et les pierres, le ciel et la terre. Vous, votre être, votre qualité d'être même, devient un phénomène d'amour. Alors la confiance naît. Et c'est seulement dans une telle confiance qu'un cadeau comme le chant du Mahamoudra peut être donné. Lorsque Naropa fut prêt, Tilopa donna ce cadeau.

Rappelez-vous, avec un maître, vous ne faites pas un "voyage dans la tête". Le doute et la croyance sont tous des "voyages de la tête". Avec un maître, vous êtes dans un "voyage du cœur". Et le cœur ne sait pas ce qu'est le doute, le cœur ne sait pas ce qu'est la croyance - le cœur connaît simplement la confiance. Le cœur est comme un petit enfant : le petit enfant s'accroche à la main de son père, et où que le père aille, l'enfant y va, sans faire confiance ni douter ; l'enfant est sans partage. Le doute est une moitié, la croyance est une moitié. Un enfant est toujours total, entier ; il va simplement avec le père, où qu'il aille. Quand un disciple devient juste comme un enfant, alors seulement ces dons du plus haut sommet de la conscience peuvent être donnés.

Lorsque vous devenez la vallée de réception la plus profonde, alors les plus hauts sommets de la conscience peuvent vous être donnés. Seule une vallée peut recevoir un sommet. Un disciple doit être absolument féminin, réceptif, comme une matrice. Ce n'est qu'alors que se produit un phénomène tel que celui qui va se produire dans cette chanson.

Tilopa est le maître, Naropa est le disciple, et Tilopa dit :

MAHAMOUDRA EST AU-DELÀ DE TOUS LES MOTS ET SYMBOLES, MAIS POUR TOI, NAROPA, SINCÈRE ET LOYAL, CELA DOIT ÊTRE DIT.....

Elle est au-delà des mots et des symboles, de tous les mots et de tous les symboles. Alors comment peut-on le dire ? Si c'est vraiment au-delà de tous les mots et symboles, alors comment peut-on le dire ? Existe-t-il alors un moyen ? Oui, il y a un moyen : s'il y a un Naropa, il y a un moyen ; s'il y a vraiment un disciple, il y a un moyen. Cela dépend du disciple si la voie sera trouvée ou non.

Si le disciple est si réceptif qu'il n'a pas d'esprit propre - il ne juge pas si c'est bien ou mal, il n'a pas d'esprit propre, il a remis son esprit au maître, il est simplement une réceptivité, un vide, prêt à accueillir tout ce qui est donné sans condition - alors les mots et les symboles ne sont pas nécessaires, alors quelque chose peut être donné. Et vous pouvez l'écouter entre les mots, vous pouvez le lire entre les lignes - alors les mots ne sont qu'une excuse. La vraie chose se passe juste à côté des mots.

Un mot n'est qu'une astuce, un dispositif. La vraie chose suit les mots comme une ombre. Et si vous êtes trop mental, vous écouterez les mots, mais vous ne pourrez pas les communiquer. Mais si vous n'êtes pas du tout un mental, alors les ombres subtiles qui suivent les mots, très subtiles, seul le cœur peut les voir, des ombres invisibles, des ondulations invisibles de la conscience, des " vibes "... alors la communion est immédiatement possible.

Rappelez-vous ceci, dit Tilopa :

... MAIS POUR TOI, NAROPA, SÉRIEUX ET LOYAL, CELA DOIT ÊTRE DIT....

Ce qui ne peut être dit, doit être dit pour un disciple. Ce qui ne peut être dit, qui est absolument invisible, doit être rendu visible pour le disciple. Cela ne dépend pas seulement du maître - cela dépend ENCORE PLUS du disciple.

Tilopa a eu la chance de trouver un Naropa. Il y a eu quelques maîtres, malheureux, qui n'ont jamais pu trouver un disciple comme Naropa. Alors tout ce qu'ils avaient acquis disparaissait avec eux, car il n'y avait personne pour le recevoir.

Parfois, les maîtres ont parcouru des milliers de kilomètres pour trouver un disciple. Tilopa lui-même est allé de l'Inde au Tibet pour trouver Naropa, pour trouver un disciple. Tilopa a erré dans toute l'Inde et n'a pas pu trouver un homme de cette qualité, qui recevrait un tel cadeau, qui apprécierait un tel cadeau, qui serait capable de l'absorber, de renaître à travers lui. Et une fois que le don a été reçu par Naropa, il s'est totalement transformé. Alors Tilopa aurait dit à Naropa : " Maintenant, tu vas trouver ton propre Naropa. "

Naropa a également eu de la chance de ce côté-là : il a pu trouver un disciple dont le nom était Marpa.

Marpa a également eu beaucoup de chance ; il a pu trouver un disciple dont le nom était Milarépa. Mais ensuite, la tradition a disparu, puis plus de disciples de ce grand calibre. De nombreuses fois, la religion est venue sur terre et a disparu ; de nombreuses fois, elle viendra et disparaîtra. Une religion ne peut pas devenir une église ; une religion ne peut pas devenir une secte. Une religion dépend de la communication PERSONNELLE, de la communion personnelle. La religion de Tilopa n'a existé que pendant quatre générations, de Naropa à Milarépa, puis elle a disparu.

La religion est comme une oasis : le désert est vaste, et parfois, dans de minuscules parties du désert, une oasis apparaît. Et tant qu'elle dure, cherchez-la ; et tant qu'elle est là, buvez-en - et c'est très très rare.

Jésus dit plusieurs fois à ses disciples : " Je suis encore là pour un peu de temps. Et pendant que je suis là, vous me mangez, vous me buvez. Ne ratez pas cette occasion" - parce qu'alors des milliers d'années... et un homme comme Jésus ne sera peut-être plus là. Le désert est vaste. L'oasis apparaît et disparaît parfois ; parce que l'oasis vient de l'inconnu, elle a besoin d'un ancrage sur cette terre. Si l'ancre n'est pas là, elle ne peut pas rester ici. Et Naropa est une ancre.

Je voudrais vous dire la même chose : Tant que je suis là, encore un peu, ne ratez pas l'occasion.

Et vous pouvez le manquer dans des choses insignifiantes : vous pouvez rester occupé par des absurdités, des déchets mentaux.

Vous pouvez continuer à penser pour et contre - et l'oasis disparaîtra bientôt. Vous pourrez penser pour et contre plus tard. Pour l'instant, buvez-en, car il y aura alors de nombreuses vies pour lesquelles vous pourrez penser pour et contre, il n'y a pas d'urgence pour cela. Mais tant que cela dure, buvez-en.

Une fois que vous êtes enivré par un Jésus ou un Naropa, vous êtes totalement transformé. La transformation est très très facile et simple, c'est un processus naturel. Il suffit de devenir un sol et de recevoir la graine ; de devenir une matrice et de recevoir la graine.

MAHAMOUDRA EST AU-DELÀ DE TOUS LES MOTS ET SYMBOLES, MAIS POUR TOI, NAROPA, SINCÈRE ET LOYAL, CELA DOIT ÊTRE DIT.....

Cela ne peut être dit, c'est inexprimable - mais cela doit être dit pour un Naropa. Partout où un disciple est prêt, le maître apparaît, doit apparaître. Partout où il y a un besoin profond, il doit être satisfait. L'existence entière répond à votre besoin le plus profond, mais le besoin doit être là ; sinon vous pouvez passer devant un Tilopa, un Bouddha, un Jésus, et ne pas être capable de voir que vous avez passé devant un Jésus.

Tilopa a vécu dans ce pays. Personne ne l'écoutait - et il était prêt à faire le don ultime. Que s'est-il passé ? Cela s'est produit dans ce pays à de nombreuses reprises ; il doit y avoir quelque chose derrière tout cela.

Et cela s'est produit plus dans ce pays que partout ailleurs, parce que plus de Tilopas sont nés ici. Mais comment se fait-il qu'un Tilopa doive aller au Tibet ? Pourquoi un Bodhidharma doit-il aller en Chine ?

Ce pays en sait trop, ce pays est devenu trop de la tête. C'est pourquoi il est difficile de trouver un cœur - le pays des brahmanes et des pundits, le pays des grands connaisseurs, des philosophes.

Ils connaissent tous les Vedas, tous les Upanishads, ils peuvent réciter de mémoire l'ensemble des écritures : un pays de têtes. C'est pourquoi cela s'est produit tant de fois.

Même moi, je sens, tant de fois je le sens, que chaque fois qu'un brahmane vient, il est difficile de communiquer. Un homme qui en sait trop devient presque impossible - parce qu'il sait sans savoir. Il a rassemblé de nombreux concepts, théories, doctrines, écritures. C'est juste un fardeau pour sa conscience, ce n'est pas une floraison. Cela ne lui est pas arrivé, tout est emprunté, et tout ce qui est emprunté est déchet, pourriture - jetez-le dès que vous pouvez le faire.

Seul ce qui t'arrive est vrai. Seul ce qui fleurit en toi est vrai. Seul ce qui grandit en toi est vrai et vivant. Souviens-toi toujours de cela : évite les connaissances empruntées.

Le savoir emprunté devient une ruse de l'esprit : il cache l'ignorance - il ne la détruit jamais. Et plus vous êtes entouré de connaissances, plus l'ignorance et l'obscurité sont là, au centre, à la racine même de votre être. Et un homme de savoir, de savoir emprunté, est presque fermé dans son propre savoir ; vous ne pouvez pas le pénétrer. Et il est difficile de trouver son cœur, il a lui-même perdu tout contact avec son cœur. Ce n'est donc pas un hasard si un Tilopa doit aller au Tibet, un Bodhidharma en Chine : une graine doit voyager si loin, ne trouvant pas de terre ici.

N'oubliez pas cela, car il est facile de devenir trop dépendant de la connaissance - c'est une dépendance, c'est une drogue. Et le lsd n'est pas si dangereux, la marijuana n'est pas si dangereuse. D'une certaine manière, ils sont similaires, car la marijuana vous donne un aperçu de quelque chose qui n'est pas là ; elle vous donne un rêve de quelque chose qui est absolument subjectif - elle vous donne une hallucination. Et la connaissance, c'est aussi la même chose : elle vous donne l'hallucination de savoir. Vous commencez à penser que vous savez parce que vous pouvez réciter les Vedas, vous savez parce que vous pouvez argumenter, vous savez parce que vous avez un esprit très très logique, très vif. Ne soyez pas un imbécile ! La logique n'a jamais conduit personne à la vérité. Et un esprit rationnel n'est qu'un jeu.

Tous les arguments sont juvéniles.

La vie existe sans aucun argument, et la vérité n'a pas besoin de preuves - elle n'a besoin que de votre cœur ; pas d'arguments, mais votre amour, votre confiance, votre disposition à recevoir.

MAHAMOUDRA EST AU-DELÀ DE TOUS LES MOTS ET SYMBOLES, MAIS POUR TOI, NAROPA, SINCÈRE ET LOYAL, CECI DOIT ÊTRE DIT : LE VIDE N'A PAS BESOIN DE CONFIANCE, MAHAMOUDRA NE REPOSE SUR RIEN. SANS FAIRE D'EFFORT, MAIS EN RESTANT LIBRE ET NATUREL, ON PEUT BRISER LE JOUG - ET AINSI OBTENIR LA LIBÉRATION.

Vous ne pouvez pas trouver de mots plus significatifs jamais prononcés. Essayez de comprendre chaque nuance de ce que Tilopa essaie de dire.

LE VIDE N'A PAS BESOIN DE RELIANCE....

S'il y a quelque chose, cela a besoin d'un support, d'une confiance. Mais s'il n'y a rien, le vide, il n'y a besoin d'aucun support. Et c'est la réalisation la plus profonde de tous les connaisseurs : que votre être est un non-être. Dire que c'est un être est faux, car ce n'est pas quelque chose, ce n'est pas comme quelque chose. C'est comme le néant : un vaste vide, sans limites. C'est un ANATMA, un non-soi ; ce n'est pas un soi à l'intérieur de vous.

Tous les sentiments de soi sont faux. Toutes les identifications selon lesquelles "je suis ceci ou cela" sont fausses.

Lorsque vous arrivez à l'ultime, lorsque vous arrivez à votre noyau le plus profond, vous savez soudain que vous n'êtes ni ceci ni cela - vous n'êtes personne. Vous n'êtes pas un ego, vous êtes juste un vaste vide. Et parfois, si vous vous asseyez, fermez les yeux et ressentez simplement qui vous êtes - où êtes-vous ? Si vous allez plus loin, vous risquez d'avoir peur, car plus vous allez loin, plus vous sentez que vous n'êtes personne, un néant. C'est pourquoi les gens ont si peur de la méditation. C'est une mort. C'est la mort de l'ego - et l'ego n'est qu'un faux concept.

Aujourd'hui, les physiciens sont parvenus à la même vérité grâce à leurs recherches scientifiques qui leur permettent d'approfondir le domaine de la matière. Ce que Bouddha, Tilopa et Bodhidharma ont atteint par leur perspicacité, la science l'a également découvert dans le monde extérieur. Ils disent maintenant qu'il n'y a pas de substance - la substance est un concept parallèle du soi.

Un rocher existe ; vous avez l'impression qu'il est très substantiel. Vous pouvez frapper la tête de quelqu'un et le sang sortira, même l'homme peut mourir ; c'est très substantiel. Mais demandez aux physiciens : ils disent qu'il n'y a pas de substance, qu'il n'y a rien dedans. Ils disent que c'est juste un phénomène énergétique ; de nombreux courants d'énergie s'entrecroisant sur cette roche lui donnent une impression de substance. Tout comme vous tracez de nombreuses lignes qui s'entrecroisent sur une feuille de papier : là où de nombreuses lignes croisent un point, un point apparaît. Le point n'était pas là ; deux lignes se croisent et un point apparaît : de nombreuses lignes se croisent et un gros point apparaît. Ce point est-il vraiment là ? Ou bien les lignes qui se croisent donnent-elles l'illusion qu'un point est là ?

Les physiciens disent que les courants d'énergie qui s'entrecroisent créent la matière. Et si vous demandez ce que sont ces courants d'énergie - ils ne sont pas matériels, ils n'ont pas de poids, ils sont non-matériels. Les lignes non matérielles qui s'entrecroisent donnent l'illusion d'une chose matérielle, très substantielle, comme un rocher.

Le Bouddha a réalisé cette illumination vingt-cinq siècles avant Einstein, à savoir qu'à l'intérieur il n'y a personne ; seules les lignes d'énergie qui s'entrecroisent vous donnent une impression de soi. Le Bouddha avait l'habitude de dire que le soi est comme un oignon : vous l'épluchez, une couche se détache, une autre est là. Vous continuez à le peler, couche par couche, et que reste-t-il finalement ? L'oignon entier est pelé et vous ne trouvez rien à l'intérieur.

L'homme est comme un oignon. Vous épluchez les couches de pensées, de sentiments, et finalement, que trouvez-vous ? Un rien.

Ce néant n'a besoin d'aucun support. Ce néant existe par lui-même. C'est pourquoi le Bouddha dit qu'il n'y a pas de Dieu ; il n'y a pas besoin de Dieu parce que Dieu est un support. Et le Bouddha dit qu'il n'y a pas de créateur parce qu'il n'y a pas besoin de créer un néant. C'est l'un des concepts les plus difficiles à comprendre - à moins de s'en rendre compte.

C'est pourquoi Tilopa dit :

MAHAMOUDRA EST AU-DELÀ DE TOUS LES MOTS ET SYMBOLES.

Le mahamoudra est une expérience du néant - simplement vous n'êtes pas. Et quand vous n'êtes pas, alors qui est là pour souffrir ? Qui est là pour être dans la douleur et l'angoisse ? Qui est là pour être déprimé et triste ?

Et qui est là pour être heureux et béat ? Le Bouddha dit que si vous avez l'impression d'être béat, vous redeviendrez une victime de la souffrance, car vous êtes toujours là. Lorsque vous n'êtes pas, complètement pas, totalement pas, alors il n'y a pas de souffrance et pas de béatitude - et c'est la vraie béatitude. Alors vous ne pouvez pas retomber. Atteindre le néant, c'est atteindre le tout.

Tout mon effort avec vous consiste également à vous conduire vers le néant, à vous conduire vers un vide total.

LE VIDE N'A PAS BESOIN DE S'APPUYER, MAHAMOUDRA NE REPOSE SUR RIEN. SANS FAIRE D'EFFORT, MAIS EN RESTANT LIBRE ET NATUREL, ON PEUT BRISER LE JOUG - ET AINSI OBTENIR LA LIBÉRATION.

La première chose à comprendre est que le concept de soi est créé par l'esprit - il n'y a pas de soi en vous.

Il arriva qu'un grand bouddhiste, un homme d'éveil, fut invité par un roi à lui donner un enseignement. Le nom du moine bouddhiste était Nagasen, et le roi était un vice-roi d'Alexandre. Quand Alexandre est reparti d'Inde, il a laissé Minander comme vice-roi ici ; son nom indien est Milanda. Milanda a demandé à Nagasen de venir lui enseigner. Il était vraiment intéressé, et il avait entendu de nombreuses histoires sur Nagasen. Et de nombreuses rumeurs étaient parvenues à la cour : "C'est un phénomène rare ! Il arrive rarement qu'un homme fleurisse, et cet homme a fleuri. Il y a autour de lui une odeur de quelque chose d'inconnu, une énergie mystérieuse. Il marche sur la terre, mais il n'est pas de la terre." Il s'est intéressé à lui, il l'a invité.

Le messager qui est allé voir Nagasen est revenu très perplexe, parce que Nagasen a dit : "Oui, s'il invite, Nagasen viendra - mais dis-lui qu'il n'y a personne comme Nagasen. S'il m'invite, je viendrai, mais dis-lui exactement qu'il n'y a personne comme "Je suis". Je ne suis plus." Le messager était perplexe, car si Nagasen n'est plus, alors qui viendra ? Et Milanda était également perplexe. Il dit : "Cet homme parle par énigmes. Mais qu'il vienne." Et c'était un Grec, ce Milanda, et l'esprit grec est fondamentalement logique.

Il n'y a que deux esprits dans le monde, l'Indien et le Grec. L'Indien est illogique, et le Grec est logique. L'Indien se déplace dans les profondeurs sombres, les profondeurs sauvages, où il n'y a pas de limites, tout est vague, nuageux. L'esprit grec marche sur le logique, le droit, où tout est défini et classifié. L'esprit grec se déplace dans le connu. L'esprit indien se déplace dans l'inconnu, et encore plus dans l'inconnaissable. L'esprit grec est absolument rationnel ; l'esprit indien est absolument contradictoire. Donc, si vous trouvez trop de contradictions en moi, ne vous inquiétez pas. C'est ainsi... en Orient, la contradiction est le moyen d'établir des relations.

Milanda a dit : "Cet homme semble être irrationnel, devenu fou. S'il ne l'est pas, comment peut-il venir ? Mais laissez-le venir, je verrai. Je prouverai : rien qu'en venant, il prouve qu'il l'est."

Puis vint Nagasen. Milanda le reçut à la porte et la première chose qu'il demanda, c'est : "Je suis perplexe : tu es venu et tu as encore dit que tu ne l'étais pas."

Nagasen a dit : "Je le dis quand même. Alors réglons ça ici."

Une foule s'est rassemblée, toute la cour est venue, et Nagasen a dit : "Vous demandez."

Milanda a demandé : " Dis-moi d'abord : si une chose n'est pas, comment peut-elle venir ? En premier lieu, elle n'est pas, alors il n'y a aucune possibilité qu'elle vienne - et tu es venu. C'est une simple logique que vous soyez."

Nagasen a ri et il a dit : " Regardez ce RATHA " - le char à bœufs sur lequel il était venu. Il a dit : "Regarde ça. Vous appelez ça un ratha, un chariot."

Milanda a dit, "Oui."

Puis il a dit à ses partisans d'enlever les bœufs. Les bœufs furent enlevés et Nagasen demanda : "Ces bœufs sont-ils le chariot ?"

Milanda a dit, "Bien sûr que non."

Puis, petit à petit, tout ce qui se trouvait dans le chariot a été retiré, chaque partie. Les roues ont été enlevées et il a demandé : "Ce sont les roues du chariot ?"

Et Milanda a dit, "Bien sûr que non !"

Quand tout a été enlevé et qu'il n'y avait rien, alors Nagasen a demandé : "Où est le chariot dans lequel j'étais venu ?... et nous n'avons jamais enlevé le chariot, et tout ce que nous avons enlevé vous a confirmé que ce n'est pas le chariot. Maintenant, où est le chariot ?"

Nagasen a dit : "C'est comme ça que Nagasen existe. Enlevez des parties et il disparaîtra." Juste des lignes d'énergie qui s'entrecroisent : enlevez les lignes et le point disparaîtra. Le chariot n'est qu'une combinaison de parties.

Vous êtes aussi une combinaison de parties, le "je" est une combinaison de parties. Supprimez des éléments et le "je" disparaîtra. C'est pourquoi, lorsque les pensées sont retirées de la conscience, vous ne pouvez pas dire "je", car il n'y a pas de "je" - il ne reste qu'un vide. Lorsque les sentiments sont supprimés, le moi disparaît complètement.

Tu es et pourtant tu n'es pas : juste une absence, sans limites, un vide.

C'est la réalisation finale, cet état est le Mahamoudra, car c'est seulement dans cet état que vous pouvez avoir un orgasme avec le tout. Il n'y a plus de frontière, le moi n'existe plus ; il n'y a plus de frontière à diviser pour vous.

Le tout n'a pas de frontières. Vous DEVEZ devenir comme le tout - alors seulement il peut y avoir une rencontre, une fusion. Lorsque vous êtes vide, vous êtes sans limites. Soudain, vous devenez le tout. Quand vous n'êtes pas, vous devenez le tout. Lorsque vous êtes, vous devenez un ego laid. Lorsque vous n'êtes pas, vous avez toute l'étendue de l'existence pour que votre être soit.

Mais ce sont des contradictions. Essayez donc de comprendre : devenez un peu comme Naropa, sinon ces mots et ces symboles ne vous apporteront rien. Écoutez-moi en toute confiance. Et quand je dis écouter en toute confiance, je veux dire que j'ai connu cela. C'est ainsi. Je suis un témoin, j'en témoigne, c'est ainsi. Il n'est peut-être pas possible de le dire, mais cela ne veut pas dire que ce n'est pas le cas. Il est peut-être possible de dire quelque chose, mais cela ne signifie pas que cela l'est. Vous pouvez dire quelque chose qui n'est pas, et vous pouvez être incapable de dire quelque chose qui est. J'en témoigne, mais vous ne pourrez me comprendre que si vous êtes un Naropa, si vous écoutez en confiance.

Je n'enseigne pas une doctrine. Je ne me serais pas du tout intéressé à Tilopa si ce n'était pas ma propre expérience également. Tilopa l'a bien dit :

LE VIDE N'A PAS BESOIN DE CONFIANCE, MAHAMOUDRA NE REPOSE SUR RIEN.

Sur rien ne repose le Mahamoudra. Mahamoudra, le mot littéral, signifie le grand geste, ou le geste ultime, le dernier que vous pouvez avoir, au-delà duquel rien n'est possible. Le mahamoudra ne repose sur rien.

Tu es un rien, et ensuite tout est atteint. Tu meurs, et tu deviens un dieu. Vous disparaissez, et vous devenez le tout. Ici, la goutte disparaît, et là, l'océan prend naissance.

Ne vous accrochez pas à vous-même - c'est tout ce que vous avez fait pendant toutes vos vies passées : vous accrocher, de peur que si vous ne vous accrochez pas à l'ego, alors vous regardez en bas : un abîme sans fond est là.....

C'est pourquoi nous nous accrochons à des choses minuscules, vraiment insignifiantes, nous continuons à nous accrocher à elles. Le fait de s'accrocher montre seulement que vous êtes également conscient d'un vaste vide intérieur. Il faut s'accrocher à quelque chose, mais votre accrochage est votre SAMSARA, votre misère. Laissez-vous dans l'abîme. Et une fois que vous vous laissez dans l'abîme, vous devenez l'abîme lui-même. Alors il n'y a pas de mort, car comment un gouffre peut-il mourir ? Alors il n'y a pas de fin, car comment un néant peut-il avoir une fin ? Quelque chose peut se terminer, devra se terminer - seul le néant peut être éternel. Le mahamoudra ne repose sur rien.

Laissez-moi vous l'expliquer à travers une expérience que vous avez vécue. Lorsque vous aimez une personne, vous devez devenir un rien. Lorsque vous aimez une personne, vous devez devenir un non-soi. C'est pourquoi l'amour est si difficile. Et c'est pourquoi Jésus dit que Dieu est comme l'amour. Il connaît un peu le Mahamoudra, car avant de commencer à enseigner à Jérusalem, il s'est rendu en Inde. Il est aussi allé au Tibet.

Il a rencontré des gens comme Tilopa et Naropa. Il est resté dans des monastères bouddhistes. Il a appris ce que ces gens appellent le néant. Puis il a essayé de traduire toute sa compréhension dans la terminologie juive. Là, tout s'est embrouillé.

Vous ne pouvez pas traduire la compréhension bouddhiste en terminologie juive. C'est impossible, car toute la terminologie juive dépend de termes positifs, et la terminologie bouddhiste dépend de termes absolument nihilistes : le néant, le vide. Mais ici et là, dans les paroles de Jésus, il y a des aperçus. Il dit : "Dieu est amour". Il indique quelque chose. Quelle est cette indication ?

Quand on aime, on doit devenir personne. Si vous restez quelqu'un, alors l'amour n'arrive jamais.

Lorsque vous aimez une personne - même pour un seul instant, l'amour se produit et circule entre deux personnes - il y a deux néants, pas deux personnes. Si vous avez déjà fait l'expérience de l'amour, vous pouvez comprendre.

Deux amoureux assis l'un à côté de l'autre, ou deux néants assis ensemble - ce n'est qu'à ce moment-là que la rencontre est possible, car les barrières sont brisées, les limites jetées. L'énergie peut se déplacer d'ici à là, il n'y a pas d'obstacle. Et c'est seulement dans un tel moment d'amour profond que l'orgasme est possible.

Lorsque deux amoureux font l'amour, et s'ils sont tous deux des non-êtres, des néants, alors l'orgasme se produit. Alors leur énergie corporelle, leur être tout entier, perd toute identité ; ils ne sont plus eux-mêmes - ils sont tombés dans l'abîme. Mais cela ne peut durer qu'un instant : ils se ressaisissent à nouveau, ils se cramponnent à nouveau. C'est pourquoi les gens ont peur en amour aussi.

Dans l'amour profond, les gens ont peur de devenir fous, ou de mourir - de ce qui va arriver. L'abîme ouvre sa bouche, l'existence entière bâille, et vous êtes soudainement là et vous pouvez tomber dedans.

On a peur de l'amour, alors les gens restent satisfaits du sexe et ils appellent leur sexe "amour".

L'amour n'est pas le sexe. Le sexe peut faire partie de l'amour, il peut en être une partie intégrante, mais le sexe en lui-même n'est pas l'amour - c'est un substitut. Vous essayez d'éviter l'amour par le sexe. Vous vous donnez le sentiment d'être amoureux, mais vous n'allez pas vers l'amour. Le sexe est comme un savoir emprunté : il donne le sentiment de savoir sans savoir ; il donne le sentiment d'aimer et d'aimer sans aimer.

En amour, vous n'êtes pas, l'autre n'est pas non plus : alors seulement, soudainement, les deux disparaissent. Il en va de même dans le Mahamoudra. Le Mahamoudra est un orgasme total avec toute l'existence.

C'est pourquoi dans le Tantra - et Tilopa est un maître du Tantra - les rapports profonds, les rapports orgasmiques, entre amants sont également appelés Mahamoudra, et deux amants dans un état orgasmique profond sont représentés dans les temples tantriques, dans les livres tantriques. C'est devenu un symbole de l'orgasme final.

MAHAMOUDRA REPOSE SUR RIEN. SANS FAIRE D'EFFORT, MAIS EN RESTANT DÉTENDU ET NATUREL....

Et c'est toute la méthode de Tilopa, et toute la méthode du Tantra : SANS FAIRE D'EFFORT... parce que si tu fais un effort, l'ego est renforcé. Si vous faites un effort, VOUS entrez.

L'amour n'est donc pas un effort, vous ne pouvez pas faire d'effort pour aimer. Si vous faites un effort, il n'y a pas d'amour.

Vous vous y coulez, vous ne faites pas d'effort, vous permettez simplement que cela se produise, vous ne FAITES pas d'effort.

Ce n'est pas une action, c'est un événement : SANS FAIRE D'EFFORT.... Et c'est la même chose pour le total, le final : on ne fait pas d'effort, on flotte simplement avec... MAIS EN RESTANT LIBRE ET NATUREL. C'est la voie, c'est le fondement même du Tantra.

Le Yoga dit de faire un effort, et le Tantra dit de ne faire aucun effort. Le yoga est orienté vers l'ego, finalement il fera le saut, mais le tantra est, dès le début, non orienté vers l'ego. Le yoga, à la fin, atteint une telle signification, un tel sens, une telle profondeur, qu'il dit à son chercheur : "Maintenant, laissez tomber l'ego" - seulement à la fin ; le tantra, dès le tout début, dès la toute première étape.....

Je voudrais le dire de cette façon, de cette manière : là où le yoga se termine, le tantra commence. Le plus haut sommet du yoga est le début du tantra - et le tantra vous conduit au but ultime. Le yoga peut vous préparer au tantra, c'est tout, parce que le but ultime est d'être sans effort, "libre et naturel".

Que veut dire Tilopa par "détendu et naturel" ? Ne vous battez pas avec vous-même, soyez détendu. N'essayez pas de créer autour de vous une structure de caractère, de moralité. Ne vous disciplinez pas trop ; sinon, votre discipline même deviendra un esclavage. Ne créez pas d'emprisonnement autour de vous. Restez libre, flottant, bougez avec la situation, répondez à la situation. Ne vous déplacez pas avec une enveloppe de caractère autour de vous, ne vous déplacez pas avec une attitude fixe. Restez libre comme l'eau, pas fixe comme la glace. Restez en mouvement et coulant ; où que la nature vous mène, allez-y. Ne résistez pas, n'essayez pas d'imposer quoi que ce soit à vous, à votre être.

Mais la société entière vous apprend à imposer quelque chose ou autre : être bon, être moral, être ceci et cela. Le Tantra est absolument au-delà de la société, de la culture et de la civilisation. Il dit que si vous êtes trop cultivé, vous perdrez tout ce qui est naturel, et vous serez alors une chose mécanique, qui ne flottera pas, qui ne s'écoulera pas. Ne forcez donc pas une structure autour de vous - vivez au jour le jour, vivez avec vigilance. Et c'est une chose profonde à comprendre.

Pourquoi les gens essaient-ils de créer une structure autour d'eux ? Pour ne pas avoir besoin d'être vigilant - parce que si vous n'avez pas de personnage autour de vous, vous devrez être très très vigilant : parce qu'à chaque instant, la décision doit être prise. Vous n'avez pas de décision préfabriquée, vous n'avez pas d'attitude.

Vous devez réagir à la situation. Quelque chose est là, et vous n'y êtes absolument pas préparés - vous devrez être très très conscients.

Pour éviter la prise de conscience, les gens ont créé une astuce, et cette astuce, c'est le caractère. Forcez-vous à adopter une certaine discipline de sorte que, que vous soyez conscient ou non, la discipline prendra soin de vous. Prenez l'habitude de toujours dire la vérité ; faites-en une habitude, alors vous n'aurez pas à vous en inquiéter. Si quelqu'un vous demande, vous direz la vérité, par habitude - mais sans habitude, une vérité est morte.

Et la vie n'est pas si simple. La vie est un phénomène très très complexe. Parfois, un mensonge est nécessaire, et parfois une vérité peut être dangereuse - et il faut en être conscient. Par exemple, si votre mensonge sauve la vie de quelqu'un, si votre mensonge ne fait de mal à personne et que la vie de quelqu'un est sauvée, que ferez-vous ? Si vous avez un esprit fixe qui vous oblige à être vrai, alors vous allez tuer une vie.

Rien n'est plus précieux que la vie, aucune vérité, rien n'est plus précieux que la vie. Et parfois, ta vérité peut tuer la vie de quelqu'un. Qu'allez-vous faire ? Pour sauver tes vieux schémas et tes vieilles habitudes, ton propre ego qui te dit "Je suis un homme de vérité", tu vas sacrifier une vie - juste pour être un homme de vérité, juste pour être cela ?

C'est trop, tu es complètement fou ! Si une vie peut être sauvée, même si les gens pensent que vous êtes un menteur, quel mal y a-t-il à cela ? Pourquoi se soucier de ce que les gens disent de vous ?

C'est difficile ! Il n'est pas si facile de créer un modèle fixe, car la vie continue de bouger et de changer, et à chaque instant, une nouvelle situation se présente et il faut y répondre. Réagir en pleine conscience, c'est tout. Et laissez la décision venir de la situation elle-même, sans la préfabriquer, sans l'imposer. Ne portez pas de mental intégré, restez simplement détendu, conscient et naturel.

Et c'est ainsi qu'est un véritable homme religieux ; sinon, les soi-disant personnes religieuses sont simplement mortes.

Ils agissent en fonction de leurs habitudes, ils continuent à agir en fonction de leurs habitudes - c'est un conditionnement, ce n'est pas une liberté. La conscience a besoin de liberté.

Soyez détendu : mémorisez ce mot aussi profondément que possible. Laissez-le vous pénétrer. Sois libre - ainsi, dans chaque situation, tu peux couler, facilement, comme l'eau ; ainsi, si l'eau est versée dans un verre, elle prend la forme du verre. Elle ne résiste pas, elle ne dit pas : "Ce n'est pas ma forme". Si l'eau est versée dans un bocal, dans une cruche, elle prend la forme de celui-ci. Elle n'a pas de résistance, elle est libre. Restez libre comme l'eau.

Parfois, vous devrez vous déplacer vers le sud et parfois vers le nord, vous devrez changer de direction ; selon les situations, vous devrez vous couler. Mais si vous savez comment couler, c'est suffisant. L'océan n'est pas très loin si vous savez comment couler.

Ne créez donc pas de modèle - et la société entière essaie de créer un modèle, et toutes les religions essaient de créer un modèle. Seules quelques personnes éclairées ont été assez courageuses pour dire la vérité - la vérité que : Soyez libre et naturel ! Si vous êtes libre, vous serez naturel, bien sûr.

Tilopa ne dit pas, "Soyez moral", il dit, "Soyez naturel". Et ce sont des dimensions complètement, diamétralement opposées. Un homme moral n'est jamais naturel, il ne peut pas l'être. S'il se sent en colère, il ne peut pas être en colère parce que la moralité ne le permet pas. S'il ressent de l'amour, il ne peut pas être aimant parce que la moralité est là. C'est toujours en fonction de la moralité qu'il agit ; ce n'est jamais en fonction de sa nature.

Et je vous le dis : si vous commencez à vous déplacer selon des modèles moraux et non selon votre nature, vous n'atteindrez jamais l'état de Mahamoudra, car c'est un état naturel, le plus haut sommet de la nature. Je vous le dis : si vous vous sentez en colère, soyez en colère - mais il faut conserver une conscience parfaite. La colère ne doit pas prendre le dessus sur votre conscience, c'est tout.

Laissez la colère être là, laissez-la se produire, mais soyez pleinement attentif à ce qui se passe. Restez détendu, naturel, conscient, regardez ce qui se passe. Au fur et à mesure, vous verrez que beaucoup de choses ont simplement disparu, elles ne se produisent plus - et sans aucun effort de votre part. Vous n'avez jamais essayé de les tuer et elles ont simplement disparu.

Quand on est conscient, la colère disparaît peu à peu. Elle devient simplement stupide - pas mauvaise, rappelez-vous, car "mauvaise" est une valeur chargée. Elle devient simplement stupide ! Ce n'est pas parce que c'est mauvais que vous ne vous y engagez pas, c'est simplement stupide ; ce n'est pas un péché, mais simplement stupide. La cupidité disparaît, elle est stupide.

La jalousie disparaît, elle est stupide.

Rappelez-vous cette évaluation. Dans la moralité, il y a quelque chose de bon et quelque chose de mauvais. Dans l'être naturel, il y a quelque chose de sage et quelque chose de stupide. Un homme qui est naturel est sage, pas bon. Un homme qui n'est pas naturel est stupide, pas mauvais. Il n'y a rien de mauvais et rien de bon, seulement des choses sages et des choses insensées. Et si tu es stupide, tu te fais du mal à toi-même et aux autres, et si tu es sage, tu ne fais de mal à personne - ni aux autres, ni à toi. Il n'y a rien comme le péché et il n'y a rien comme la vertu - la sagesse est tout. Si vous voulez l'appeler vertu, appelez-la vertu. Et l'ignorance est là si vous voulez l'appeler péché - c'est le seul péché.

Alors comment transformer votre ignorance en sagesse ? C'est la seule transformation possible - et vous ne pouvez pas la forcer : elle se produit lorsque vous êtes libre et naturel.

... EN RESTANT LIBRE ET NATUREL, ON PEUT BRISER LE JOUG - ET AINSI OBTENIR LA LIBÉRATION.

Et on devient totalement libre. Ce sera difficile au début, car les vieilles habitudes seront constamment là, vous forçant à faire quelque chose : vous voudriez être en colère - mais la vieille habitude fait simplement apparaître un sourire sur votre visage. Il y a des gens qui, dès qu'ils sourient, vous pouvez être certain qu'ils sont en colère. Dans leur sourire même, ils montrent leur colère. Ils cachent quelque chose, un faux sourire se répand sur leur visage. Ce sont les hypocrites.

Un hypocrite est un homme contre nature : si la colère est là, il sourira ; si la haine est là, il montrera de l'amour ; s'il se sent meurtrier, il feindra la compassion. Un hypocrite est un moraliste parfait - absolument artificiel, une fleur en plastique, laide, inutile ; ce n'est pas une fleur du tout, juste une prétention.

Le tantra est la voie naturelle : soyez détendu et naturel. Ce sera difficile parce que les vieilles habitudes doivent être brisées. C'est difficile parce que vous devrez vivre dans une société d'hypocrites. Ce sera difficile parce que partout vous trouverez un conflit avec les hypocrites - mais il faut passer par là. Ce sera ardu parce qu'il y a beaucoup d'investissements dans des prétentions fausses et artificielles. Vous pourrez vous sentir complètement seul, mais ce ne sera qu'une phase passagère. Bientôt, les autres commenceront à ressentir votre authenticité. Et n'oubliez pas que même une colère authentique vaut mieux qu'un faux sourire, parce qu'au moins il est authentique. Et un homme qui ne peut pas être authentiquement en colère, ne peut pas être authentique du tout. Au moins, il est authentique, fidèle à son être. Quoi qu'il arrive, vous pouvez compter sur lui pour que ce soit vrai.

Et voici mon observation : une vraie colère est belle et un faux sourire est laid ; et une vraie haine a sa propre beauté, tout comme le vrai amour - parce que la beauté est concernée par la vérité. Elle n'est pas concernée par la haine, ni par l'amour - la beauté est celle du vrai. La vérité est belle sous quelque forme que ce soit. Un homme véritablement mort est plus beau qu'un homme faussement vivant, car il possède au moins la qualité fondamentale d'être vrai.

La femme de Mulla Nasruddin est morte, et les voisins se sont rassemblés, mais Mulla Nasruddin se tenait là, complètement insensible, comme si rien ne s'était passé. Les voisins ont commencé à pleurer et à pleurer et ils ont dit : "Qu'est-ce que tu fais là, Nasruddin ? Elle est morte."

Nasruddin a dit : "Attendez ! Elle est une telle menteuse - au moins pendant trois jours, je dois attendre et voir si c'est vrai ou non".

Souvenez-vous de cela - cette beauté de la vérité, l'authenticité. Devenez plus authentique et vous aurez une floraison. Et plus vous devenez authentique, plus vous sentirez que beaucoup de choses tombent - de leur propre chef. Vous n'avez jamais fait d'effort pour le faire ; elles tombent d'elles-mêmes. Et une fois que vous en connaissez le secret, vous devenez de plus en plus détendu, de plus en plus naturel, authentique. Et, dit Tilopa :

... ON PEUT BRISER LE JOUG - ET AINSI OBTENIR LA LIBÉRATION.

La libération n'est pas très loin, elle est juste cachée derrière vous. Une fois que vous êtes authentique et que la porte est ouverte - mais vous êtes un tel menteur, vous êtes un tel prétendant, vous êtes un tel hypocrite, vous êtes si profondément faux ; c'est pourquoi vous pensez que la libération est très très loin. Elle ne l'est pas ! Pour un être authentique, la libération est tout simplement naturelle. C'est aussi naturel que n'importe quoi d'autre.

Comme l'eau qui coule vers l'océan, comme la vapeur qui s'élève vers le ciel, comme le soleil qui est chaud et la lune qui est fraîche, ainsi pour un être authentique est la libération. Il n'y a pas lieu de s'en vanter. Il ne s'agit pas de dire aux gens que vous avez gagné quelque chose.

Lorsqu'on demanda à Lin Chi : " Que vous est-il arrivé ? Les gens disent que vous êtes devenu illuminé ", il a haussé les épaules et a répondu : " Qu'est-il arrivé ? Rien. Je coupe du bois dans la forêt, et je porte de l'eau à l'ashram - je porte de l'eau du puits, je coupe du bois parce que l'hiver approche."

Il a haussé les épaules - un geste très significatif.

Il dit : "Il ne s'est rien passé. Quelle absurdité vous demandez ! C'est naturel : porter l'eau du puits, couper du bois dans la forêt. La vie est absolument naturelle." Lin Chi dit : "Quand j'ai sommeil, je m'endors, et quand j'ai faim, je mange. La vie est devenue absolument naturelle."

La libération, c'est être parfaitement naturel. La libération n'est pas quelque chose dont on peut se vanter, comme si on avait atteint quelque chose de très grand. Il n'y a rien de grand, rien d'extraordinaire. Il s'agit simplement d'être naturel, d'être soi-même.

Alors, que faire ?

Laissez tomber les prétentions, laissez tomber les hypocrisies, laissez tomber tout ce que vous avez cultivé autour de votre être naturel - devenez naturel. Au début, ce sera une chose très très difficile, mais seulement au début.

Une fois que vous vous y serez mis, les autres commenceront également à sentir que quelque chose vous est arrivé, car un être authentique est une telle force, un tel magnétisme. Ils vont commencer à sentir que quelque chose s'est passé :

"Cet homme ne bouge plus comme une partie de nous, il est devenu totalement différent." Et vous ne serez pas dépourvu, car seules les choses artificielles tomberont.

Et une fois que le vide est créé en jetant les choses artificielles, les prétentions, les masques, alors l'être naturel commence à couler. Il a besoin d'espace.

Soyez vide, lâche et naturel. Que ce soit le principe le plus fondamental de votre vie.

Le problème de fond

L A CHANSON CONTINUE :
SI L'ON NE VOIT RIEN EN REGARDANT DANS LE VIDE, SI AVEC L'ESPRIT ON OBSERVE L'ESPRIT, ON DÉTRUIT LES DISTINCTIONS ET ON ATTEINT LA BOUDDHÉITÉ.

Les nuages qui se promènent dans le ciel n'ont pas de racines, pas de foyer, pas plus que les pensées discordantes qui traversent l'esprit. Une fois que l'esprit propre est vu, la discrimination cesse.

DANS L'ESPACE SE FORMENT DES FORMES ET DES COULEURS, MAIS L'ESPACE N'EST PAS TEINTÉ PAR LE NOIR OU LE BLANC. DE L'ESPRIT DE SOI ÉMERGENT TOUTES CHOSES, L'ESPRIT N'EST PAS SOUILLÉ PAR LES VERTUS ET LES VICES.

Le problème fondamental de tous les problèmes est l'esprit lui-même. La première chose à comprendre est ce qu'est cet esprit, de quoi il est fait ; s'il s'agit d'une entité ou d'un simple processus ; s'il est substantiel ou simplement onirique. Et si vous ne connaissez pas la nature de l'esprit, vous ne serez pas en mesure de résoudre les problèmes de votre vie.

Vous pouvez faire de gros efforts, mais si vous essayez de résoudre des problèmes individuels, vous êtes voué à l'échec - c'est absolument certain - parce qu'en fait, il n'existe aucun problème individuel : le problème, c'est l'esprit. Si vous résolvez tel ou tel problème, cela ne servira à rien car la racine reste intacte.

C'est comme si on coupait les branches d'un arbre, qu'on élaguait les feuilles, sans le déraciner. De nouvelles feuilles apparaîtront, de nouvelles branches pousseront - encore plus qu'avant ; l'élagage aide un arbre à devenir plus épais.

Si vous ne savez pas comment le déraciner, votre combat est sans fondement, il est insensé. Vous allez vous détruire, pas l'arbre.

En vous battant, vous gaspillerez votre énergie, votre temps, votre vie, et l'arbre continuera à devenir de plus en plus fort, beaucoup plus épais et dense. Et vous serez surpris de ce qui se passe : vous faites tant d'efforts, vous essayez de résoudre tel ou tel problème, et ils continuent de croître, d'augmenter.

Même si un problème est résolu, dix problèmes prennent soudainement sa place.

N'essayez pas de résoudre des problèmes individuels, uniques - il n'y en a pas : L'ESPRIT LUI-MÊME EST LE PROBLÈME.

Mais l'esprit est caché sous terre ; c'est pourquoi je l'appelle la racine, il n'est pas apparent. Chaque fois que vous rencontrez un problème, le problème est en surface, vous pouvez le voir - c'est pourquoi vous êtes trompé par lui.

N'oubliez jamais que le visible n'est jamais la racine ; la racine reste toujours invisible, la racine est toujours cachée. Ne vous battez jamais avec le visible, sinon vous vous battrez avec des ombres. Vous pouvez vous gaspiller, mais il ne peut y avoir aucune transformation dans votre vie, les mêmes problèmes réapparaîtront encore et encore et encore. Vous pouvez observer votre propre vie et vous verrez ce que je veux dire. Je ne parle pas d'une quelconque théorie sur l'esprit, juste de sa "facticité". Voici le fait : l'esprit doit être résolu.

Les gens viennent me voir et me demandent : "Comment atteindre un esprit paisible ?" Je leur réponds : "Il n'existe rien de tel : l'esprit paisible. Je n'en ai jamais entendu parler."

L'esprit n'est jamais paisible - le non-esprit est la paix. L'esprit lui-même ne peut jamais être paisible, silencieux. La nature même du mental est d'être tendu, d'être dans la confusion. Le mental ne peut jamais être clair, il ne peut pas avoir de clarté, parce que le mental est par nature la confusion, l'opacité. La clarté est possible sans esprit, la paix est possible sans esprit, le silence est possible sans esprit - donc n'essayez jamais d'atteindre un esprit silencieux. Si vous le faites, dès le début, vous vous déplacez dans une dimension impossible.

La première chose à faire est donc de comprendre la nature de l'esprit, ce n'est qu'ensuite que l'on peut faire quelque chose.

Si vous observez, vous ne rencontrerez jamais d'entité comme l'esprit. Ce n'est pas une chose, c'est juste un processus ; ce n'est pas une chose, c'est comme une foule. Les pensées individuelles existent, mais elles se déplacent si rapidement que vous ne pouvez pas voir les intervalles entre elles. Les intervalles ne peuvent être vus parce que vous n'êtes pas très conscient et alerte, vous avez besoin d'un regard plus profond. Lorsque vos yeux pourront regarder en profondeur, vous verrez soudain une pensée, une autre pensée, une autre pensée - mais PAS D'ESPRIT.

Les pensées réunies, des millions de pensées, vous donnent l'illusion que l'esprit existe. C'est comme une foule, des millions de personnes debout dans une foule : existe-t-il quelque chose comme une foule ? Pouvez-vous trouver la foule en dehors des individus qui se tiennent là ? Mais ils se tiennent ensemble, leur unité vous donne l'impression que quelque chose comme une foule existe - seuls les individus existent.

C'est le premier aperçu de l'esprit. Regardez, et vous trouverez des pensées ; vous ne rencontrerez jamais l'esprit. Et si cela devient votre propre expérience - non pas parce que je le dis, non pas parce que Tilopa le chante, non, cela ne sera pas d'une grande aide - si cela devient VOTRE expérience, si cela devient un fait de votre propre connaissance, alors soudainement beaucoup de choses commencent à changer. Si cela devient VOTRE expérience, si cela devient un fait de votre propre connaissance, alors soudainement beaucoup de choses commencent à changer.

Observez l'esprit et voyez où il est, ce qu'il est. Vous sentirez les pensées flotter et il y aura des intervalles. Et si vous observez longtemps, vous verrez que les intervalles sont plus que les pensées, car chaque pensée doit être séparée d'une autre pensée ; en fait, chaque mot doit être séparé d'un autre mot. Plus vous allez en profondeur, plus vous trouverez des intervalles, des intervalles de plus en plus grands. Une pensée flotte, puis vient un vide où aucune pensée n'existe ; puis une autre pensée vient, un autre vide suit.

Si vous êtes inconscient, vous ne pouvez pas voir les écarts ; vous sautez d'une pensée à l'autre, vous ne voyez jamais l'écart. Si vous devenez conscient, vous verrez de plus en plus de lacunes. Si vous devenez parfaitement conscient, alors des kilomètres de lacunes vous seront révélées. Et dans ces lacunes, les SATORIS se produisent. Dans ces vides, la vérité frappe à votre porte. Dans ces vides, l'invité arrive. Dans ces vides, Dieu est réalisé, ou quelle que soit la manière dont vous voulez l'exprimer. Et lorsque la conscience est absolue, alors il n'y a qu'un vaste espace de néant.

C'est comme les nuages : les nuages bougent. Ils peuvent être si épais que vous ne pouvez pas voir le ciel qui se cache derrière.

Vous perdez l'immensité bleue du ciel, vous êtes couvert de nuages. Puis vous continuez à regarder : un nuage bouge, un autre n'est pas encore entré dans la vision - et soudain, un coup d'œil dans le bleu du vaste ciel.

Il en va de même à l'intérieur : vous êtes l'immense bleu du ciel, et les pensées ne sont que des nuages qui planent autour de vous, qui vous remplissent. Mais les nuages existent, le ciel existe. Avoir un aperçu du ciel est SATORI, et devenir le ciel est SAMADHI. Du satori au samadhi, tout le processus est un aperçu profond de l'esprit, rien d'autre.

L'esprit n'existe pas en tant qu'entité - la première chose. Seules les pensées existent.

La deuxième chose : les pensées existent séparément de vous, elles ne sont pas une avec votre nature, elles vont et viennent - vous restez, vous persistez. Vous êtes comme le ciel : il ne vient jamais, ne part jamais, il est toujours là. Les nuages vont et viennent, ce sont des phénomènes momentanés, ils ne sont pas éternels. Même si vous essayez de vous accrocher à une pensée, vous ne pouvez pas la retenir longtemps ; elle doit partir, elle a sa propre naissance et sa propre mort. Les pensées ne sont pas à vous, elles ne vous appartiennent pas. Elles viennent en tant que visiteurs, invités, mais elles ne sont pas l'hôte.

Regardez profondément, alors vous deviendrez l'hôte et les pensées seront les invités. Et en tant qu'invités, ils sont beaux, mais si vous oubliez complètement que vous êtes l'hôte et qu'ils deviennent les hôtes, alors vous êtes dans le pétrin. Voilà ce qu'est l'enfer. Vous êtes le maître de maison, la maison vous appartient, et les invités sont devenus les maîtres. Recevez-les, prenez soin d'eux, mais ne vous identifiez pas à eux, sinon ils deviendront les maîtres.

Le mental devient le problème parce que vous avez emmené les pensées si profondément en vous que vous avez complètement oublié la distance ; qu'elles sont des visiteurs, elles vont et viennent. Rappelez-vous toujours ce qui demeure : c'est votre nature, votre TAO. Sois toujours attentif à ce qui ne vient et ne part jamais, comme le ciel. Change de gestalt : ne te concentre pas sur les visiteurs, reste enraciné dans l'hôte ; les visiteurs vont et viennent.

Bien sûr, il y a de mauvais visiteurs et de bons visiteurs, mais vous ne devez pas vous en inquiéter. Un bon hôte traite tous les invités de la même manière, sans faire de distinction. Un bon hôte est simplement un bon hôte : une mauvaise pensée arrive et il traite la mauvaise pensée de la même manière qu'une bonne pensée. Le fait que la pensée soit bonne ou mauvaise ne le concerne pas.

... Parce qu'une fois que vous faites la distinction entre cette pensée est bonne et cette pensée est mauvaise, que faites-vous ? Vous rapprochez la bonne pensée de vous et repoussez la mauvaise pensée plus loin. Tôt ou tard, vous vous identifiez à la bonne pensée ; la bonne pensée devient l'hôte. Et toute pensée, lorsqu'elle devient l'hôte, crée la misère - parce que ce n'est pas la vérité. La pensée est un prétexte et vous vous identifiez à elle. L'identification est la maladie.

Gurdjieff disait qu'une seule chose est nécessaire : ne pas s'identifier à ce qui va et vient. Le matin vient, le midi vient, le soir vient, et ils s'en vont ; la nuit vient et de nouveau le matin. Vous demeurez : non pas en tant que vous, car cela aussi est une pensée - en tant que pure conscience ; non pas votre nom, car cela aussi est une pensée ; non pas votre forme, car cela aussi est une pensée ; non pas votre corps, car un jour vous réaliserez que cela aussi est une pensée. Juste la pure conscience, sans nom, sans forme ; juste la pureté, juste l'absence de forme et de nom, juste le phénomène même d'être conscient - seul cela demeure.

Si vous vous identifiez, vous devenez le mental. Si vous vous identifiez, vous devenez le corps. Si vous vous identifiez, vous devenez le nom et la forme - ce que les hindous appellent NAMA, RUPA, nom et forme - alors l'hôte est perdu. Alors vous oubliez l'éternel et le MOMENTAIRE devient significatif. Le momentané est le monde ; l'éternel est divin.

C'est le deuxième aperçu à atteindre, que vous êtes l'hôte et que les pensées sont des invités.

La troisième chose, si vous continuez à regarder, sera bientôt réalisée. La troisième chose est que les pensées sont étrangères, des intrus, des outsiders. AUCUNE PENSÉE N'EST LA TIENNE. Elles viennent toujours de l'extérieur, vous n'êtes qu'un passage. Un oiseau entre dans la maison par une porte et s'envole par une autre : de la même façon, une pensée entre en vous et sort de vous.

Vous continuez à penser que les pensées sont les vôtres. Non seulement ça, mais vous vous battez pour vos pensées, vous dites : "C'est ma pensée, c'est vrai." Vous discutez, vous débattez, vous argumentez à ce sujet, vous essayez de prouver que "C'est ma pensée". Aucune pensée n'est la vôtre, aucune pensée n'est originale - toutes les pensées sont empruntées. Et pas de seconde main, car des millions de personnes ont revendiqué ces mêmes pensées avant vous. La pensée est tout aussi extérieure qu'une chose.

Quelque part, le grand physicien Eddington a dit que plus la science s'enfonce dans la matière, plus elle se rend compte que les choses sont des pensées. C'est peut-être vrai, je ne suis pas physicien, mais de l'autre côté, je voudrais vous dire qu'Eddington a peut-être raison de dire que les choses ressemblent de plus en plus à des pensées si l'on va plus loin ; si l'on va plus loin en soi-même, les pensées ressembleront de plus en plus à des choses. En fait, ce sont deux aspects du même phénomène : une chose est une pensée, une pensée est une chose.

Quand je dis qu'une pensée est une chose, qu'est-ce que je veux dire ? Je veux dire que vous pouvez lancer votre pensée comme une chose. Vous pouvez frapper la tête de quelqu'un avec une pensée tout comme une chose. Vous pouvez tuer une personne par une pensée tout comme vous pouvez lancer un poignard. Vous pouvez donner votre pensée comme un cadeau, ou comme une infection.

Les pensées sont des choses, elles sont des forces, mais elles ne vous appartiennent pas. Elles viennent à vous ; elles restent un moment en vous et puis elles vous quittent. L'univers entier est rempli de pensées et de choses. Les choses ne sont que la partie physique des pensées, et les pensées sont la partie mentale des choses.

C'est à cause de ce fait que de nombreux miracles se produisent - parce que les pensées sont des choses. Si une personne pense continuellement à vous et à votre bien-être, cela se produira - parce qu'elle jette une force continue sur vous. C'est pourquoi les bénédictions sont utiles, utiles. Si vous pouvez être béni par quelqu'un qui a atteint le non-esprit, la bénédiction sera vraie - car un homme qui n'utilise jamais la pensée accumule l'énergie de la pensée, donc tout ce qu'il dit sera vrai.

Dans toutes les traditions orientales, avant qu'une personne ne commence à apprendre le non-esprit, il existe des techniques et on insiste beaucoup sur le fait qu'elle doit cesser d'être négative, car si vous atteignez le non-esprit et que votre tendance reste négative, vous pouvez devenir une force dangereuse. Avant d'atteindre le non-esprit, il faut devenir absolument positif. C'est toute la différence entre la magie blanche et la magie noire.

La magie noire n'est rien d'autre que le fait d'accumuler de l'énergie de pensée sans se débarrasser au préalable de sa négativité. Et la magie blanche n'est rien d'autre que lorsqu'un homme a atteint trop d'énergie de pensée, et a basé son être total sur une attitude positive. La même énergie avec négativité devient noire ; la même énergie avec positivité devient blanche. Une pensée est une grande force, c'est une chose.

Ce sera le troisième aperçu. Il doit être compris et observé en vous-même.

Il arrive parfois que vous voyiez votre pensée fonctionner comme une chose, mais à cause d'un trop grand conditionnement de matérialisme, vous pensez que ce n'est peut-être qu'une coïncidence. Vous négligez le fait, vous n'y accordez tout simplement aucune attention ; vous restez indifférent, vous l'oubliez. Mais bien souvent, vous savez que parfois vous pensiez à la mort d'une certaine personne - et elle est morte. Vous pensez que ce n'est qu'une coïncidence. Parfois, vous pensiez à un ami et le désir s'est fait jour en vous que ce serait bien qu'il vienne - et il est à la porte, il frappe. Vous pensez que c'est une coïncidence. Ce n'est pas une coïncidence. En fait, il n'y a rien qui ressemble à une coïncidence, tout a sa causalité. Vos pensées continuent à créer un monde autour de vous.

Vos pensées sont des choses, alors faites-y attention. Manipulez-les avec soin ! Si vous n'êtes pas très conscient, vous pouvez créer de la misère pour vous et pour les autres - et vous l'avez fait. Et rappelez-vous, lorsque vous créez de la misère pour quelqu'un, inconsciemment, en même temps, vous créez de la misère pour vous-même - car une pensée est une épée à deux tranchants. Elle vous coupe en même temps qu'elle coupe quelqu'un d'autre.

Il y a tout juste deux ou trois ans, un Israélien, Uri Geller, qui a travaillé sur l'énergie de la pensée, a présenté son expérience à la télévision de la BBC en Angleterre. Il peut plier n'importe quoi juste en pensant :

Quelqu'un d'autre tient une cuillère dans sa main à trois mètres d'Uri Geller, et il y pense simplement - et la cuillère se plie immédiatement. Vous ne pouvez pas la plier avec votre main, et lui, il la plie par sa pensée.

Mais un phénomène très rare s'est produit à la télévision de la BBC ; même Uri Geller ne savait pas que cela était possible.

Des milliers de personnes, chez elles, assistaient à l'expérience. Et lorsqu'il a fait son expérience, les objets pliés, dans les maisons de nombreuses personnes, beaucoup d'objets sont tombés et se sont déformés - des milliers d'objets dans toute l'Angleterre. L'énergie était comme diffusée. Et il faisait l'expérience à une distance de trois mètres, puis à partir de l'écran de télévision dans les maisons des gens, autour de la zone de trois mètres, beaucoup de choses se sont produites : les choses se sont pliées, sont tombées, se sont déformées. C'était bizarre !

Les pensées sont des choses, et des choses très très fortes. Il y a une femme en Russie soviétique, Mikhailovana. Elle peut faire beaucoup de choses à des choses lointaines, elle peut tirer n'importe quoi vers elle - juste par la pensée. La Russie soviétique ne croit pas aux choses occultes - c'est un pays communiste, athée - alors ils ont travaillé sur Mikhailovana, sur ce qui se passe, d'une manière scientifique.

Mais lorsqu'elle le fait, elle perd presque deux livres de poids ; en une demi-heure d'expérience, elle perd deux livres. Qu'est-ce que cela signifie ?

Cela signifie qu'à travers les pensées, vous jetez de l'énergie - et vous le faites continuellement. Votre esprit est un moulin à paroles. Vous diffusez des choses inutilement. Vous détruisez les gens autour de vous, vous vous détruisez vous-même.

Vous êtes une chose dangereuse - et vous diffusez en permanence. Et beaucoup de choses se passent grâce à vous. Et c'est un grand réseau. Le monde entier devient chaque jour de plus en plus misérable parce qu'il y a de plus en plus de gens sur la terre et qu'ils diffusent de plus en plus de pensées.

Plus on remonte dans le temps, plus la terre est paisible - de moins en moins de diffuseurs.

À l'époque de Bouddha, ou à l'époque de Lao Tseu, le monde était très très paisible, naturel ; c'était un paradis. Pourquoi ? La population était très très faible, d'une part. Les gens ne pensaient pas trop, ils étaient de plus en plus enclins à ressentir plutôt qu'à penser. Et les gens priaient. Le matin, ils faisaient la première chose et c'était une prière. Le soir, ils faisaient la dernière chose - la prière. Et tout au long de la journée, dès qu'ils trouvaient un moment, ils priaient intérieurement.

Qu'est-ce qu'une prière ? La prière, c'est envoyer des bénédictions à tous. La prière, c'est envoyer votre compassion à tous.

La prière crée un antidote aux pensées négatives - c'est une positivité.

Il s'agira du troisième aperçu des pensées, à savoir qu'elles sont des choses, des forces, et que vous devez les manipuler très soigneusement.

Normalement, sans être conscient, vous continuez à penser n'importe quoi. Il est difficile de trouver une personne qui n'a pas commis de nombreux meurtres en pensée ; difficile de trouver une personne qui n'a pas commis toutes sortes de péchés et de crimes à l'intérieur de son esprit - et puis ces choses arrivent. Et rappelez-vous, vous ne commettez peut-être pas de meurtre, mais votre pensée continue de tuer quelqu'un peut créer une situation dans laquelle la personne est assassinée. Quelqu'un peut s'emparer de votre pensée, car il y a des personnes plus faibles tout autour et les pensées coulent comme l'eau : vers le bas. Si vous pensez continuellement à quelque chose, quelqu'un qui est un faible peut s'emparer de votre pensée et aller tuer une personne.

C'est pourquoi ceux qui ont connu la réalité intérieure de l'homme, disent que quoi qu'il arrive sur la terre, tout le monde est responsable, tout le monde. Quoi qu'il arrive au Vietnam, non seulement les Nixons sont responsables, mais tous ceux qui pensent le sont aussi. Il n'y a qu'une seule personne qui NE PEUT PAS être tenue pour responsable, et c'est celle qui n'a pas d'esprit ; sinon, tout le monde est responsable de tout ce qui se passe. Si la terre est un enfer, vous êtes un créateur, vous participez.

Ne continuez pas à rejeter la responsabilité sur les autres - vous êtes également responsables, c'est un phénomène collectif. La maladie peut surgir n'importe où, l'explosion peut se produire à des millions, des milliers de kilomètres de vous - cela ne fait aucune différence, car la pensée est un phénomène non spatial, elle n'a pas besoin d'espace.

C'est pourquoi il voyage le plus vite. Même la lumière ne peut pas voyager aussi vite, car elle a besoin d'espace.

La pensée voyage le plus vite. En fait, elle ne prend pas de temps pour voyager, l'espace n'existe pas pour elle. Vous pouvez être ici, en train de penser à quelque chose, et ça arrive en Amérique. Comment pouvez-vous être tenu pour responsable ? Aucun tribunal ne peut vous punir, mais dans le tribunal ultime de l'existence, vous serez puni - vous êtes déjà puni. C'est pourquoi vous êtes si malheureux.

Les gens viennent me voir et me disent : "Nous ne faisons jamais rien de mal à personne, et pourtant nous sommes si malheureux." Vous n'êtes peut-être pas en train de faire, vous êtes peut-être en train de penser - et penser est plus subtil que faire.

Une personne peut se protéger de ses actes, mais elle ne peut pas se protéger de ses pensées. Pour penser, tout le monde est vulnérable.

La non-pensée est une nécessité si vous voulez être complètement libéré du péché, du crime, de tout ce qui vous entoure - et c'est là le sens d'un bouddha.

Un bouddha est une personne qui vit sans esprit ; il n'est donc pas responsable. C'est pourquoi, en Orient, nous disons qu'il n'accumule jamais de karma, qu'il n'accumule jamais d'enchevêtrements pour l'avenir.

Il vit, il marche, il se déplace, il mange, il parle, il fait beaucoup de choses, il doit donc accumuler du karma, car karma signifie activité. Mais en Orient, on dit que même si un bouddha tue, il n'accumulera pas de karma. Pourquoi ? Et vous, même si vous ne tuez pas, vous accumulerez du karma. Pourquoi ?

C'est simple : tout ce que le Bouddha fait, il le fait sans aucun esprit. Il est spontané, ce n'est pas une activité. Il n'y pense pas, cela arrive. Il n'est pas celui qui agit. Il se déplace comme un vide.

Il n'a pas l'esprit pour cela, il ne pensait pas à le faire. Mais si l'existence permet que cela se produise, il permet que cela se produise. Il n'a plus d'ego pour résister, plus d'ego pour faire.

C'est la signification d'être vide et d'être un non-soi : juste être un non-être, ANATTA, non-soi.

Alors vous n'accumulez rien ; alors vous n'êtes pas responsable de tout ce qui se passe autour de vous ; alors vous transcendez.

Chaque pensée unique crée quelque chose pour vous et pour les autres. Soyez vigilant !

Mais quand je dis être alerte, je ne veux pas dire avoir de bonnes pensées, non, parce que chaque fois que vous avez de bonnes pensées, vous avez aussi de mauvaises pensées. Comment le bien peut exister sans le mal ?

Si vous pensez à l'amour, juste à côté, derrière lui, se cache la haine. Comment pouvez-vous penser à l'amour sans penser à la haine ? Vous pouvez ne pas penser consciemment, l'amour peut être dans la couche consciente de l'esprit, mais la haine est cachée dans l'inconscient - ils se déplacent ensemble.

Chaque fois que vous pensez à la compassion, vous pensez à la cruauté. Pouvez-vous penser à la compassion sans penser à la cruauté ? Pouvez-vous penser à la non-violence sans penser à la violence ? Dans le mot même de " non-violence ", la violence entre ; dans le concept même, elle est là.

Pouvez-vous penser à BRAHMACHARYA, le célibat, sans penser au sexe ? C'est impossible, car que signifierait le célibat si l'on ne pense pas au sexe ? Et si le brahmacharya est basé sur la pensée du sexe, de quel type de brahmacharya s'agit-il ?

Non, il existe une qualité d'être totalement différente qui découle de l'absence de pensée : ni bonne, ni mauvaise, simplement un état de non-pensée. Vous regardez simplement, vous restez simplement conscient, mais vous ne pensez pas. Et si une pensée entre... elle entrera, parce que les pensées ne vous appartiennent pas ; elles flottent simplement dans l'air.

Tout autour, il y a une noosphère, une sphère de pensées, tout autour. Tout comme il y a de l'air, il y a de la pensée tout autour de vous, et elle continue à entrer de son propre chef. Elle ne s'arrête que lorsque vous devenez de plus en plus conscient. Il y a quelque chose là-dedans : si vous devenez plus conscient, une pensée disparaît simplement, elle fond, parce que la conscience est une énergie plus grande que la pensée.

La conscience est comme le feu à la pensée. C'est comme si vous brûliez une lampe dans la maison et que l'obscurité ne pouvait pas entrer ; vous éteignez la lumière - de partout l'obscurité est entrée ; sans prendre une seule minute, un seul instant, elle est là. Lorsque la lumière brûle dans la maison, l'obscurité ne peut pas entrer. Les pensées sont comme les ténèbres : elles n'entrent que s'il n'y a pas de lumière à l'intérieur. La conscience est un feu : si vous devenez plus conscient, les pensées entrent de moins en moins.

Si vous devenez VRAIMENT intégré dans votre conscience, les pensées n'entrent pas en vous ; vous êtes devenu une citadelle impénétrable, rien ne peut vous pénétrer. Non pas que vous soyez fermé, rappelez-vous - vous êtes absolument ouvert ; mais c'est l'énergie même de la conscience qui devient votre citadelle. Et lorsqu'aucune pensée ne peut vous pénétrer, elles viendront et vous contourneront. Vous les verrez arriver, et simplement, au moment où elles arrivent près de vous, elles tournent. Vous pouvez alors vous déplacer n'importe où, vous allez même jusqu'en enfer - rien ne peut vous affecter. C'est ce que nous entendons par illumination.

Maintenant, essayez de comprendre le sutra de Tilopa :

SI L'ON NE VOIT RIEN EN REGARDANT DANS LE VIDE, SI AVEC L'ESPRIT ON OBSERVE L'ESPRIT, ON DÉTRUIT LES DISTINCTIONS ET ON ATTEINT LA BOUDDHÉITÉ.

SI L'ON NE VOIT RIEN EN REGARDANT DANS L'ESPACE.... Il s'agit d'une méthode, une méthode tantrique : regarder dans l'espace, dans le ciel, SANS VOIR ; regarder avec un œil vide. Regarder, mais ne pas chercher quelque chose : juste un regard vide.

On voit parfois dans les yeux d'un fou un regard vide - et les fous et les sages se ressemblent sur certains points. Un fou regarde votre visage, mais vous pouvez voir qu'il ne vous regarde pas. Il regarde à travers vous comme si vous étiez un objet en verre, transparent ; vous êtes juste dans son chemin, il ne vous regarde pas. Et vous êtes transparente pour lui : il regarde au-delà de vous, à travers vous. Il regarde sans te regarder ; le "à"...

n'est pas présent, il regarde simplement.

Regardez le ciel sans chercher quelque chose, car si vous cherchez quelque chose, un nuage viendra forcément : "quelque chose" signifie un nuage, "rien" signifie la vaste étendue du ciel bleu. Ne cherchez pas d'objet. Si vous cherchez un objet, c'est le REGARD même qui crée l'objet : un nuage arrive, et alors vous regardez un nuage. Ne regardez pas les nuages. Même s'il y a des nuages, vous ne les regardez pas - regardez simplement, laissez-les flotter, ils sont là. Soudain, un moment arrive où vous êtes en accord avec ce regard qui ne regarde pas - les nuages disparaissent pour vous, seul le vaste ciel demeure. C'est difficile car les yeux sont concentrés et vos yeux sont accordés pour regarder les choses.

Regardez un petit enfant qui vient de naître. Il a les mêmes yeux qu'un sage - ou qu'un fou : ses yeux sont libres et flottants. Il peut amener ses deux yeux à se rencontrer au centre ; il peut les laisser flotter vers les coins éloignés - ils ne sont pas encore fixés. Son système est liquide, son système nerveux n'est pas encore une structure, tout est flottant. Ainsi, un enfant regarde sans regarder les choses ; c'est un regard fou. Regardez un enfant : le même regard est nécessaire pour vous, car vous devez à nouveau atteindre une seconde enfance.

Observer un fou, parce que le fou est tombé hors de la société. La société signifie le monde fixe des rôles, des jeux. Un fou est fou parce qu'il n'a plus de rôle fixe, il en est sorti : c'est un parfait marginal. Un sage est également un parfait marginal dans une dimension différente. Il n'est pas fou ; en fait, il est la seule possibilité la plus saine. Mais le monde entier est fou, figé - c'est pourquoi un sage semble également fou.

Regardez un fou : c'est le regard qu'il faut avoir.

Dans les anciennes écoles du Tibet, il y avait toujours un fou, juste pour que les chercheurs puissent observer ses yeux. Un fou était très apprécié. On le recherchait car un monastère ne pouvait exister sans un fou. Il devient un objet à observer. Les chercheurs observent le fou, ses yeux, et ensuite ils essaient de regarder le monde comme le fou. Ces jours-là étaient magnifiques.

En Orient, les fous n'ont jamais souffert comme ils souffrent en Occident. En Orient, ils étaient valorisés, un fou était quelque chose de spécial. La société prenait soin de lui, il était respecté, parce qu'il a certains éléments du sage, certains éléments de l'enfant. Il est différent de ce qu'on appelle la société, la culture, la civilisation ; il en est tombé. Bien sûr, il est tombé ; un sage tombe vers le haut, un fou tombe vers le bas - c'est la différence - mais les deux sont tombés. Et ils ont des similitudes.

Regardez un fou, puis essayez de laisser vos yeux se déconcentrer.

À Harvard, ils ont fait une expérience il y a quelques mois, et ils ont été surpris, ils ne pouvaient pas y croire. Ils ont essayé de découvrir si le monde, tel que nous le voyons, est tel ou non - parce que beaucoup de choses ont fait surface au cours des dernières années.

Nous ne voyons pas le monde tel qu'il est, nous le voyons comme nous nous attendons à ce qu'il soit vu, nous projetons quelque chose sur lui.

Il arriva qu'un grand navire atteignit pour la première fois une petite île du Pacifique. Les habitants de l'île ne l'ont pas vu, personne ! Le navire était si vaste - mais les habitants étaient habitués, leurs yeux étaient habitués aux petits bateaux. Ils n'avaient jamais connu un si grand navire, ils n'avaient jamais vu une telle chose. Leurs yeux ne voulaient tout simplement pas l'apercevoir, leurs yeux refusaient tout simplement.

À Harvard, ils ont fait un essai sur un jeune homme : ils lui ont donné des lunettes avec des verres déformants, et il a dû les porter pendant sept jours. Les trois premiers jours, il était dans un état misérable, parce que tout se déformait, le monde entier autour de lui se déformait..... Cela lui donnait un tel mal de tête qu'il ne pouvait pas dormir. Même les yeux fermés, ces figures déformées... les visages déformés, les arbres déformés, les routes déformées. Il ne pouvait même pas marcher parce qu'il ne pouvait pas croire : "Qu'est-ce qui est vrai et qu'est-ce qui est donné par la projection de lunettes déformantes ?"

Mais un miracle s'est produit ! Après le troisième jour, il s'y est habitué et la distorsion a disparu.

Les lunettes sont restées les mêmes, déformantes, mais il a commencé à regarder le monde de la même façon.

Au bout d'une semaine, tout était rentré dans l'ordre : il n'y avait pas de mal de tête, pas de problème, et les scientifiques étaient tout simplement surpris ; ils n'arrivaient pas à croire que cela se produisait. Les yeux avaient complètement disparu, comme si les lunettes n'étaient plus là. Les lunettes étaient là, et elles déformaient les images, mais les yeux avaient fini par voir le monde pour lequel ils avaient été formés.

Personne ne sait si ce que vous voyez est là ou non. Il peut ne pas être là, il peut être là d'une manière totalement différente. Les couleurs que vous voyez, les formes que vous voyez, tout est projeté par les yeux.

Et chaque fois que vous regardez fixement, concentré avec vos vieux schémas, vous voyez les choses selon votre propre conditionnement. C'est pourquoi un fou a un regard liquide, un regard absent, regardant et ne regardant pas ensemble.

Ce regard est magnifique. C'est l'une des plus grandes techniques du tantra :

SI L'ON NE VOIT RIEN EN REGARDANT DANS L'ESPACE....

Ne voyez pas, regardez simplement. Pendant les premiers jours, vous allez voir quelque chose, encore et encore, juste à cause de la vieille habitude. Nous entendons des choses à cause de la vieille habitude. Nous voyons des choses à cause de la vieille habitude.

Nous comprenons les choses à cause d'une vieille habitude.

L'un des plus grands disciples de Gurdjieff, P.D. Ouspensky, avait l'habitude d'insister auprès de ses disciples sur une certaine chose - et tout le monde n'aimait pas cela, et beaucoup de gens sont partis simplement à cause de cette insistance. Si quelqu'un disait : "Hier, tu as dit...", il l'arrêtait immédiatement et lui disait : "Ne le dis pas comme ça. Dis : "J'ai compris que tu as dit cette chose hier". 'J'ai compris....' Ne dis pas ce que j'ai dit ; tu ne peux pas le savoir. Parle de ce que tu as entendu." Et il insistait tellement parce que nous sommes des habitués.

Encore une fois, vous pourriez dire : "Dans la BIBLE, il est dit..." et il répondrait : "Ne dites pas cela ! Dites simplement que vous comprenez que cela est dit dans LA BIBLE." Avec CHAQUE phrase, il insistait : "Rappelez-vous toujours que c'est VOTRE compréhension."

Nous continuons à oublier. Ses disciples ont continué à oublier encore et encore, et chaque jour, et il était têtu à ce sujet. Il ne vous permettait pas de continuer. Il disait : " Retourne en arrière. Dites d'abord que, 'Je comprends que tu as dit ceci, c'est ce que je comprends'... parce que vous entendez selon vous-même, vous voyez selon vous-même - parce que vous avez un modèle fixe de voir et d'entendre."

Cela doit être abandonné. Pour connaître l'existence, toutes les attitudes fixes doivent être abandonnées. Vos yeux ne devraient être que des fenêtres, pas des projecteurs. Vos oreilles ne devraient être que des portes, pas des projecteurs.

C'est arrivé : Un psychanalyste qui étudiait avec Gurdjieff a essayé de faire cette expérience. Lors d'une cérémonie de mariage, il a tenté une expérience très simple mais très belle. Il se tenait sur le côté, les gens passaient, il les regardait et il sentait que personne à l'extrémité de la réception n'entendait ce qu'ils disaient - tant de gens, la cérémonie de mariage d'un homme riche. Il s'est donc joint à eux et a dit très calmement à la première personne de la file d'attente : "Ma grand-mère est morte aujourd'hui." L'homme a dit, "C'est si gentil de votre part, si beau." Puis il l'a dit à une autre personne et l'homme a dit, "Comme c'est gentil de votre part." Et au marié, quand il a dit ça, il a dit : "Vieil homme, il est temps que vous suiviez aussi."

Personne n'écoute personne. Vous entendez ce que vous attendez. Les attentes sont vos lunettes - ce sont les lunettes. Vos yeux doivent être des fenêtres - c'est la technique.

Rien ne doit sortir des yeux, car si quelque chose sort, un nuage est créé. Alors vous voyez des choses qui ne sont pas là, puis une hallucination subtile..... Que la clarté pure soit dans les yeux, dans les oreilles ; tous vos sens doivent être clairs, la perception pure - alors seulement l'existence peut vous être révélée.

Et lorsque vous connaissez l'existence, alors vous savez que vous êtes un bouddha, un dieu, car dans l'existence tout est divin.

SI L'ON NE VOIT RIEN EN REGARDANT DANS LE VIDE ; SI AVEC L'ESPRIT ON OBSERVE L'ESPRIT....

Fixez d'abord le ciel ; allongez-vous sur le sol et fixez le ciel. Il n'y a qu'une seule chose à essayer : ne rien regarder. Au début, vous allez tomber encore et encore, vous allez oublier encore et encore. Vous ne serez pas capable de vous souvenir continuellement. Ne soyez pas frustré, c'est naturel à cause d'une si longue habitude. Chaque fois que vous vous souviendrez à nouveau, défocalisez vos yeux, relâchez-les, regardez simplement le ciel - sans rien faire, juste en regardant. Bientôt, un moment viendra où vous pourrez regarder le ciel sans essayer d'y voir quoi que ce soit.

Ensuite, essayez-le avec votre ciel intérieur :

... SI AVEC L'ESPRIT ON OBSERVE ALORS L'ESPRIT....

Puis fermez les yeux et regardez à l'intérieur, sans rien chercher, juste le même regard absent. Les pensées flottent, mais vous ne les cherchez pas, ni ne les regardez - vous regardez simplement. Si elles viennent, c'est bien, si elles ne viennent pas, c'est bien aussi. Ensuite, vous serez capable de voir les vides : une pensée passe, une autre arrive - et le vide. Et puis, de proche en proche, vous serez capable de voir que la pensée devient transparente, même lorsque la pensée passe, vous continuez à voir le vide, vous continuez à voir le ciel caché derrière le nuage.

Et plus vous vous accordez à cette vision, les pensées vont diminuer de plus en plus, elles vont venir de moins en moins, de moins en moins. Les espaces deviendront plus larges. Pendant des minutes ensemble, aucune pensée ne vient, tout est si calme et silencieux à l'intérieur - vous êtes pour la première fois ensemble. Tout est absolument béat, aucune perturbation. Et si ce regard devient naturel pour vous - il devient, c'est l'une des choses les plus naturelles ; il suffit de se déconcentrer, de se déconditionner :

... ON DÉTRUIT LES DISTINCTIONS...

alors il n'y a rien de bon, rien de mauvais ; rien de laid, rien de beau, ... ET ATTEINT L'ÉTAT DE BOUDDHA.

La bouddhéité signifie l'éveil le plus élevé. Lorsqu'il n'y a plus de distinctions, toutes les divisions sont perdues, l'unité est atteinte, il ne reste qu'un. Vous ne pouvez même pas l'appeler "un", car cela aussi fait partie de la dualité.

L'un reste, mais vous ne pouvez pas l'appeler " un ", car comment pouvez-vous l'appeler " un " sans dire au fond " deux ". Non, vous ne dites pas que " un " demeure, simplement que " deux " a disparu, le multiple a disparu. Maintenant c'est une vaste unicité, il n'y a plus de frontières à quoi que ce soit.

Un arbre se fondant dans un autre arbre, la terre se fondant dans les arbres, les arbres se fondant dans le ciel, le ciel se fondant dans l'au-delà... toi te fondant en moi, je me fondant en toi... tout se fondant... les distinctions se perdant, se fondant et se fondant comme des vagues dans d'autres vagues... une vaste unité vibrant, vivante, sans frontières, sans définitions, sans distinctions.... le sage se fondant dans le pécheur, le pécheur se fondant dans le sage... le bien devenant mauvais, le mal devenant bon... la nuit se transformant en jour, le jour se transformant en nuit... la vie se fondant dans la mort, la mort se moulant à nouveau dans la vie - alors tout est devenu un.

C'est seulement à ce moment que la bouddhéité est atteinte : quand il n'y a rien de bon, rien de mauvais, aucun péché, aucune vertu, aucune obscurité, aucune nuit - rien, aucune distinction. Les distinctions sont là à cause de vos yeux entraînés. La distinction est une chose apprise. La distinction n'existe pas en soi. La distinction est projetée par vous. Vous donnez la distinction au monde - elle n'est pas là. C'est le tour de vos yeux, vos yeux vous jouent un tour.

Les nuages qui se promènent dans le ciel n'ont pas de racines, pas de foyer, pas plus que les pensées discriminatoires qui traversent l'esprit.

LES NUAGES QUI ERRENT DANS LE CIEL N'ONT PAS DE RACINES ET PAS DE FOYER.... Et il en va de même pour vos pensées, et il en va de même pour votre ciel intérieur. Vos pensées n'ont pas de racines, elles n'ont pas de foyer ; tout comme les nuages, elles errent. Vous ne devez donc pas les combattre, vous ne devez pas vous opposer à elles, vous ne devez même pas essayer d'arrêter la pensée.

Cela devrait devenir une compréhension profonde en vous, car dès qu'une personne s'intéresse à la méditation, elle commence à essayer d'arrêter de penser. Et si vous essayez d'arrêter les pensées, elles ne seront jamais arrêtées, car l'effort même d'arrêter est une pensée, l'effort même de méditer est une pensée, l'effort même d'atteindre la bouddhéité est une pensée. Et comment pouvez-vous arrêter une pensée par une autre pensée ?

Comment pouvez-vous arrêter l'esprit en créant un autre esprit ? Alors vous vous accrocherez à l'autre. Et cela continuera encore et encore, ad nauseam ; alors il n'y a pas de fin à cela.

Ne vous battez pas - car qui se battra ? Qui êtes-vous ? Juste une pensée, alors ne faites pas de vous un champ de bataille où une pensée se bat contre une autre. Soyez plutôt un témoin, regardez simplement les pensées flotter. Elles s'arrêtent, mais pas par votre arrêt. Elles s'arrêtent parce que vous devenez plus conscient, pas à cause d'un quelconque effort de votre part pour les arrêter. Non, elles ne s'arrêtent jamais, elles résistent. Essayez et vous verrez : essayez d'arrêter une pensée et la pensée persistera. Les pensées sont très têtues, inflexibles ; ce sont des HATHA YOGIS, elles persistent.

Vous les lancez et ils reviennent un million et une fois. Vous vous fatiguerez, mais eux ne se fatigueront pas. Il arriva qu'un homme vienne voir Tilopa. L'homme voulait atteindre l'état de bouddha et il avait entendu dire que Tilopa l'avait atteint. Et Tilopa séjournait dans un temple quelque part au Tibet.

L'homme est venu ; Tilopa était assis, et l'homme a dit : " Je voudrais arrêter mes pensées. "

Tilopa a dit : " C'est très facile. Je vais vous donner un dispositif, une technique. Vous suivez ceci : asseyez-vous simplement et ne pensez pas aux singes. Cela fera l'affaire."

L'homme a dit : "C'est si facile ? Il suffit de ne pas penser aux singes ? Mais je n'ai jamais pensé à eux."

Tilopa a dit : "Maintenant tu le fais, et demain matin tu fais ton rapport."

Vous pouvez comprendre ce qui est arrivé à ce pauvre homme... des singes et des singes tout autour. La nuit, il ne pouvait pas dormir, pas un seul instant. Il ouvrait les yeux et ils étaient assis là, ou il fermait les yeux et ils étaient assis là, et ils faisaient des grimaces..... Il était tout simplement surpris. "Pourquoi cet homme a-t-il donné cette technique, car si les singes sont le problème, alors je n'ai jamais été dérangé par eux. C'est la première fois que cela se produit !" Et il a essayé, le matin encore il a essayé. Il a pris un bain, s'est assis, mais rien à faire : les singes ne le quittaient pas.

Il est revenu le soir, presque fou - parce que les singes le suivaient et qu'il leur parlait. Il est venu et a dit : "Sauvez-moi d'une manière ou d'une autre. Je ne veux pas de ça, j'étais d'accord, je ne veux pas de TOUTES les méditations. Et je ne veux pas de votre illumination - mais sauvez-moi de ces singes !"

Si vous pensez aux singes, il se peut qu'ils ne viennent pas à vous. Mais si vous ne voulez pas... si vous voulez qu'ils ne viennent PAS à vous, alors ils vous suivront. Ils ont leur ego et ils ne peuvent pas vous quitter si facilement. Et que pensez-vous de vous-même en essayant de ne pas penser aux singes ? Les singes s'énervent, cela ne peut pas être permis.

Cela arrive aux gens. Tilopa plaisantait, il disait que si vous essayez d'arrêter une pensée, vous ne pouvez pas. Au contraire, l'effort même pour l'arrêter lui donne de l'énergie, l'effort même pour l'éviter devient de l'attention. Ainsi, chaque fois que vous voulez éviter quelque chose, vous lui accordez trop d'attention. Si vous voulez ne pas penser à une pensée, vous y pensez déjà.

Souvenez-vous de cela, sinon vous serez dans la même situation. Le pauvre homme qui était obsédé est devenu obsédé par les singes parce qu'il voulait les arrêter. Il n'y a pas besoin d'arrêter l'esprit.

Les pensées sont sans racines, des vagabonds sans abri, vous ne devez pas vous en inquiéter. Vous regardez simplement, regardez sans les regarder, regardez simplement.

Si elles viennent, tant mieux, ne vous sentez pas mal - car même un léger sentiment que ce n'est pas bon et vous avez commencé à vous battre. C'est bon, c'est naturel : comme les feuilles dans les arbres, les pensées viennent à l'esprit. Ce n'est pas grave, c'est parfaitement comme cela doit être. Si elles ne viennent pas, c'est magnifique. Vous restez simplement un observateur impartial, ni pour ni contre, ni appréciant ni condamnant - sans aucune évaluation. Vous vous asseyez simplement à l'intérieur de vous-même et regardez, regardant sans regarder.

Et ceci arrive, que plus vous regardez, moins vous trouvez ; plus vous regardez profondément, les pensées disparaissent, se dispersent. Une fois que vous savez cela, la clé est dans votre main. Et cette clé déverrouille le phénomène le plus secret : le phénomène de la bouddhéité.

Les nuages qui errent dans le ciel n'ont pas de racines, pas de foyer, pas plus que les pensées discriminatoires qui traversent l'esprit. UNE FOIS QUE L'ESPRIT DU SOI EST VU, LA DISCRIMINATION CESSE.

Et une fois que vous pouvez voir que les pensées flottent - vous n'êtes pas les pensées mais l'espace dans lequel les pensées flottent - vous avez atteint votre esprit de soi, vous avez compris le phénomène de votre conscience.

Alors la discrimination cesse : alors rien n'est bon, rien n'est mauvais ; alors tout désir disparaît simplement, car s'il n'y a rien de bon, rien de mauvais, il n'y a rien à désirer, rien à éviter.

Vous acceptez, vous devenez lâche et naturel. Vous commencez simplement à flotter avec l'existence, sans aller nulle part, parce qu'il n'y a pas de but ; sans vous diriger vers une quelconque cible, parce qu'il n'y a pas de cible. Puis vous commencez à profiter de chaque instant, quoi qu'il apporte - quoi qu'il en soit, rappelez-vous. Et vous pouvez en profiter, parce que maintenant vous n'avez aucun désir et aucune attente. Et vous ne demandez rien, donc tout ce qui vous est donné, vous en êtes reconnaissant. Le simple fait de s'asseoir et de respirer est si beau, le simple fait d'être ici est si merveilleux que chaque moment de la vie devient une chose magique, un miracle en soi.

DANS L'ESPACE SE FORMENT DES FORMES ET DES COULEURS, MAIS L'ESPACE N'EST PAS TEINTÉ PAR LE NOIR OU LE BLANC. DE L'ESPRIT DE SOI ÉMERGENT TOUTES CHOSES, L'ESPRIT N'EST PAS SOUILLÉ PAR LES VERTUS ET LES VICES.

Et alors, alors vous savez que DANS L'ESPACE SE FORMENT DES FORMES ET DES COULEURS. Les nuages prennent de nombreux types de formes : tu peux voir des éléphants et des lions, et tout ce que tu veux. Dans l'espace les formes, les couleurs, vont et viennent... MAIS NI PAR LE NOIR NI PAR LE BLANC L'ESPACE N'EST TINGÉ... mais quoi qu'il arrive, le ciel reste intact, non altéré. Le matin, c'est comme un feu, un feu rouge venant du soleil, le ciel entier devient rouge ; mais la nuit, où est passée cette rougeur ? Le ciel entier est sombre, noir. Le matin, où est passée cette noirceur ? Le ciel reste intact, intact.

Et c'est la voie d'un sannyasin : rester comme un ciel, non affecté par ce qui vient et ce qui se passe.

Une bonne pensée arrive - un sannyasin ne s'en vante pas. Il ne dit pas : " Je suis rempli de bonnes pensées, de pensées vertueuses, de bénédictions pour le monde. " Non, il ne se vante pas, car s'il se vante, il est entaché. Il ne prétend pas qu'il est bon. Une mauvaise pensée vient - il n'est pas déprimé par elle, sinon il est marqué. Bon ou mauvais, jour ou nuit, tout ce qui va et vient, il l'observe simplement. Les saisons changent et il observe ; la jeunesse devient la vieillesse et il observe - il reste inébranlable. Et c'est le cœur le plus profond d'être un sannyasin, d'être comme un ciel, un espace.

Et c'est en fait le cas. Quand vous pensez que vous êtes teinté, c'est juste une pensée. Quand vous pensez que vous êtes devenu bon ou mauvais, pécheur ou sage, c'est juste une pensée, parce que votre ciel intérieur ne devient jamais rien - c'est un ÊTRE, il ne devient jamais rien. Tout ce qui devient ne fait que s'identifier à une forme et à un nom, à une couleur, à une forme qui surgit dans l'espace - tout ce qui devient. Vous êtes un être, vous êtes déjà cela - aucun besoin de devenir quoi que ce soit.

Regardez le ciel : le printemps arrive et toute l'atmosphère est remplie du chant des oiseaux, puis des fleurs et du parfum. Puis vient l'automne, puis l'été. Puis vient la pluie - et tout continue à changer, changer, changer. Et tout cela se passe dans le ciel, mais rien ne le ternit. Il reste profondément distant, partout présent et lointain, le plus proche de tout et le plus éloigné.

Un sannyasin est comme le ciel : il vit dans le monde - la faim vient, et la satiété ; l'été vient, et l'hiver ; les bons jours, les mauvais jours ; la bonne humeur, très exaltée, extatique, euphorique ; la mauvaise humeur, déprimée, dans la vallée, sombre, accablée - tout va et vient et il reste un observateur.

Il regarde simplement, et il sait que tout va disparaître, que beaucoup de choses vont aller et venir. Il n'est plus identifié à quoi que ce soit.

La non-identification est sannyas, et sannyas est la plus grande floraison, le plus grand épanouissement possible.

DANS L'ESPACE SE FORMENT DES FORMES ET DES COULEURS, MAIS L'ESPACE N'EST PAS TEINTÉ PAR LE NOIR OU LE BLANC. DE L'ESPRIT DE SOI ÉMERGENT TOUTES CHOSES, L'ESPRIT N'EST PAS SOUILLÉ PAR LES VERTUS ET LES VICES.

Lorsque le Bouddha a atteint l'illumination ultime, l'illumination tout à fait ultime, on lui a demandé : "Qu'avez-vous atteint ?". Il répondit en riant : "Rien, car ce que j'ai atteint était déjà présent en moi. Ce n'est pas quelque chose de nouveau que j'ai atteint. Cela a toujours été là depuis l'éternité, c'est ma nature même. Mais je n'y étais pas attentif, je n'en étais pas conscient. Le trésor a toujours été là, mais je l'avais oublié."

Vous avez oublié, c'est tout - c'est votre ignorance. Entre un bouddha et vous, il n'y a AUCUNE distinction en ce qui concerne votre nature, mais seulement une distinction, et cette distinction est que vous ne vous souvenez pas de qui vous êtes - et lui s'en souvient. Vous êtes les mêmes, mais il se souvient et vous ne vous souvenez pas. Il est éveillé, vous êtes profondément endormi, mais votre nature est la même.

Essayez de le vivre de cette façon - Tilopa parle de techniques - vivez dans le monde comme si vous étiez le ciel, faites-en votre style d'être. Quelqu'un est en colère contre vous, vous insulte - regardez. Si la colère surgit en vous, observez ; soyez un observateur sur les collines, continuez à regarder et à regarder et à regarder. Et juste en regardant, sans regarder quoi que ce soit, sans être obsédé par quoi que ce soit, lorsque votre perception devient claire, soudainement, en un instant, en fait, aucun temps ne se passe, soudainement, sans temps, vous êtes pleinement éveillé ; vous êtes un bouddha, vous devenez l'illuminé, l'éveillé.

Qu'est-ce qu'un bouddha y gagne ? Il ne gagne rien. Au contraire, il perd beaucoup de choses : la misère, la douleur, l'angoisse, l'anxiété, l'ambition, la jalousie, la haine, la possessivité, la violence - il perd tout. Quant à ce qu'il atteint, rien. Il atteint ce qui était déjà là, il se souvient.

La nature des ténèbres et de la lumière

L A CHANSON CONTINUE :
L'OBSCURITÉ DES ÂGES NE PEUT ENVELOPPER LE SOLEIL RAYONNANT ; LES LONGS KALPAS DU SAMSARA NE PEUVENT JAMAIS CACHER LA BRILLANTE LUMIÈRE DE L'ESPRIT.

BIEN QUE DES MOTS SOIENT PRONONCÉS POUR EXPLIQUER LE VIDE, LE VIDE EN TANT QUE TEL NE PEUT JAMAIS ÊTRE EXPRIMÉ. BIEN QUE NOUS DISIONS "L'ESPRIT EST BRILLANT COMME LA LUMIÈRE", IL EST AU-DELÀ DE TOUS LES MOTS ET SYMBOLES. BIEN QUE L'ESPRIT SOIT VIDE EN ESSENCE, TOUTES LES CHOSES QU'IL EMBRASSE ET CONTIENT.

Méditons d'abord un peu sur la nature de l'obscurité. C'est l'une des choses les plus mystérieuses de l'existence - et votre vie y est tellement impliquée que vous ne pouvez pas vous permettre de ne pas y penser. Il faut accepter la nature de l'obscurité parce qu'elle est aussi la nature du sommeil, de la mort et de toute ignorance.

La première chose, si vous méditez sur l'obscurité, qui vous sera révélée est que l'obscurité n'existe pas, elle est là sans aucune existence. Elle est plus mystérieuse que la lumière. Elle n'a pas d'existence du tout ; au contraire, elle est juste une absence de lumière. L'obscurité n'existe nulle part, vous ne pouvez pas la trouver, elle est simplement une absence. Elle n'est pas en soi, elle n'a pas d'existence "en soi", c'est simplement que la lumière n'est pas présente.

Si la lumière est là, il n'y a pas d'obscurité ; si la lumière n'est pas là, il y a l'obscurité - l'absence de lumière, ce n'est pas la présence de quelque chose. C'est pourquoi la lumière va et vient - l'obscurité demeure. Elle n'est pas, mais elle persiste. Vous pouvez créer la lumière, vous pouvez la détruire, mais vous ne pouvez pas créer l'obscurité et vous ne pouvez pas détruire l'obscurité : elle est toujours là SANS être là du tout.

La deuxième chose, si vous la contemplez, vous vous rendrez compte que parce qu'elle est non-existentielle, vous ne pouvez rien y faire. Et si vous essayez de lui faire quelque chose, VOUS serez vaincu. L'obscurité ne peut être vaincue, comment pouvez-vous vaincre quelque chose qui n'est pas ? Et lorsque vous serez vaincu, vous penserez : "Elle est très puissante parce qu'elle m'a vaincu". C'est absurde ! L'obscurité n'a aucun pouvoir ; comment une chose qui n'est pas peut-elle avoir un pouvoir ? Vous n'êtes pas vaincus par les ténèbres et leur puissance, vous êtes vaincus par votre folie. En premier lieu, vous avez commencé à vous battre - c'était stupide. Comment pouvez-vous vous battre avec quelque chose qui n'est pas ? Et rappelez-vous, vous vous êtes battus avec beaucoup de choses qui ne sont pas, elles sont juste comme les ténèbres.

Toute la morale est un combat contre les ténèbres, c'est pourquoi elle est stupide. Toute la moralité, inconditionnellement, est un combat contre l'obscurité, un combat contre quelque chose qui en soi n'est pas. La haine n'est pas réelle, c'est juste l'absence d'amour. La colère n'est pas réelle, c'est juste l'absence de compassion. L'ignorance n'est pas réelle, elle n'est que l'absence de bouddhéité, d'illumination. Le sexe n'est pas réel, c'est juste l'absence de brahmacharya. Et toute la moralité continue à se battre avec ce qui n'est pas. Un moraliste ne peut jamais réussir, c'est impossible. Finalement, il doit être vaincu - tous ses efforts n'ont aucun sens.

Et c'est là que réside la distinction entre la religion et la moralité : la moralité essaie de lutter contre les ténèbres, tandis que la religion essaie d'éveiller la lumière qui est cachée en elle. Elle ne se soucie pas de l'obscurité, elle essaie simplement de trouver la lumière à l'intérieur. Une fois que la lumière est là, l'obscurité disparaît ; une fois que la lumière est là, vous n'avez rien à faire à l'obscurité - simplement elle n'est pas là.

La deuxième chose, c'est que l'on ne peut rien faire directement aux ténèbres. Si vous voulez faire quelque chose avec les ténèbres, vous devez le faire avec la lumière, pas avec les ténèbres. Éteignez la lumière et l'obscurité est là ; allumez la lumière et l'obscurité n'est pas là - mais vous ne pouvez pas allumer et éteindre l'obscurité ; vous ne pouvez pas la faire venir de quelque part, vous ne pouvez pas la repousser. Si vous voulez faire quelque chose avec l'obscurité, vous devez passer par la lumière, vous devez le faire d'une manière indirecte.

Ne combattez jamais les choses qui ne sont pas. Le mental est tenté de se battre, mais cette tentation est dangereuse : vous gaspillerez votre énergie et votre vie et vous vous dissiperez. Ne vous laissez pas tenter par le mental ; voyez simplement si une chose a une existence réelle ou si elle n'est qu'une absence. Si c'est une absence, ne vous battez pas contre elle, mais cherchez la chose dont elle est l'absence - alors vous serez sur la bonne voie.

La troisième chose à propos de l'obscurité est qu'elle est profondément impliquée dans votre existence de plusieurs millions de façons.

Chaque fois que vous êtes en colère, votre lumière intérieure a disparu. En fait, vous êtes en colère parce que la lumière a disparu, l'obscurité est entrée. Vous ne pouvez être en colère que lorsque vous êtes inconscient, vous ne pouvez pas être en colère consciemment. Essayez : soit vous perdez conscience et la colère sera là, soit vous restez conscient et la colère ne surgit pas - vous ne pouvez pas être en colère consciemment. Qu'est-ce que cela signifie ? Cela signifie que la nature de la conscience est comme la lumière, et que la nature de la colère est comme l'obscurité - vous ne pouvez pas avoir les deux. Si la lumière est là, vous ne pouvez pas avoir l'obscurité ; si vous êtes conscient, vous ne pouvez pas être en colère.

Les gens viennent continuellement me voir pour me demander comment ne pas être en colère. Ils posent une mauvaise question - et quand on pose une mauvaise question, il est très difficile d'obtenir la bonne réponse. Ne demandez pas comment dissiper l'obscurité, ne demandez pas comment dissiper les soucis, l'angoisse, l'anxiété ; analysez simplement votre esprit et voyez pourquoi ils sont là en premier lieu. Ils sont là parce que vous n'êtes pas assez conscient. Posez donc la bonne question : Comment être de plus en plus conscient ? Si vous demandez comment ne pas être en colère, vous deviendrez la victime d'un moraliste. Mais si vous vous demandez comment être plus conscient, de sorte que la colère n'existe pas, que la luxure n'existe pas, que l'avidité n'existe pas, alors vous êtes sur la bonne voie et vous deviendrez un chercheur religieux.

La morale est une fausse monnaie, elle trompe les gens. Ce n'est pas du tout la religion. La religion n'a rien à voir avec la moralité, car la religion n'a rien à voir avec les ténèbres. C'est un effort positif pour vous éveiller. Elle ne se préoccupe pas de votre caractère ; ce que vous faites n'a pas de sens et vous ne pouvez pas le changer. Vous pouvez le décorer, vous ne pouvez pas le changer. Vous pouvez le colorer de belles façons, vous pouvez le peindre, mais vous ne pouvez pas le changer.

Il n'y a qu'une seule transformation, qu'une seule révolution, et cette révolution vient non pas en se préoccupant de votre caractère, de vos actes, de vos faits et gestes, mais en se préoccupant de votre ÊTRE.

L'être est un phénomène positif ; dès que l'être est alerte, éveillé, conscient, l'obscurité disparaît soudainement - votre être est de la nature de la lumière.

Et la quatrième chose... alors nous pouvons entrer dans le SUTRA. Le sommeil est comme l'obscurité. Ce n'est pas un hasard si vous avez du mal à dormir quand il y a de la lumière ; c'est tout simplement naturel. L'obscurité a une affinité avec le sommeil ; c'est pourquoi il est facile de dormir la nuit. L'obscurité tout autour crée le milieu dans lequel vous pouvez vous endormir très facilement.

Que se passe-t-il pendant le sommeil ? Vous perdez conscience au fur et à mesure. Il y a une période d'intervalle pendant laquelle vous rêvez. Rêver, c'est être à moitié conscient, à moitié inconscient ; juste à mi-chemin, vers l'inconscience totale ; depuis votre état de veille, vous vous dirigez vers l'inconscience totale.

Sur le chemin, les rêves existent. Les rêves signifient seulement que vous êtes à moitié éveillé et à moitié endormi. C'est pourquoi, si vous rêvez sans cesse toute la nuit, vous vous sentez fatigué le matin. Et si vous n'êtes pas autorisé à rêver, alors vous vous sentirez également fatigué - parce que les rêves existent pour une certaine raison.

Pendant vos heures de veille, vous accumulez beaucoup de choses : des pensées, des sentiments, des sujets incomplets traînent dans votre esprit. Vous avez regardé une belle femme sur la route et soudain un désir a surgi en vous. Mais vous êtes un homme de caractère, de bonnes manières, civilisé ; vous le repoussez simplement, vous ne le regardez pas, vous continuez votre travail - un désir incomplet traîne autour de vous. Il doit être complété, sinon vous ne pourrez pas tomber dans un sommeil profond. Il vous ramènera encore et encore. Il vous dira : " Viens ! Cette femme était vraiment belle, son corps avait du charme. Et toi, tu es un imbécile, que fais-tu ici ? Cherche-la - tu as raté une occasion !"

Le désir qui y est suspendu ne vous permet pas de vous endormir. L'esprit crée un rêve : vous êtes à nouveau sur la route, la belle femme passe, mais cette fois vous êtes seul, sans aucune civilisation autour de vous. Pas besoin de manières, pas besoin d'étiquette. Vous êtes comme un animal, vous êtes naturel, aucune moralité. C'est votre propre monde privé, aucun agent de police ne peut y pénétrer, aucun juge ne peut le juger. Vous êtes simplement seul, il n'y aura même pas un témoin. Maintenant vous pouvez jouer avec vos désirs :

tu feras un rêve sexuel. Ce rêve complète le désir de pendaison, puis vous tombez dans le sommeil.

Mais si vous rêvez continuellement, alors vous vous sentirez aussi fatigué.

Si vos rêves ne sont pas autorisés.... Aux États-Unis, il existe de nombreux laboratoires du sommeil et ils ont découvert ce phénomène : si une personne n'est pas autorisée à rêver, elle devient folle en trois semaines. S'il est réveillé à chaque fois qu'il se met à rêver.... Il y a des signes visibles.

Quand une personne commence à rêver, vous pouvez la réveiller. En particulier, ses paupières commencent à battre rapidement, ce qui signifie qu'il est en train de voir un rêve. Lorsqu'elle ne rêve pas, ses paupières se reposent, car lorsqu'elle commence à rêver, ses yeux fonctionnent. Réveillez-le et faites-le toute la nuit - chaque fois qu'il commence à rêver, réveillez-le. En trois semaines, il deviendra fou.

Le sommeil ne semble pas être si nécessaire. Si vous réveillez une personne... chaque fois qu'elle ne rêve pas, réveillez-la : elle se sentira fatiguée, mais elle ne deviendra pas folle. Qu'est-ce que cela signifie ? Cela signifie que les rêves sont une nécessité pour vous. Vous êtes tellement... vous êtes tellement illusoire, toute votre existence est une telle illusion - ce que les Hindous ont appelé MAYA - que les rêves sont nécessaires. Sans rêves, vous ne pouvez pas exister : les rêves sont votre nourriture, les rêves sont votre force, sans rêves vous deviendrez fous. Les rêves sont une libération de la folie, et une fois que cette libération a lieu, vous tombez dans le sommeil.

De la veille, on passe au rêve et du rêve au sommeil. Chaque nuit, une personne normale a huit cycles de rêve, et quelques instants seulement entre deux cycles de rêve, elle a un sommeil profond. Dans ce sommeil profond, toute conscience disparaît, il fait absolument noir. Mais vous êtes toujours près de la limite, toute urgence vous réveillera. La maison est en feu, vous devrez courir vers votre conscience éveillée ; ou vous êtes une mère et l'enfant commence à pleurer, vous courrez, vous vous précipitez vers l'éveil - vous restez donc à la limite. Vous tombez dans une obscurité profonde, mais vous restez sur la frontière.

Dans la mort, on tombe exactement au centre. La mort et le sommeil sont similaires, la qualité est la même. Dans le sommeil, chaque jour, vous tombez dans l'obscurité, l'obscurité complète ; cela signifie que vous devenez complètement inconscient, le pôle très opposé de la bouddhéité. Un bouddha est totalement éveillé, et chaque nuit, vous tombez dans l'état d'éveil total, l'obscurité absolue.

Dans la GITA, Krishna dit à Arjuna que lorsque tout le monde est profondément endormi, le yogi est toujours éveillé. Cela ne signifie pas qu'il ne dort jamais : il dort, mais seul son corps dort, son corps se repose. Il n'a pas de rêves parce qu'il n'a pas de désirs, donc il ne peut pas avoir de désirs incomplets. Et il ne dort pas comme vous - même dans le repos le plus profond, sa conscience est claire, sa conscience brûle comme une flamme.

Chaque nuit, vous tombez dans le sommeil, vous tombez dans une profonde inconscience, un coma. Dans la mort, vous tombez dans un coma encore plus profond. Tout cela ressemble à l'obscurité. C'est pourquoi vous avez peur de l'obscurité, car elle ressemble à la mort. Et il y a des gens qui ont peur du sommeil aussi, parce que le sommeil ressemble aussi à la mort.

J'ai rencontré beaucoup de personnes qui ne peuvent pas dormir, et qui veulent dormir. Et lorsque j'ai essayé de comprendre leur esprit, je me suis rendu compte qu'elles ont fondamentalement peur. Ils disent qu'ils aimeraient dormir parce qu'ils se sentent fatigués, mais au fond d'eux-mêmes, ils ont peur du sommeil - et c'est ce qui crée tout le problème. Quatre-vingt-dix pour cent des insomnies sont dues à la peur du sommeil ; vous avez peur. Vous avez peur de l'obscurité ; vous aurez aussi peur du sommeil, et la peur vient de la peur de la mort.

Une fois que vous avez compris que ce sont toutes des ténèbres et que votre nature intérieure est celle de la lumière, les choses commencent à changer. Alors il n'y a plus de sommeil pour vous, seulement du repos ; alors il n'y a plus de mort pour vous, seulement un changement de vêtements, de corps, seulement un changement de vêtements. Mais cela peut se produire si vous réalisez la flamme intérieure, votre nature, votre être le plus profond.

Maintenant, nous devrions entrer dans le sutra :

L'OBSCURITÉ DES ÂGES - NE PEUT ENVELOPPER LE SOLEIL RAYONNANT ; - LES LONGS KALPAS DU SAMSARA - NE PEUVENT JAMAIS CACHER LA BRILLANTE LUMIÈRE DE L'ESPRIT.

Ceux qui se sont réveillés, ils ont réalisé que... L'OBSCURITÉ DES ÂGES NE PEUT PAS CACHER LE SOLEIL QUI BRILLE.

Vous avez peut-être erré dans les ténèbres pendant des millions de vies, mais cela ne peut pas détruire votre lumière intérieure, car les ténèbres ne peuvent pas être agressives. Elle ne l'est pas. Une chose qui n'est pas, comment peut-elle être agressive ? L'obscurité ne peut pas détruire la lumière - comment l'obscurité peut-elle détruire la lumière ? Même une petite flamme, l'obscurité ne peut pas la détruire, l'obscurité ne peut pas lui sauter dessus, ne peut pas entrer en conflit avec elle - comment l'obscurité peut-elle détruire une flamme ? Comment l'obscurité peut-elle envelopper une flamme ? C'est impossible, cela ne s'est jamais produit parce que cela ne peut pas se produire.

Mais les gens continuent à penser en termes de conflit : ils pensent que les ténèbres sont contre la lumière. C'est absurde !

L'obscurité ne peut être contre la lumière. Comment l'absence peut-elle être contre ce dont elle est l'absence ?

L'obscurité ne peut pas s'opposer à la lumière : il n'y a pas de combat en elle ; elle est simplement l'absence, l'absence pure, l'impuissance pure - comment peut-elle attaquer ?

Vous continuez à dire : "Que pouvais-je faire ? - J'ai eu une attaque de colère" - c'est impossible ; "J'ai eu une attaque de cupidité" - c'est impossible. L'avidité ne peut pas attaquer, la colère ne peut pas attaquer : elles sont de la nature des ténèbres - et votre être est lumière ; la possibilité même n'existe pas. Mais la colère arrive ; cela montre seulement que votre flamme intérieure a été complètement oubliée, vous en êtes devenu complètement inconscient, vous ne savez pas qu'elle est là. Cet oubli peut l'envelopper, mais pas l'obscurité.

Ainsi, la véritable obscurité est votre oubli, et votre oubli peut inviter la colère, la cupidité, la luxure, la haine, la jalousie - ils ne vous attaquent pas. Rappelez-vous, vous envoyez d'abord les invitations et ils les acceptent. Votre invitation est là - ils ne peuvent pas attaquer, ils viennent comme des invités. Vous avez peut-être oublié que vous les avez invités, vous pouvez oublier parce que vous vous êtes oublié vous-même, vous pouvez tout oublier.

L'oubli est la véritable obscurité. Et dans l'oubli, tout arrive. Tu es comme un ivrogne : tu t'es complètement oublié, tu as oublié qui tu es, où tu vas, pourquoi tu y vas.

Toute direction est perdue, le sens même de la direction n'est pas là. Vous êtes comme un ivrogne. C'est pourquoi tous les enseignements religieux de base insistent sur le souvenir de soi. L'oubli est la maladie, alors se souvenir de soi sera l'antidote.

Essayez de vous souvenir de vous - et vous direz : "Je me connais et je me souviens de moi ! De quoi parlez-vous ?" Alors essayez : tenez votre montre-bracelet devant vous, regardez l'aiguille qui indique les secondes et ne vous souvenez que d'une chose : "Je regarde cette aiguille qui indique les secondes." Vous ne serez pas capable de vous souvenir, ne serait-ce que trois secondes d'affilée. Vous oublierez de nombreuses fois - juste une chose simple : "Je regarde et je me souviendrai de ceci, que je regarde".

Vous allez oublier. Beaucoup de choses vous viendront à l'esprit : vous avez pris un rendez-vous ; rien qu'en regardant la montre, l'association vous viendra à l'esprit : "Je dois aller à cinq heures pour rencontrer un ami."

Soudain, la pensée vient et vous avez oublié que vous la regardez. Rien qu'en regardant la montre, vous pouvez commencer à penser à la Suisse parce qu'elle est Swissmade. Rien qu'en regardant la montre, vous pouvez vous dire : "Comme je suis bête. Qu'est-ce que je fais ici à perdre mon temps ?" Mais vous ne serez pas capable de vous rappeler, même pendant trois secondes consécutives, que vous regardez l'aiguille indiquant les secondes qui se déplacent.

Si vous pouvez atteindre une minute de souvenir de vous-même, je vous promets de faire de vous un bouddha. Même pour une minute, soixante secondes, cela suffira. Vous penserez, "Si bon marché, si facile ?" - Ce n'est pas le cas. Vous ne savez pas à quel point votre oubli est profond. Vous ne serez pas capable de le faire pendant une minute sans interruption, sans qu'une seule pensée vienne perturber votre souvenir de vous-même. C'est la véritable obscurité. Si vous vous rappelez, vous deviendrez la lumière. Si vous oubliez, vous devenez sombre. Et dans l'obscurité, bien sûr, toutes sortes de voleurs viennent, toutes sortes de brigands vous attaquent, toutes sortes de mésaventures se produisent.

Le souvenir de soi est la clé. Essayez de vous souvenir de plus en plus, parce que chaque fois que vous essayez de vous souvenir de plus en plus, vous devenez centré, vous êtes en vous-même ; votre esprit voyageur revient à son propre moi. Sinon, vous allez quelque part : l'esprit crée continuellement de nouveaux désirs, et vous suivez et poursuivez l'esprit simultanément dans de nombreuses directions. C'est pourquoi vous êtes divisé, vous n'êtes pas un, et votre flamme, votre flamme intérieure, continue à vaciller - une feuille dans un vent fort.

Lorsque la flamme intérieure devient inébranlable, vous vivez soudain une mutation, une transformation, un nouvel être naît. Cet être sera de la nature de la lumière. Pour l'instant, vous êtes de la nature de l'obscurité, vous êtes simplement une absence de quelque chose qui est possible. En fait, vous n'êtes pas encore, vous n'êtes pas encore né. Vous avez pris de nombreuses naissances et de nombreuses morts, mais vous n'êtes pas encore né. Votre véritable naissance va encore avoir lieu, et c'est cela l'œuvre : que vous transformiez votre nature intérieure de l'oubli à la mémoire de soi.

Faites ce que vous voulez. Je ne vous donne aucune discipline, et je ne vous dis pas : "Fais ceci et ne fais pas cela." Ma discipline est très facile. Ma discipline est : Faites ce que vous voulez - mais faites-le en vous souvenant de vous-même ; souvenez-vous que vous le faites. Si vous marchez, rappelez-vous que vous marchez.

Vous n'avez pas besoin de le verbaliser, car la verbalisation n'aidera pas ; elle deviendra elle-même une distraction.

Vous n'avez pas besoin de marcher et de dire à l'intérieur : "Je marche", car si vous dites : "Je marche, je marche,"

ce "je marche" sera l'oubli ; alors vous ne serez pas capable de vous souvenir. Souvenez-vous simplement ; il n'est pas nécessaire de le verbaliser.

Je dois verbaliser parce que je m'adresse à vous, mais lorsque vous marchez, vous vous souvenez simplement du phénomène, de la marche ; chaque pas doit être fait en pleine conscience. Manger, manger. Je ne dis pas ce qu'il faut manger et ce qu'il ne faut pas manger. Mangez tout ce que vous voulez, mais en vous rappelant que vous êtes en train de manger. Et bientôt vous verrez que beaucoup de choses sont devenues impossibles à faire.

Avec l'auto-remémoration, vous ne pouvez pas manger de viande, impossible. Il est impossible d'être aussi violent quand on se souvient. Il est impossible de faire du mal à quelqu'un quand on se souvient, parce que quand on se souvient de soi, on voit soudain que la même lumière, la même flamme brûle partout, dans chaque corps, chaque unité. Plus vous connaissez votre nature intérieure, plus vous pénétrez l'autre. Comment pouvez-vous tuer pour manger ? Cela devient tout simplement impossible. Non pas que vous le pratiquiez - si vous le pratiquez, c'est faux. Si vous vous exercez à ne pas être un voleur, c'est faux ; vous serez un voleur, vous trouverez des moyens subtils. Si vous pratiquez la non-violence, votre non-violence... il y aura de la violence cachée derrière elle.

Non, la religion ne peut pas être pratiquée. La moralité peut être pratiquée ; c'est pourquoi la moralité crée l'hypocrisie, la moralité crée les faux visages. La religion crée l'être authentique, elle ne peut pas être pratiquée. Comment pouvez-vous pratiquer l'être ? Vous devenez simplement plus conscient et les choses commencent à changer. Vous devenez simplement plus de la nature de la lumière, et l'obscurité disparaît.

L'OBSCURITÉ DES ÂGES NE PEUT CACHER LE SOLEIL QUI BRILLE....

Pendant des millions de vies, pendant des siècles, vous avez été dans l'obscurité - mais ne vous sentez pas déprimés et ne vous sentez pas désespérés, car même si vous avez vécu dans l'obscurité pendant des millions de vies, à ce moment précis, vous pouvez atteindre la lumière.

Regardez : une maison est restée fermée pendant cent ans, dans l'obscurité, et vous y entrez et vous allumez une lumière. L'obscurité dira-t-elle : "J'ai cent ans et cette lumière n'est qu'un bébé" ? L'obscurité dira-t-elle : "Je ne vais pas disparaître. Vous devrez brûler la lumière au moins pendant cent ans, et seulement après..." ? Non, même une flamme de bébé est suffisante pour de très très anciennes ténèbres. Pourquoi ? En cent ans, l'obscurité doit s'être enracinée. Mais non, l'obscurité ne peut pas s'enraciner parce qu'elle n'est PAS. Elle attendait simplement la lumière - au moment où la lumière entre, l'obscurité disparaît ; elle ne peut pas résister car elle n'a pas d'existence positive.

Les gens viennent me voir et me disent : "Vous enseignez que l'illumination soudaine est possible. Alors qu'adviendra-t-il de nos vies passées et de nos karmas passés ?" Rien - ils sont de la nature de l'obscurité. Vous avez peut-être commis des meurtres, vous avez peut-être été un voleur, un brigand, vous avez peut-être été un Hitler, un Gengis Khan ou quelqu'un d'autre, le pire possible, mais cela ne fait aucune différence. Dès que vous vous rappelez de vous, la lumière est là ; tout le passé disparaît immédiatement ; il ne peut pas rester là un seul instant. Vous avez assassiné, mais vous ne pouvez pas devenir un meurtrier ; vous avez assassiné parce que vous n'étiez pas conscient de vous-même, vous n'étiez pas conscient de ce que vous faisiez.

On rapporte que Jésus a dit sur la croix : "Père, pardonne à ces gens, car ils ne savent pas ce qu'ils font." Il disait simplement : " Ces gens ne sont pas de la nature de la lumière, ils ne se souviennent pas d'eux-mêmes. Ils agissent dans l'oubli le plus complet, dans les ténèbres ils avancent et trébuchent. Pardonnez-leur, ils ne sont pas responsables de ce qu'ils font." Comment une personne qui ne se souvient pas d'elle-même peut-elle être responsable ?

Si un ivrogne tue quelqu'un, même le tribunal lui pardonne s'il peut être prouvé qu'il a agi alors qu'il était complètement inconscient. Pourquoi ? Parce que comment rendre une personne responsable ? Vous pouvez la rendre responsable de l'alcool, mais vous ne pouvez pas la rendre responsable d'un meurtre. Si un fou tue quelqu'un, il doit être pardonné parce qu'il n'est pas lui-même.

La responsabilité, c'est se souvenir.

Quoi que vous ayez fait, je vous le dis, ne vous en inquiétez pas. Cela vous est arrivé parce que vous n'étiez pas conscients. Allumez votre flamme intérieure - trouvez-la, cherchez-la, elle est là - et soudain, tout le passé disparaît, comme si tout cela s'était passé dans un rêve. En fait, tout s'est passé dans un rêve, parce que vous n'étiez pas conscient. Tous les karmas se sont produits dans un rêve, ils sont faits de la même matière que les rêves.

Vous n'avez pas besoin d'attendre que vos karmas soient accomplis - vous devrez alors attendre l'éternité. Et même alors, vous ne serez pas sorti de la roue, car vous ne pouvez pas simplement attendre l'éternité : vous ferez beaucoup de choses entre-temps ; le cercle vicieux ne peut donc jamais être terminé. Vous avancerez encore et encore, vous continuerez à faire des choses, et de nouvelles choses vous entraîneront dans d'autres choses futures - alors où sera la fin ? Non, ce n'est pas nécessaire. Il vous suffit de prendre conscience et, soudain, tous les karmas tombent. En un seul instant de conscience intense, tout le passé disparaît, devient déchet.

C'est l'une des choses les plus fondamentales que l'Orient ait découvertes. Les chrétiens ne peuvent pas le comprendre ; ils continuent à penser au jugement, au dernier jour du jugement, que chacun doit être jugé par ses actes. Alors le Christ a tort lorsqu'il dit : "Pardonnez à ces gens car ils ne savent pas ce qu'ils font". Les juifs ne peuvent pas le comprendre, les mahométans ne peuvent pas le comprendre.

Les hindous sont vraiment l'une des races les plus audacieuses, ils ont pénétré jusqu'au cœur du problème :

le problème n'est pas l'action, le problème est l'être. Une fois que vous avez réalisé votre être intérieur et la lumière, vous n'êtes plus de ce monde ; tout ce qui s'est passé dans le passé s'est passé dans un rêve. C'est pourquoi les hindous disent que ce monde entier est un rêve - seul vous n'êtes pas un rêve, seul le rêveur n'est pas le rêve ; sinon, tout est un rêve.

Regardez la beauté de cette vérité : seul le rêveur n'est pas un rêve, car le rêveur ne peut pas être un rêve, sinon le rêve ne peut pas exister. Il faut au moins que quelqu'un, le rêveur, soit un phénomène réel.

Le jour, vous êtes éveillé ; vous faites beaucoup de choses : vous allez au magasin, vous allez au marché, vous travaillez dans une ferme, ou dans une usine, et vous faites des millions de choses. La nuit, lorsque vous dormez, vous oubliez tout cela ; tout disparaît - un nouveau monde commence, le monde du rêve. Et maintenant, les scientifiques disent qu'il faut accorder le même temps au rêve qu'à l'éveil. Les mêmes heures de veille doivent être consacrées au rêve. Dans soixante ans, si vingt ans ont été consacrés au travail à l'état de veille, vingt ans ont été consacrés au rêve ; le MÊME temps, exactement le même temps, doit être consacré au rêve. Le rêve n'est donc pas moins réel, il a la même qualité.

Dans la nuit, tu rêves, tu oublies ton monde éveillé. Dans le sommeil profond, vous oubliez votre monde éveillé, votre monde rêvé. Le matin, le monde éveillé reprend vie, vous oubliez vos rêves et vous dormez. Mais une chose demeure en permanence : vous. Qui se souvient des rêves ? Le matin, qui dit : "J'ai rêvé la nuit dernière" ? Le matin, qui dit : "La nuit dernière, j'ai eu un sommeil très profond sans aucun rêve" ? Qui ?

Il doit y avoir un témoin qui se tient à l'écart, qui se tient toujours à l'écart et qui continue à regarder.

L'éveil vient, le rêve vient, le sommeil vient - et quelqu'un reste sur le côté et continue à regarder. C'est la seule chose réelle, car elle existe dans tous les états. Les autres états disparaissent, mais elle doit rester dans chaque état, c'est la seule chose permanente en vous.

Atteignez de plus en plus ce témoin. Devenez de plus en plus alerte, et devenez de plus en plus un témoin. Plutôt que d'être un acteur du monde, soyez un témoin, un spectateur. Tout le reste est un rêve, seul le rêveur est la vérité. Il doit être vrai, sinon où les rêves se produiront-ils ? Il est la base ; les illusions ne peuvent se produire que parce que... s'il est là.

Et une fois que tu te souviens, tu commences à rire. Quel genre de vie existe sans souvenirs ? Tu étais un ivrogne, passant d'un état à un autre, sans savoir pourquoi, dérivant sans direction.

Mais :

L'OBSCURITÉ DES ÂGES - NE PEUT ENVELOPPER LE SOLEIL RAYONNANT ; - LES LONGS KALPAS DU SAMSARA...

de nombreux âges, des éons de ce monde, des kalpas, ... NE PEUVENT JAMAIS CACHER LA BRILLANTE LUMIÈRE DE L'ESPRIT.

Il est toujours là, il est votre être même.

BIEN QUE DES MOTS SOIENT PRONONCÉS POUR EXPLIQUER LE VIDE, - LE VIDE EN TANT QUE TEL NE PEUT JAMAIS ÊTRE EXPRIMÉ. - BIEN QUE NOUS DISIONS "L'ESPRIT EST BRILLANT COMME LA LUMIÈRE", - IL EST AU-DELÀ DE TOUS LES MOTS ET SYMBOLES.

Une chose sera utile à comprendre. Il y a trois approches de la réalité. La première est l'approche empirique, l'approche de l'esprit scientifique - expérimenter, expérimenter avec le monde objectif, et à moins que quelque chose ne soit prouvé par l'expérience, ne l'acceptez pas. Puis il y a une autre approche, celle de l'esprit logique. Il n'expérimente pas ; il pense simplement, argumente, trouve le pour et le contre, et juste par l'effort de l'esprit, la raison, il conclut. Et puis il y a une troisième approche, la métaphorique, l'approche de la poésie - et de la religion. Ces trois approches sont là ; trois dimensions, on tend vers la réalité.

La science ne peut pas aller au-delà de l'objet, car l'approche même constitue une limitation. La science ne peut pas aller au-delà de l'extérieur, parce que les expériences ne sont possibles qu'avec l'extérieur. La philosophie, la logique, ne peuvent pas aller au-delà du subjectif, car il s'agit d'un effort de l'esprit, vous le travaillez dans votre esprit.

Vous ne pouvez pas dissoudre l'esprit, vous ne pouvez pas aller au-delà. La science est objective ; la logique, la philosophie, est subjective. La religion va au-delà, la poésie va au-delà : c'est un pont d'or, il relie l'objet au sujet. Mais alors tout devient un chaos - bien sûr, très créatif ; en fait, il n'y a pas de créativité s'il n'y a pas de chaos. Mais tout devient indifférencié, les divisions disparaissent.

J'aimerais le dire de cette façon. La science est une approche diurne : en plein midi, tout est clair, distinct, les limites, et vous pouvez bien voir l'autre. La logique est une approche nocturne ; on tâtonne dans l'obscurité uniquement avec l'esprit, sans aucun support expérimental, on pense simplement. La poésie et la religion sont des approches crépusculaires ; juste au milieu. Le jour n'est plus là, l'éclat du midi a disparu, les choses ne sont pas aussi distinctes, claires. La nuit n'est pas encore venue, l'obscurité n'a pas encore tout enveloppé.

L'obscurité et le jour se rencontrent, il y a une douce grisaille, ni blanc ni noir - les frontières se rencontrent et fusionnent, tout est indifférencié, tout est tout le reste.

C'est l'approche métaphorique.

C'est pourquoi la poésie parle en métaphores - et la religion est la poésie ultime ; la religion parle en métaphores.

Rappelez-vous que ces métaphores ne doivent pas être prises au pied de la lettre, sinon vous passerez à côté de l'essentiel. Quand je dis "la lumière intérieure", ne le pensez pas en termes de compréhension littérale, non. Quand je dis "l'intérieur est comme la lumière", c'est une métaphore. Quelque chose est indiqué, mais pas démarqué, pas défini ; quelque chose de la nature de la lumière, pas exactement de la lumière - c'est une métaphore.

Et cela devient un problème parce que la religion parle en métaphores ; elle ne peut pas parler autrement, il n'y a pas d'autre moyen. Si je suis allé dans un autre monde et que j'ai vu des fleurs qui n'existent pas sur cette terre, et que je viens vous parler de ces fleurs, que vais-je faire ? Je devrai être métaphorique. Je dirai "comme des roses" - mais ce ne sont pas des roses ; sinon pourquoi dire "comme des roses", dites simplement "roses". Mais ce ne sont pas des roses, elles ont une qualité différente.

"Comme" signifie que j'essaie de faire le lien entre ma compréhension de l'autre monde et votre compréhension de ce monde - d'où la métaphore. Vous connaissez les roses ; vous ne connaissez pas ces fleurs de l'autre monde. Je connais ces fleurs de l'autre monde et j'essaie de te communiquer quelque chose de ce monde ; je dis qu'elles sont comme des roses. Ne soyez pas en colère contre moi lorsque vous atteignez l'autre monde et que vous ne trouvez pas de roses ; ne me traînez pas devant un tribunal - car je n'ai jamais voulu dire cela littéralement. C'est juste la qualité d'une rose qui est indiquée ; c'est juste un geste, un doigt qui pointe vers la lune. Mais ne vous accrochez pas au doigt, le doigt n'est pas pertinent - regardez la lune et oubliez le doigt. C'est le sens d'une métaphore ; ne vous accrochez pas à la métaphore.

Beaucoup de gens sont en eaux troubles à cause de cela : ils s'accrochent à la métaphore. Je parle de la lumière intérieure - immédiatement, après quelques jours, les gens commencent à venir me voir, ils disent : " J'ai vu la lumière intérieure " ! Ils ont trouvé les roses dans l'autre monde... elles n'existent pas là-bas. Grâce à ce langage métaphorique, beaucoup de gens deviennent simplement imaginatifs.

P.D. Ouspensky avait inventé un mot ; il l'appelait "imaginazione". Chaque fois que quelqu'un venait et qu'il commençait à parler d'expériences intérieures : " Le KUNDALINI s'est levé ; j'ai vu une lumière dans la tête ; les CHAKRAS s'ouvrent ", il l'arrêtait immédiatement et disait : " Imaginazione. " Alors les gens demandaient : "Qu'est-ce que cette 'imaginazione' ?" Il répondait : "La maladie de l'imagination", et il laissait simplement tomber l'affaire. Immédiatement, il disait : "Arrêtez ! Vous avez été victime."

La religion parle en métaphores - parce qu'il n'y a pas d'autre façon de parler, parce que la religion parle de l'autre monde, de l'au-delà. Elle essaie de trouver des similitudes dans ce monde. Elle utilise des mots qui ne sont pas pertinents, mais d'une certaine manière, ces mots non pertinents sont les seuls mots disponibles ; vous devez les utiliser.

La poésie est facile à comprendre ; la religion est difficile, parce qu'avec la poésie vous savez déjà qu'il s'agit d'imagination, donc il n'y a pas de problème. La science est facile à comprendre car vous savez qu'il ne s'agit pas d'imagination, mais d'un fait empirique. La poésie, vous pouvez la comprendre facilement, vous savez que c'est de la poésie, une simple poésie, terminée - c'est de l'imagination. Bien ! Magnifique ! Vous pouvez en profiter - ce n'est pas une vérité.

Que ferez-vous de la religion ? - et la religion est la poésie ultime. Et ce n'est pas de l'imagination. Et je vous le dis, elle est empirique, aussi empirique que la science - mais elle ne peut pas utiliser de termes scientifiques, ils sont trop objectifs. Elle ne peut pas utiliser de termes philosophiques, ils sont trop subjectifs. Elle doit utiliser quelque chose qui n'est ni l'un ni l'autre, elle doit utiliser quelque chose qui relie les deux - elle utilise la poésie.

Toute religion est une poésie ultime, une poésie essentielle. Vous ne pouvez pas trouver un plus grand poète que le Bouddha. Bien sûr, il n'a jamais essayé d'écrire un seul poème. Je suis ici avec vous. Je suis un poète. Je n'ai pas composé un seul poème, pas même un HAIKU, mais je parle continuellement en métaphores. J'essaie continuellement de combler le fossé créé par la science et la philosophie. J'essaie de vous donner le sentiment de l'ensemble, de l'indivisibilité.

La science est à moitié, la philosophie est à moitié - que faire ? Comment vous donner le sentiment d'un tout ? Si vous vous enfoncez dans la philosophie, vous arriverez à ce que Shankara a trouvé. Il a dit : "Le monde est illusoire, il n'existe pas - seule la conscience existe." C'est trop unilatéral. Si vous suivez les scientifiques, vous arriverez à ce à quoi Marx est arrivé. Marx et Shankara sont des opposés polaires. Marx dit, "Il n'y a pas de conscience - seul le monde existe." Et je sais que les deux sont vrais et que les deux sont faux. Les deux sont vrais parce qu'ils disent la moitié de la vérité ; et les deux sont faux parce qu'ils nient l'autre moitié. Et si je dois parler de l'ensemble, comment le faire ? La poésie est le seul moyen, la métaphore est la seule issue. Rappelez-vous ceci :

BIEN QUE DES MOTS SOIENT PRONONCÉS POUR EXPLIQUER LE VIDE, - LE VIDE EN TANT QUE TEL NE PEUT JAMAIS ÊTRE EXPRIMÉ.

C'est pourquoi les sages continuent d'insister : "Ce que nous disons, nous ne pouvons le dire. C'est inexprimable, et pourtant nous essayons de l'exprimer." Ils insistent toujours sur ce fait, car il est possible que vous les preniez au pied de la lettre.

Le vide est un vide dans le sens où rien de vous n'y sera laissé ; mais le vide n'est pas un vide dans un autre sens, car le tout y descendra - le vide va être le phénomène le PLUS parfait, le plus accompli. Alors que faire ? Si vous dites "vide", l'esprit pense soudain qu'il n'y a rien ; alors à quoi bon ? Et si vous dites que ce n'est pas un vide, c'est l'être le plus parfait, l'esprit part en " voyage d'ambition " : comment devenir l'être le plus parfait. Puis l'ego entre en jeu.

Pour faire tomber l'ego, on insiste sur le mot "vide". Mais pour vous mettre en garde, le vide n'est pas vraiment un vide, il est rempli du tout. Lorsque vous n'êtes pas, l'existence entière vient en vous. Quand la goutte disparaît, elle devient l'océan.

Bien que nous disions "l'esprit est brillant comme la lumière", dit Tilopa, il est au-delà de tous les mots et symboles.

Ne vous laissez pas tromper par la métaphore, ne commencez pas à imaginer une lumière à l'intérieur. C'est très facile - "imaginazione". Vous pouvez fermer les yeux et imaginer une lumière ; vous êtes un tel rêveur, vous pouvez rêver de tant de choses, pourquoi pas d'une lumière ?

L'esprit a la faculté de créer tout ce que vous voulez, il suffit d'un peu de persévérance. Vous pouvez créer de belles femmes dans l'esprit, pourquoi pas de la lumière ? Quel est le problème avec la lumière ? Vous pouvez créer tant de belles femmes dans votre esprit que toute femme dans la vie réelle sera insatisfaisante car elle ne sera jamais à la hauteur. Vous pouvez créer un monde entier d'expériences à l'intérieur. Chaque sens a son propre centre imaginatif derrière lui.

Dans l'hypnose, c'est ce qui se passe : l'imagination se met à fonctionner de manière absolue, et la raison s'efface complètement, car dans l'hypnose, la raison s'endort. L'hypnose n'est rien d'autre qu'un sommeil de la raison, du sceptique ; alors l'imagination fonctionne parfaitement. Il n'y a alors aucun frein, seulement un accélérateur - vous continuez encore et encore, il n'y a aucun frein.

Dans l'hypnose, on peut tout imaginer : vous donnez un oignon à une personne hypnotisée et vous lui dites : "C'est une belle pomme, très délicieuse", et elle va manger l'oignon et dire : "C'est vraiment très beau.

Je n'ai jamais goûté une pomme aussi délicieuse." Vous lui donnez une pomme et vous dites : "C'est un oignon".

et ses yeux commenceront à verser des larmes et il dira : "Très très fort" - et il mange une pomme.

Que se passe-t-il ? Le sceptique n'est pas là ; c'est une hypnose, le sceptique s'est endormi. Maintenant l'imagination fonctionne, il n'y a pas de contrôle sur elle - c'est le problème de la religion aussi.

La religion a besoin de confiance. La confiance signifie que la faculté de douter de l'esprit s'endort. C'est comme l'hypnose.

Ainsi, lorsque les gens vous disent : "Cet homme, Maître, vous a hypnotisé", ils ont raison d'une certaine manière. Si vous me faites confiance, c'est comme l'hypnose : complètement éveillé, vous avez laissé tomber votre raison - maintenant l'imagination fonctionne avec une capacité totale, maintenant vous êtes dans une situation dangereuse.

Si vous autorisez l'imagination, vous pouvez imaginer toutes sortes de choses : la kundalini se lève, les chakras s'ouvrent ; toutes sortes de choses que vous pouvez imaginer, et elles vous arriveront toutes. Et elles sont belles - mais pas vraies. Ainsi, lorsque vous faites confiance à une personne, vous devez être conscient de votre imagination.

Faites confiance, mais ne soyez pas victime de l'imagination. Tout ce qui est dit ici est métaphorique. Et rappelez-vous toujours, que toutes les expériences sont de l'imagination ; toutes les expériences, je dis, inconditionnellement. Seul l'expérimentateur est la vérité.

Donc, quelle que soit votre expérience, n'y prêtez pas attention et ne commencez pas à vous en vanter.

Rappelez-vous simplement que tout ce qui est expérimenté est illusoire - seul celui qui fait l'expérience est vrai. Prêtez attention au témoin ; concentrez-vous sur le témoin et non sur les expériences. Aussi belles soient-elles, toutes les expériences sont oniriques et il faut aller au-delà de toutes ces expériences.

Ainsi, la religion est poétique, il faut parler de manière métaphorique. Le disciple est en profonde confiance, il peut facilement être victime de l'imagination - il faut être très très vigilant. Faites confiance, écoutez les métaphores, mais rappelez-vous que ce sont des métaphores. Faites confiance - beaucoup de choses vont commencer à se produire, mais rappelez-vous : tout est imagination, sauf vous. Et vous devez arriver à un point où il n'y a pas d'expérience ; seul l'expérimentateur est assis dans sa demeure en silence, sans expérience nulle part, sans objet, sans lumière, sans fleurs qui fleurissent, sans - rien.

Quelqu'un a demandé à Lin Chi - il était assis dans son monastère, un petit monastère au sommet d'une colline. Il était assis sous un arbre, près d'un rocher, et quelqu'un lui a demandé : "Que se passe-t-il quand on a atteint le but ?"

Et Lin Chi a dit : "Je suis assis seul ici - les nuages passent, et je regarde ; et les saisons viennent et je regarde ; et les visiteurs viennent parfois et je regarde. Et je suis assis seul ici."

Finalement, le témoin, la conscience, continue de tout observer. Toutes les expériences disparaissent, seul le fond même de toutes les expériences demeure. Vous restez, tout est perdu. Rappelez-vous ceci, parce qu'avec moi vous faites confiance et je parle de métaphores - et alors l'imagination est possible. "Imaginazione" :

être conscient de cette maladie.

BIEN QUE NOUS DISIONS "L'ESPRIT EST BRILLANT COMME LA LUMIÈRE", - IL EST AU-DELÀ DE TOUS LES MOTS ET SYMBOLES. BIEN QUE L'ESPRIT SOIT VIDE EN ESSENCE, - TOUT CE QU'IL EMBRASSE ET CONTIENT.

Ces affirmations semblent contradictoires : vous dites que l'esprit est vide, et l'instant d'après vous dites qu'il contient tout et n'importe quoi. Pourquoi ces contradictions ? C'est tout simplement la nature de l'expérience religieuse dans son ensemble. Il faut utiliser des métaphores - et il faut immédiatement veiller à ne pas devenir une victime de ces métaphores.

Il est vide par essence, mais il contient toutes choses. Lorsque vous serez totalement vide, alors seulement vous serez comblé. Lorsque vous ne serez plus, alors seulement, pour la première fois, vous serez.

Jésus dit : "Si tu te perds, tu atteindras. Si tu t'accroches à toi-même, tu perdras. Si tu meurs, tu renaîtras. Si tu peux t'effacer complètement, tu deviendras éternel, tu deviendras l'éternité même."

Ce sont toutes des métaphores - mais si vous avez confiance, si vous aimez, si vous permettez à votre cœur de s'ouvrir à moi, alors vous serez en mesure de comprendre. Cette compréhension dépasse toute compréhension. Elle n'est pas intellectuelle, elle est de cœur à cœur. C'est un saut d'énergie d'un cœur à l'autre.

Je suis ici et j'essaie de te parler, mais c'est secondaire. L'essentiel, c'est que si vous êtes ouvert, je peux me déverser en vous. Si le fait que je vous parle ne peut vous aider qu'à ce point, à savoir que vous devenez de plus en plus ouvert, cela aura fait son travail. Je n'essaie pas de vous dire quelque chose, j'essaie simplement de vous rendre plus ouvert - c'est suffisant. Je peux alors me déverser en toi... et si tu ne me goûtes pas, tu ne pourras pas comprendre ce que je dis.

Soyez comme un bambou creux

L A CHANSON CONTINUE :
    NE FAITES RIEN DU CORPS, MAIS RELAXEZ-VOUS ;
FERMEZ VOTRE BOUCHE ET RESTEZ SILENCIEUX ; VIDEZ
VOTRE ESPRIT ET PENSEZ À RIEN.

COMME UN BAMBOU CREUX, REPOSEZ À L'AISE AVEC
VOTRE CORPS. NE DONNEZ PAS ET NE PRENEZ PAS, METTEZ
VOTRE ESPRIT AU REPOS. MAHAMOUDRA EST COMME UN
ESPRIT QUI NE S'ATTACHE À RIEN.

EN PRATIQUANT AINSI, AVEC LE TEMPS, VOUS
ATTEINDREZ LA BOUDDHÉITÉ.

Il faut d'abord comprendre la nature de l'activité et les courants cachés en elle, sinon aucune détente n'est possible. Même si vous voulez vous détendre, ce sera impossible si vous n'avez pas observé, regardé, réalisé, la nature de votre activité, car l'activité n'est pas un phénomène simple.

De nombreuses personnes aimeraient se détendre, mais elles n'y parviennent pas. La relaxation est comme une floraison : vous ne pouvez pas la forcer. Vous devez comprendre l'ensemble du phénomène - pourquoi vous êtes si actif, pourquoi vous êtes si occupé par l'activité, pourquoi vous êtes obsédé par elle.

Retenez deux mots : l'un est "action", l'autre est "activité". L'action n'est pas l'activité ; l'activité n'est pas l'action.

Leurs natures sont diamétralement opposées. L'action, c'est quand la situation l'exige, vous agissez, vous répondez. L'activité, c'est quand la situation n'a pas d'importance, ce n'est pas une réponse ; vous êtes tellement agité à l'intérieur que la situation n'est qu'une excuse pour être actif.

L'action sort d'un esprit silencieux - c'est la plus belle chose au monde. L'activité provient d'un esprit agité - c'est la chose la plus laide. L'action est pertinente ; l'activité n'est pas pertinente. L'action est momentanée, spontanée ; l'activité est chargée du passé. Ce n'est pas une réponse au moment présent, mais plutôt le déversement dans le présent de votre agitation, que vous avez transportée du passé. L'action est créative. L'activité est très très destructrice - elle vous détruit, elle détruit les autres.

Essayez de voir la délicate distinction. Par exemple, vous avez faim et vous mangez - c'est une action. Mais vous n'avez pas faim, vous ne ressentez pas du tout la faim, et pourtant vous continuez à manger - c'est de l'activité. Manger est comme une violence : vous détruisez la nourriture, vous vous écrasez les dents et détruisez la nourriture ; cela vous permet de libérer un peu de votre agitation intérieure. Vous ne mangez pas à cause de la faim, vous mangez simplement à cause d'un besoin intérieur, d'une envie d'être violent.

Dans le monde animal, la violence est associée à la bouche et aux mains, aux ongles et aux dents ; ce sont deux choses violentes dans le règne animal. Dans la nourriture, lorsque vous mangez, les deux sont réunis ; avec votre main vous prenez la nourriture, et avec votre bouche vous la mangez - la violence est libérée. Mais il n'y a pas de faim ; ce n'est pas une action, c'est une maladie. Cette activité est une obsession. Bien sûr, vous ne pouvez pas continuer à manger comme ça, car vous allez éclater. Les gens ont donc inventé des astuces : ils mâchent du PAN ou du chewing-gum, ils fument des cigarettes - ce sont de faux aliments, sans aucune valeur nutritive, mais ils fonctionnent bien en ce qui concerne la violence.

Un homme assis à mâcher une casserole, que fait-il ? Il est en train de tuer quelqu'un. Dans son esprit, s'il en prend conscience, il peut avoir le fantasme de tuer, de tuer - et il est en train de mâcher de la casserole : une activité très innocente en soi. Vous ne faites de mal à personne - mais c'est très dangereux pour vous, car vous semblez être complètement inconscient de ce que vous faites. Un homme qui fume, que fait-il ? D'une certaine manière, c'est très innocent : il se contente de faire entrer la fumée et de la faire sortir, d'inspirer et d'expirer ; une sorte de PRANAYAMA malade, et une sorte de méditation transcendantale profane. Il crée un MANDALA : il fait entrer la fumée, la fait sortir, la fait entrer, la fait sortir - un mandala est créé, un cercle. En fumant, il fait une sorte de chant, un chant rythmique. Cela l'apaise ; son agitation intérieure est un peu soulagée.

Si vous parlez à une personne, rappelez-vous toujours - c'est presque cent pour cent exact - si la personne commence à trouver sa cigarette, cela signifie qu'elle s'ennuie, vous devez la quitter maintenant. Il aurait voulu vous jeter dehors ; cela ne peut pas se faire, ce serait trop impoli. Il trouve sa cigarette ; il dit : "Maintenant, fini ! J'en ai marre". Dans le règne animal, il se serait jeté sur vous, mais il ne peut pas - c'est un être humain, civilisé. Il saute sur la cigarette, il commence à fumer. Maintenant il ne s'inquiète plus pour vous, il est enfermé dans son propre chant de la fumée. Cela apaise.

Mais cette activité montre que vous êtes obsédé. Vous ne pouvez pas rester vous-même, vous ne pouvez pas rester silencieux, vous ne pouvez pas rester inactif. Par l'activité, vous continuez à lancer votre folie, votre insanité. L'action est belle, l'action vient comme une réponse spontanée ; la vie a besoin de réponse. A chaque instant vous devez agir, mais l'activité vient à travers le moment présent. Vous avez faim et vous cherchez de la nourriture. Vous avez soif et vous allez au puits. Vous avez sommeil et vous allez vous coucher. C'est à partir de la situation globale que vous agissez. L'action est spontanée et totale.

L'activité n'est jamais spontanée, elle vient du passé. Vous pouvez l'avoir accumulée pendant de nombreuses années, et puis elle explose dans le présent - elle n'est pas pertinente. Mais le mental est rusé ; le mental trouvera toujours des rationalisations pour l'activité. Le mental essaiera toujours de prouver qu'il ne s'agit pas d'une activité, mais d'une action, qu'elle était nécessaire. Soudain, vous vous mettez en colère. Tout le monde se rend compte que ce n'était pas nécessaire, que la situation ne l'a jamais exigé, que ce n'était tout simplement pas pertinent - seulement vous ne pouvez pas le voir.

Tout le monde se sent : "Qu'est-ce que tu fais ? Ce n'était pas nécessaire. Pourquoi es-tu si en colère ?" Mais vous allez trouver des rationalisations ; vous allez rationaliser que c'était nécessaire.

Ces rationalisations vous aident à rester inconscient de votre folie. Ce sont les choses que Gurdjieff appelait "tampons". Vous créez des tampons de rationalisation autour de vous pour ne pas vous rendre compte de la situation. Les tampons sont utilisés dans les trains ; entre deux bogies, deux compartiments, les tampons sont utilisés pour qu'en cas d'arrêt soudain, il n'y ait pas de choc trop important pour les passagers - les tampons absorbent le choc. Votre activité est continuellement sans intérêt, mais les tampons de rationalisations ne vous permettent pas de voir la situation. Les tampons vous aveuglent - et ce type d'activité continue.

Si cette activité est présente, vous ne pouvez pas vous détendre. Comment pouvez-vous vous détendre ? - Parce que c'est un besoin obsessionnel, vous voulez faire quelque chose, peu importe ce que c'est.

Il y a des imbéciles dans le monde entier qui continuent à dire : "Faites quelque chose plutôt que de ne rien faire." Et il y a de parfaits idiots qui ont créé un proverbe dans le monde entier selon lequel "Un esprit vide est l'atelier du diable". Ce n'est pas le cas. Un esprit vide est l'atelier de Dieu. Un esprit vide est la plus belle chose au monde, la plus pure - car comment un esprit vide peut-il être un atelier pour le diable ? Le diable ne peut pas entrer dans un esprit vide, impossible ! Le diable ne peut entrer que dans un esprit obsédé par l'activité - alors le diable peut vous prendre en charge, il peut vous montrer des moyens et des méthodes pour être plus actif. Le diable ne dit jamais : "Détendez-vous !" Il dit : "Pourquoi perds-tu ton temps ?

Fais quelque chose, mec ! Bouge ! La vie passe - fais quelque chose !" Et tous les grands maîtres, les maîtres qui se sont éveillés à la vérité de la vie, ont compris qu'un esprit vide donne de l'espace au divin pour entrer en vous.

L'activité peut être utilisée par le diable, pas un esprit vide. Comment le diable peut-il utiliser un esprit vide ? Il n'osera pas s'en approcher car le vide le tuera tout simplement. Mais si vous êtes rempli d'un besoin profond, d'un besoin fou d'être actif, alors le diable prendra votre charge, alors il vous guidera - alors il est le seul guide.

Je voudrais vous dire que ce proverbe est absolument faux. C'est le diable lui-même qui l'a suggéré.

Cette obsession d'être actif doit être observée. Et vous devez l'observer dans votre propre vie, car tout ce que je dis, ou ce que Tilopa dit, n'aura pas beaucoup de sens si vous ne l'observez pas en vous-même : votre activité n'est pas pertinente, elle n'est pas nécessaire. Pourquoi la faites-vous ?

En voyageant, j'ai vu des gens faire continuellement la même chose, encore et encore. Pendant vingt-quatre heures, je suis avec un passager dans le train. Il lit le même journal encore et encore, ne trouvant pas quoi faire d'autre. Enfermé dans un compartiment de train, il n'y a pas beaucoup de possibilités d'être actif, alors il lit le même journal encore et encore, et je regarde. Que fait cet homme ?

Un journal n'est pas une GITA ou une BIBLE. Vous pouvez lire la GITA plusieurs fois, car chaque fois que vous y revenez, une nouvelle signification est révélée. Mais un journal n'est pas une GITA ; il est terminé une fois que vous l'avez vu ! Il ne valait même pas la peine d'être lu une fois, et les gens continuent à le lire. Encore et encore, ils recommencent. Quel est le problème ? Est-ce un besoin ? Non - ils sont obsédés ; ils ne peuvent pas rester silencieux, inactifs. C'est impossible pour eux - cela ressemble à la mort. Ils doivent être actifs.

Voyager pendant de nombreuses années m'a donné de nombreuses occasions d'observer les gens à leur insu, car parfois une seule personne m'accompagnait dans le compartiment, et elle faisait toutes sortes d'efforts pour m'amener à lui parler et je ne disais que oui ou non ; puis elle abandonnait l'idée. Alors je me contentais de regarder - une belle expérience et sans aucune dépense.

Et je l'observais : il ouvrait la valise - et je voyais qu'il ne faisait rien - puis il regardait dedans, la refermait. Puis il ouvrait la fenêtre, puis la refermait ; puis il allait de nouveau au journal, puis il fumait, puis il ouvrait de nouveau la valise, la réarrangeait, allait ouvrir la fenêtre, regardait dehors. Que fait-il ? et pourquoi ? Un besoin intérieur, quelque chose tremble en lui, un état d'esprit fiévreux. Il doit faire quelque chose, sinon il sera perdu. Il a dû être un homme actif dans la vie, maintenant il y a un moment pour se détendre - il ne peut pas se détendre, la vieille habitude persiste.

On dit qu'Aurangzeb, un empereur moghol, a emprisonné son père dans sa vieillesse. Le père d'Aurangzeb a construit le Taj Mahal - Shah Jehan. Il l'a emprisonné, l'a détrôné. On dit, et c'est écrit dans l'autobiographie d'Aurangzeb, qu'après quelques jours, Shah Jehan ne s'inquiétait plus de l'emprisonnement parce que tout le luxe était fourni. C'était un palais et Shah Jehan vivait comme il vivait auparavant ; ce n'était pas comme une prison ; absolument tout ce dont il avait besoin était là. Il ne lui manquait qu'une chose : l'activité - il ne pouvait rien faire. Il a donc demandé à son fils Aurangzeb : "C'est bon, tu m'as tout fourni, et tout est beau. Il y a juste une chose dont je te serai éternellement reconnaissant si tu peux la faire, c'est d'envoyer trente garçons. Je voudrais les enseigner."

Aurangzeb ne pouvait pas le croire : "Pourquoi mon père voudrait-il enseigner à trente garçons ?" Il n'avait jamais montré la moindre envie d'être enseignant, ne s'était jamais intéressé à un quelconque type d'éducation. Que lui est-il arrivé ? Mais il a réalisé ce désir. Trente garçons lui ont été envoyés et tout s'est bien passé. Il est redevenu l'empereur - trente petits garçons. Vous allez dans une école primaire, l'enseignant est presque l'empereur ; vous pouvez leur ordonner de s'asseoir et ils devront s'asseoir ; vous pouvez leur ordonner de se lever et ils devront se lever. Et il a créé dans cette pièce avec trente garçons toute la situation de sa cour - juste la vieille habitude et la vieille dépendance à la drogue de commander les gens.

Les psychologues soupçonnent les enseignants d'être en fait des politiciens. Bien sûr, n'ayant pas assez confiance en eux pour se lancer dans la politique, ils se déplacent dans les écoles et y deviennent présidents, premiers ministres, empereurs. Des petits enfants - et ils les commandent et les forcent.

Et les psychologues soupçonnent également les enseignants d'avoir un penchant pour le sadisme, ils aimeraient torturer. Et vous ne pouvez pas trouver un meilleur endroit qu'une école primaire. Vous pouvez torturer des enfants innocents - et vous pouvez torturer pour leur propre bien, pour leur propre bien. Allez-y et regardez ! J'ai été dans des écoles primaires, j'ai lu, et j'ai observé les enseignants. Et les psychologues soupçonnent - j'en suis certain - qu'ils sont des tortionnaires. Et vous ne pouvez pas trouver de victimes plus innocentes : complètement désarmés, ils ne peuvent même pas résister ; ils sont si faibles et sans défense - et un enseignant se tient comme un empereur.

Aurangzeb écrit dans son autobiographie : "Mon père, juste à cause de vieilles habitudes, veut encore prétendre qu'il est l'empereur. Alors laissez-le faire semblant et laissez-le se tromper, il n'y a rien de mal. Envoyez-lui trente garçons ou trois cents, tout ce qu'il veut. Laissez-le diriger une MADERSA, une petite école, et être heureux."

L'activité, c'est quand l'action n'a aucune pertinence. Observez en vous-même et voyez : quatre-vingt-dix pour cent de votre énergie est gaspillée dans l'activité. Et à cause de cela, lorsque le moment d'agir arrive, vous n'avez pas d'énergie. Une personne détendue est simplement non obsessionnelle, et l'énergie commence à s'accumuler en elle. Il conserve son énergie, elle est conservée automatiquement, et lorsque le moment de l'action arrive, son être total s'y déverse. C'est pourquoi l'action est totale. L'activité est toujours tiède, car comment pouvez-vous vous tromper absolument ? Même VOUS savez que c'est inutile. Même vous êtes conscient que vous le faites pour certaines raisons fiévreuses intérieures, qui ne sont même pas claires pour vous, très vagues.

Vous pouvez changer les activités, mais si les activités ne se transforment pas en actions, cela ne servira à rien. Les gens viennent me voir et me disent

: "Je voudrais arrêter de fumer." Je leur réponds : "Pourquoi ? C'est un si beau TM, continuez. Et si vous l'arrêtez, vous commencerez quelque chose d'autre - parce que la maladie ne change pas en changeant les symptômes. Puis vous mâcherez du pan, puis du chewing-gum, et il y a des choses encore plus dangereuses. Ces choses sont innocentes, car si vous mâchez du chewing-gum, vous en mâchez vous-même. Vous pouvez être un imbécile, mais vous n'êtes pas un homme violent ; vous n'êtes pas destructeur pour qui que ce soit.

Si vous arrêtez de mâcher des chewing-gums, de fumer, alors que ferez-vous ? Votre bouche a besoin d'activité, elle est violente.

Ensuite, vous parlerez, puis vous parlerez sans arrêt ; jacassements, jacassements, jacassements - et c'est plus dangereux !".

La femme de Mulla Nasruddin est venue l'autre jour. Elle vient rarement me voir, mais quand elle vient, je comprends immédiatement qu'il doit y avoir une crise. Alors j'ai demandé : "Qu'est-ce qui se passe ?" Il lui a fallu trente minutes, et des milliers de mots, pour me dire : "Mulla Nasruddin parle dans son sommeil, alors vous suggérez quelque chose - que faut-il faire ? Il parle trop et il est difficile de dormir dans la même pièce.

Et il crie et dit des choses méchantes."

Alors j'ai dit : "Il n'y a rien à faire. Vous lui donnez simplement une chance de parler pendant que vous êtes tous les deux réveillés."

Les gens continuent à parler. Ils ne laissent aucune chance aux autres. Parler, c'est comme fumer.

Si vous parlez vingt-quatre heures ... et vous parlez : pendant que vous êtes éveillé, vous parlez ; votre corps est fatigué, vous tombez dans le sommeil, mais la conversation continue. Vingt-quatre heures, vingt-quatre heures sur vingt-quatre, vous continuez à parler, à parler et à parler. C'est comme fumer, car le phénomène est le même : la bouche a besoin de mouvement. Et la bouche est l'activité de base, car c'est la première activité que vous avez entreprise dans votre vie.

L'enfant est né : il commence à téter le sein de sa mère ; c'est la première activité - et l'activité de base. Et fumer, c'est comme sucer le sein : le lait chaud coule ; en fumant, la fumée chaude coule ; et la cigarette entre vos lèvres ressemble au sein de la mère, au mamelon. Si vous n'avez pas le droit de fumer, de mâcher du chewing-gum, et ceci et cela, alors vous parlerez, et c'est plus dangereux parce que vous jetez vos déchets sur l'esprit des autres.

Pouvez-vous garder le silence pendant une longue période ? Les psychologues disent que si vous gardez le silence pendant trois semaines, vous commencerez à vous parler à vous-même. Ensuite, tu seras divisé en deux : tu parleras et tu écouteras aussi. Et si vous restez silencieux pendant trois mois, vous serez complètement prêt pour la maison de fous, parce qu'alors vous ne vous soucierez pas de savoir si quelqu'un est là ou pas. Vous parlerez, et pas seulement parler, vous répondrez aussi - maintenant vous êtes complet, maintenant vous ne dépendez de personne. Voilà ce qu'est un fou.

Un fou est une personne dont le monde entier est confiné en lui-même. Il parle et il écoute ; il est acteur et il est spectateur - il est tout, son monde entier est confiné en lui-même. Il s'est divisé en plusieurs parties et tout est devenu fragmentaire. C'est pourquoi les gens ont peur du silence - ils savent qu'ils peuvent craquer. Et si vous avez peur du silence, cela signifie que vous avez en vous un esprit obsessionnel, fiévreux, malade, qui demande continuellement à être actif.

L'activité est votre fuite de vous-même. Dans l'action, vous êtes ; dans l'activité, vous vous échappez de vous-même - c'est une drogue. Dans l'activité, vous vous oubliez, et lorsque vous vous oubliez, il n'y a pas de soucis, pas d'angoisse, pas d'anxiété. C'est pourquoi vous devez être continuellement actif, faire quelque chose ou autre, mais jamais dans un état où le non-faire fleurit en vous et s'épanouit.

L'action est bonne. L'activité est mauvaise. Trouvez la distinction en vous-même : qu'est-ce que l'activité et qu'est-ce que l'action ; c'est la première étape. La deuxième étape consiste à s'impliquer davantage dans l'action afin que l'énergie se transforme en action ; et chaque fois qu'il y a de l'activité, il faut être plus vigilant, plus alerte. Si vous êtes conscient, l'activité cesse, l'énergie est préservée, et cette même énergie devient action.

L'action est immédiate. Elle n'est pas prête, elle n'est pas préfabriquée. Elle ne vous donne aucune chance de faire une préparation, de passer par une répétition. L'action est toujours nouvelle et fraîche comme les gouttes de rosée du matin. Et une personne qui est une personne d'action est aussi toujours fraîche et jeune. Le corps peut vieillir, mais sa fraîcheur continue. Le corps peut mourir, mais sa jeunesse continue. Le corps peut disparaître, mais il reste - parce que Dieu aime la fraîcheur. Dieu est toujours pour le nouveau et le frais.

Laissez tomber de plus en plus d'activité. Mais comment pouvez-vous la laisser tomber ? Vous pouvez faire de l'abandon lui-même une obsession.

C'est ce qui est arrivé à vos moines dans les monastères : abandonner l'activité est devenu leur obsession. Ils font continuellement quelque chose pour abandonner l'activité : la prière, la méditation, le yoga, ceci et cela - maintenant c'est aussi une activité. Vous ne pouvez pas abandonner l'activité de cette façon ; elle viendra par la porte de derrière.

Soyez conscient. Sentez la différence entre l'action et l'activité. Et quand l'activité s'empare de vous - en fait, on devrait appeler cela une possession : quand l'activité vous possède, comme un fantôme ; et l'activité est un fantôme, elle vient du passé, elle est morte - quand l'activité vous possède et que vous devenez fébrile, alors devenez plus conscient ; c'est tout ce que vous pouvez faire. Faites attention. Même si vous devez le faire, faites-le en pleine conscience. Fumez, mais fumez très lentement, en pleine conscience, afin de pouvoir voir ce que vous faites.

Si vous pouvez regarder fumer, soudain, un jour, la cigarette vous tombera des doigts, parce que toute l'absurdité de la chose vous sera révélée. C'est stupide ; c'est tout simplement stupide, idiot ! Lorsque vous vous en rendez compte, elle tombe tout simplement. Vous ne pouvez pas la lancer, car lancer est une activité. C'est pourquoi je dis qu'elle tombe simplement, tout comme une feuille morte de l'arbre... elle tombe, juste comme ça, elle tombe. Si VOUS l'avez jeté, vous le ramasserez à nouveau d'une autre manière, sous une autre forme.

Laissez les choses tomber, ne les laissez pas tomber. Laissez l'activité disparaître, ne la forcez pas à disparaître - car l'effort même de la forcer à disparaître est à nouveau une activité sous une autre forme. Observez, soyez vigilant, conscient, et vous constaterez un phénomène très très miraculeux : lorsque quelque chose tombe tout seul, de son propre chef, il ne laisse aucune trace sur vous. Si vous le forcez, alors une trace est laissée, alors une cicatrice est laissée. Ensuite, vous vous vanterez toujours d'avoir fumé pendant trente ans, puis d'avoir laissé tomber. Se vanter, c'est la même chose ; en parler, c'est faire la même chose - ne pas fumer, mais parler trop du fait que vous avez arrêté de fumer. Vos lèvres sont à nouveau en activité, votre bouche fonctionne, votre violence est là.

Si un homme comprend vraiment, les choses tombent - et alors vous ne pouvez pas prendre le crédit de "je l'ai fait tomber". Elle est tombée toute seule ! Vous ne l'avez pas laissé tomber. L'ego n'est pas renforcé par cela. Et alors, de plus en plus d'actions deviendront possibles. Et chaque fois que vous avez l'occasion d'agir totalement, ne la manquez pas, n'hésitez pas - agissez.

Agissez davantage, et laissez les activités se dérouler d'elles-mêmes. Une transformation viendra à vous de temps en temps. Cela prend du temps, il faut l'assaisonner, mais il n'y a pas d'urgence non plus.

Maintenant, nous allons entrer dans le sutra.

NE FAITES RIEN DU CORPS, MAIS RELAXEZ-VOUS ; FERMEZ LA BOUCHE ET RESTEZ SILENCIEUX ; VIDEZ VOTRE ESPRIT ET PENSEZ À RIEN. NE FAITES RIEN AVEC LE CORPS MAIS DÉTENDEZ-VOUS.

Maintenant vous pouvez comprendre ce que signifie la relaxation. Cela signifie qu'il n'y a pas de besoin d'activité en vous. La relaxation ne signifie pas s'allonger comme un mort ; et vous ne pouvez pas vous allonger comme un mort - vous pouvez seulement faire semblant. Comment pouvez-vous vous allonger comme un mort ? Vous êtes vivant ; vous ne pouvez que faire semblant.

La relaxation vous vient lorsqu'il n'y a pas d'envie d'activité ; l'énergie est à la maison, elle ne bouge pas. Si une certaine situation se présente, vous agirez, c'est tout, mais vous ne cherchez pas d'excuse pour agir. Vous êtes à l'aise avec vous-même. Se détendre, c'est être chez soi.

Je lisais un livre il y a quelques années. Le titre du livre est "VOUS DEVEZ VOUS RELAXER". C'est tout simplement absurde, car le "must" est contre la relaxation - mais de tels livres ne peuvent se vendre qu'en Amérique. "Doit"

signifie activité, c'est une obsession. Chaque fois qu'il y a un "devoir", une obsession se cache derrière.

Il y a des actions dans la vie, mais il n'y a pas de "devoir", sinon le "devoir" crée la folie. "Vous devez vous détendre" - maintenant la relaxation est devenue une obsession. Il faut faire telle ou telle posture, s'allonger et suggérer à son corps, des orteils à la tête, de dire aux orteils : "Détendez-vous", puis de remonter.

Pourquoi "devoir" ? La relaxation ne vient que lorsqu'il n'y a pas de "devoir" dans votre vie. La relaxation n'est pas seulement du corps, elle n'est pas seulement de l'esprit, elle est de tout votre être.

Vous êtes trop en activité, bien sûr fatigué, dissipé, desséché, gelé. L'énergie vitale ne bouge pas. Il n'y a que des blocs, des blocs et des blocs. Et chaque fois que vous faites quelque chose, vous le faites dans la folie. Bien sûr, le besoin de se détendre se fait sentir. C'est pourquoi tant de livres sont écrits chaque mois sur la relaxation, et je n'ai jamais vu une personne qui se soit détendue en lisant un livre sur la relaxation - elle est devenue plus agitée, parce que maintenant toute sa vie d'activité reste intacte. Son obsession est là pour être actif, la maladie est là, et il prétend être dans un état de relaxation alors il s'allonge. Toute l'agitation à l'intérieur, un volcan prêt à entrer en éruption, et il se détend, en suivant les instructions d'un livre : comment se détendre.

Il n'existe aucun livre qui puisse vous aider à vous détendre - à moins que vous ne lisiez votre propre être intérieur, et alors la relaxation n'est pas une nécessité. La relaxation est une absence, une absence d'activité, pas d'action. Il n'est donc pas nécessaire de partir pour l'Himalaya. Quelques personnes l'ont fait : pour se détendre, elles sont allées dans l'Himalaya.

Quel est le besoin de déménager dans l'Himalaya ? Il ne faut pas laisser tomber l'action, car si vous laissez tomber l'action, vous laissez tomber la vie. Alors vous serez mort, pas détendu. Ainsi, dans l'Himalaya, vous trouverez des sages qui sont morts, non détendus. Ils ont échappé à la vie, à l'action.

C'est le point subtil à comprendre : l'activité doit disparaître, mais pas l'action - et les deux sont faciles.

Vous pouvez laisser tomber les deux et vous échapper dans l'Himalaya, c'est facile. Ou, l'autre chose est facile : vous pouvez continuer vos activités, et vous forcer chaque matin, ou chaque soir, pendant quelques minutes, à vous détendre. Vous ne comprenez pas la complexité de l'esprit humain, son mécanisme. La relaxation est un état. Vous ne pouvez pas la forcer. Il suffit de laisser tomber les négativités, les entraves, et cela vient, cela surgit tout seul.

Que fais-tu quand tu t'endors la nuit ? Faites-vous quelque chose ? Si vous le faites, vous serez un insomniaque, vous passerez à l'insomnie. Que faites-vous ? Vous vous allongez simplement et vous vous endormez.

Il n'y a pas à "faire". Si vous "faites", il vous sera impossible de dormir. En fait, pour s'endormir, il suffit d'interrompre la continuité dans l'esprit des activités de la journée. C'est tout ! Lorsque l'activité n'est pas présente dans l'esprit, l'esprit se détend et s'endort. Si vous faites quelque chose pour vous endormir, vous serez perdu, et le sommeil sera impossible. Il n'est pas du tout nécessaire de faire quelque chose.

Dit Tilopa, NE FAITES RIEN AVEC LE CORPS, MAIS RELAXEZ-VOUS. Ne faites rien ! Aucune posture de yoga n'est nécessaire, aucune distorsion ou contorsion du corps n'est nécessaire. "Ne faites rien !" - seule l'absence d'activité est nécessaire. Et comment cela va-t-il se produire ? Par la compréhension. La compréhension est la seule discipline. Comprenez vos activités et soudain, au milieu de l'activité, si vous prenez conscience, elle s'arrêtera. Si vous prenez conscience de la raison pour laquelle vous le faites, cela s'arrêtera. Et cet arrêt est ce que Tilopa veut dire : NE FAITES RIEN AVEC LE CORPS MAIS DÉTENDEZ-VOUS.

Qu'est-ce que la relaxation ? C'est un état dans lequel votre énergie ne se déplace nulle part, ni vers l'avenir, ni vers le passé - elle est simplement là, avec vous. Dans le bassin silencieux de votre propre énergie, dans la chaleur de celle-ci, vous êtes enveloppé. Ce moment est tout. Il n'y a pas d'autre moment. Le temps s'arrête - alors il y a la relaxation. Si le temps est là, il n'y a pas de relaxation. Simplement, l'horloge s'arrête ; il n'y a pas de temps.

Ce moment est tout. On ne demande rien d'autre, on en profite simplement. Les choses ordinaires peuvent être appréciées parce qu'elles sont belles. En fait, rien n'est ordinaire - si Dieu existe, alors tout est extraordinaire.

Les gens viennent me voir et me demandent : "Croyez-vous en Dieu ?" Je réponds : "Oui, parce que tout est si extraordinaire, comment cela pourrait-il être sans une conscience PROFONDE en lui ?". De petites choses .... Marcher sur la pelouse quand les gouttes de rosée ne se sont pas encore évaporées, et juste se sentir totalement là - la texture, le toucher de la pelouse, la fraîcheur des gouttes de rosée, le vent du matin, le soleil qui se lève. De quoi avez-vous besoin de plus pour être heureux ? Que peut-on faire de plus pour être heureux ? S'allonger dans la nuit sur le drap frais de son lit, en sentir la texture ; sentir que le drap devient de plus en plus chaud, et être enveloppé dans l'obscurité, le silence de la nuit ..... Les yeux fermés, vous vous sentez simplement vous-même.

Que vous faut-il de plus ? C'est trop - une profonde gratitude naît : c'est la relaxation.

La relaxation signifie que ce moment est plus que suffisant, plus que ce qui peut être demandé et attendu.

Rien à demander, plus qu'il n'en faut, que ce que vous pouvez désirer - alors l'énergie ne va jamais nulle part.

Elle devient une piscine placide. Dans votre propre énergie, vous vous dissolvez. Ce moment est la relaxation. La relaxation n'est ni du corps ni de l'esprit, la relaxation est totale. C'est pourquoi les bouddhas ne cessent de dire : "Devenez sans désir", car ils savent que s'il y a du désir, vous ne pouvez pas vous détendre. Ils continuent à dire : "Enterrez les morts", car si vous êtes trop préoccupé par le passé, vous ne pouvez pas vous détendre. Ils continuent à dire : "Profitez de ce moment précis."

Jésus dit : " Regarde les lys. Considérez les lys dans les champs - ils ne travaillent pas et ils sont plus beaux, leur splendeur est plus grande que celle du roi Salomon. Ils sont parés d'un plus bel arôme que le roi Salomon ne l'a jamais été. Regardez, considérez les lys !"

Qu'est-ce qu'il dit ? Il dit : "Détendez-vous ! Vous n'avez pas besoin de travailler dur pour cela - en fait, tout est prévu."

Jésus dit : " S'il prend soin des oiseaux du ciel, des animaux, des bêtes sauvages, des arbres et des plantes, alors pourquoi êtes-vous inquiets ? Ne s'occupera-t-il pas de vous ?" C'est la détente. Pourquoi vous inquiétez-vous tant de l'avenir ? Considérez les lys, regardez les lys, et devenez comme les lys - et ensuite détendez-vous. La relaxation n'est pas une posture ; la relaxation est une transformation totale de votre énergie.

L'énergie peut avoir deux dimensions. L'une est motivée, elle va quelque part, elle a un but quelque part ; ce moment n'est qu'un moyen et le but est ailleurs, à atteindre. C'est une dimension de votre énergie, c'est la dimension de l'activité, orientée vers un but. Dans ce cas, tout est un moyen ; d'une manière ou d'une autre, cela doit être fait et vous devez atteindre le but, puis vous vous détendrez. Mais pour ce type d'énergie, le but n'arrive jamais, parce que ce type d'énergie continue à transformer chaque moment présent en un moyen pour quelque chose d'autre, dans le futur. Le but reste toujours à l'horizon. Vous continuez à courir, mais la distance reste la même.

Non, il existe une autre dimension de l'énergie : cette dimension est la célébration non motivée. Le but est ici, maintenant ; le but n'est pas ailleurs. En fait, vous êtes le but. En fait, il n'y a pas d'autre accomplissement que celui de ce moment - considérez les lys. Quand vous êtes le but et quand le but n'est pas dans le futur, quand il n'y a rien à atteindre, au contraire, vous avez juste à le célébrer, vous l'avez déjà atteint, il est là. C'est la relaxation, l'énergie non motivée.

Donc, pour moi, il y a deux types de personnes : ceux qui recherchent un but et ceux qui le célèbrent. Ceux qui cherchent à atteindre un but, ce sont les fous ; ils deviennent de plus en plus fous, et ils créent leur propre folie.

Et puis la folie a son propre élan : de plus en plus, ils s'enfoncent dans la folie - puis ils sont complètement perdus. L'autre type de personne n'est pas un chercheur de but - il n'est pas du tout un chercheur, il est un célébrant.

Et c'est ce que je vous enseigne : Soyez les fêtards, faites la fête ! Il y a déjà trop de choses : les fleurs sont écloses, les oiseaux chantent, le soleil est là dans le ciel - célébrez-le ! Vous respirez, vous êtes en vie et vous avez une conscience - célébrez cela ! Puis, soudain, vous vous détendez, il n'y a plus de tension, il n'y a plus d'angoisse. Toute l'énergie qui devient de l'angoisse devient de la gratitude ; votre cœur tout entier continue de battre avec une profonde gratitude - c'est cela la prière. C'est cela la prière. La prière, c'est un cœur qui bat avec une profonde gratitude.

NE FAITES RIEN AVEC LE CORPS MAIS DÉTENDEZ-VOUS.

Il n'est pas nécessaire de faire quoi que ce soit pour cela. Comprenez simplement le mouvement de l'énergie, le mouvement non motivé de l'énergie. Elle coule, mais pas vers un but, elle coule comme une célébration. Elle se déplace, pas vers un but, elle se déplace à cause de sa propre énergie débordante.

Un enfant danse, saute et court partout ; demandez-lui : "Où vas-tu ?". Il ne va nulle part - vous aurez l'air stupide à ses yeux. Les enfants pensent toujours que les adultes sont stupides. Quelle question absurde : "Où vas-tu ?" Y a-t-il un besoin d'aller quelque part ? Un enfant ne peut tout simplement pas répondre à votre question, car elle n'est pas pertinente. Il ne va nulle part.

Il va simplement hausser les épaules. Il dira : "Nulle part." Alors l'esprit orienté vers un but demande : "Alors pourquoi cours-tu ?" - parce que pour nous, une activité n'est pertinente que si elle mène quelque part.

Et je vous le dis, il n'y a nulle part où aller : tout est là. L'existence entière culmine en ce moment, elle converge en ce moment. Toute l'existence se déverse déjà dans ce moment ; tout ce qui est là se déverse dans ce moment - c'est ici, maintenant. Un enfant profite simplement de l'énergie. Il en a trop.

Il court, non pas parce qu'il doit arriver quelque part, mais parce qu'il en a trop ; il doit courir.

Agir sans être motivé, juste un débordement de votre énergie. Partagez, mais n'échangez pas, ne faites pas de marchandage. Donnez parce que vous avez, ne donnez pas pour reprendre - car alors vous serez dans la misère. Tous les commerçants vont en enfer.

Si vous voulez trouver les plus grands commerçants et négociateurs, allez en enfer, vous les y trouverez. Le paradis n'est pas pour les commerçants. Le paradis est pour les fêtards.

Dans la théologie chrétienne, depuis des siècles, on ne cesse de demander : "Que font les anges au ciel ?" C'est une question pertinente pour les personnes qui sont orientées vers un but : "Que font les anges au paradis ?" Rien ne semble être fait, il n'y a rien à faire. Quelqu'un a demandé à Meister Eckhart : "Que font les anges au ciel ?" Il a répondu : "Quel genre d'idiot es-tu ?". Le paradis est un endroit pour faire la fête. Ils ne font rien. Ils célèbrent simplement - la gloire de la chose, sa magnificence, sa poésie, son épanouissement, ils célèbrent. Ils chantent et ils dansent et ils célèbrent."

Mais je ne pense pas que cet homme ait été satisfait par la réponse de Meister Eckhart, car pour nous, une activité n'a de sens que si elle mène quelque part, s'il y a un but.

Rappelez-vous, l'activité est orientée vers un but, l'action ne l'est pas. L'action est un débordement d'énergie ; l'action est dans ce moment, une réponse, non préparée, non répétée. L'existence entière vous rencontre, vous confronte, et une réponse vient. Les oiseaux chantent et vous vous mettez à chanter - ce n'est pas une activité. Soudain, cela se produit. Soudain, vous vous rendez compte que c'est en train de se produire, que vous vous êtes mis à fredonner - c'est une action.

Et si vous êtes de plus en plus impliqué dans l'action, et de moins en moins occupé par l'activité, votre vie changera et deviendra une profonde relaxation. Alors vous "faites" mais vous restez détendu. Un bouddha n'est jamais fatigué. Pourquoi ? parce qu'il n'est pas un faiseur. Tout ce qu'il a, il le donne, il le déborde.

NE FAITES RIEN D'AUTRE AVEC LE CORPS QUE DE SE DÉTENDRE ; FERMEZ LA BOUCHE ET RESTEZ SILENCIEUX.

La bouche est vraiment très très importante, car c'est là que la première activité a eu lieu ; ce sont vos lèvres qui ont commencé la première activité. Autour de la zone de la bouche se trouve le début de toute activité : vous avez inspiré, vous avez pleuré, vous avez commencé à chercher à tâtons le sein de votre mère. Et votre bouche reste toujours dans une activité frénétique. C'est pourquoi Tilopa suggère : "Comprendre l'activité, comprendre l'action, se détendre, et ... FERMEZ LA BOUCHE."

Lorsque vous vous asseyez pour méditer, lorsque vous voulez être silencieux, la première chose à faire est de fermer complètement la bouche. Si vous fermez complètement la bouche, votre langue touchera le palais ; les deux lèvres seront complètement fermées et la langue touchera le palais. Fermez-la complètement - mais cela ne peut être fait que si vous avez suivi ce que je vous ai dit, pas avant.

Vous pouvez le faire ! Fermer la bouche n'est pas un très gros effort. Vous pouvez vous asseoir comme une statue, avec une bouche complètement fermée, mais cela n'arrêtera pas l'activité. Au fond de vous, la pensée va continuer, et si la pensée continue, vous pouvez sentir de subtiles vibrations dans les lèvres. Les autres ne pourront peut-être pas l'observer car elles sont très subtiles, mais si vous pensez, vos lèvres frémissent un peu - un frémissement très subtil.

Quand vous vous détendez vraiment, ce frémissement s'arrête. Vous ne parlez pas, vous ne faites aucune activité en vous. FERMEZ LA BOUCHE ET RESTEZ SILENCIEUX. Et puis ne pensez pas.

Qu'allez-vous faire ? Les pensées vont et viennent. Laissez-les aller et venir, ce n'est pas le problème.

Vous ne vous impliquez pas, vous restez à l'écart, détaché. Vous les regardez simplement aller et venir, ils ne vous concernent pas. Vous fermez la bouche et vous restez silencieux. Au fur et à mesure, les pensées cesseront automatiquement - elles ont besoin de votre coopération pour être là. Si vous coopérez, elles seront là ; si vous vous battez, elles seront là aussi - parce que les deux sont des coopérations : l'une pour, l'autre contre. Les deux sont des sortes d'activités. Vous observez simplement.

Mais la fermeture de la bouche est très utile. Donc d'abord, comme j'ai observé beaucoup de gens, je vais vous suggérer de commencer par bâiller : ouvrez la bouche aussi grand que possible, tendez la bouche aussi grand que possible, bâillez complètement ; cela commence même à faire mal. Faites-le deux ou trois fois. Cela aidera la bouche à rester fermée plus longtemps. Et puis, pendant deux ou trois minutes, dites à haute voix du charabia, des bêtises.

Tout ce qui vous vient à l'esprit, dites-le à voix haute et appréciez-le. Puis fermez la bouche.

Il est plus facile de se déplacer à partir de l'extrémité opposée. Si vous voulez détendre votre main, il est préférable de la rendre d'abord aussi tendue que possible. Serrez le poing et laissez-le être aussi tendu que possible, faites le contraire puis détendez-le - et vous atteindrez alors une relaxation plus profonde du système nerveux. Faites des gestes, des grimaces, des mouvements du visage, des déformations, bâillez, dites deux ou trois minutes de bêtises - et puis fermez. Et cette tension vous donnera une possibilité plus profonde de détendre les lèvres et la bouche. Fermez la bouche et soyez simplement un observateur. Bientôt un silence s'installera sur vous.

Il y a deux types de silences. Le premier est le silence que vous pouvez vous imposer. Ce n'est pas une chose très gracieuse, c'est une violence, c'est une sorte de viol de l'esprit, c'est agressif. Ensuite, il y a une autre sorte de silence qui descend sur vous, comme la nuit descend. Il vient sur vous, il vous enveloppe. Vous créez simplement la possibilité pour lui, la réceptivité, et il vient. Fermez la bouche, regardez, n'essayez pas d'être silencieux. Si vous essayez, vous pouvez forcer quelques secondes de silence, mais elles n'auront aucune valeur - à l'intérieur, vous continuerez à bouillir. N'essayez donc pas de vous taire. Vous créez simplement la situation, le sol, mettez la graine et attendez.

VIDEZ VOTRE ESPRIT ET NE PENSEZ À RIEN.

Que ferez-vous pour vider l'esprit ? Les pensées arrivent, vous regardez. Et l'observation doit se faire avec une précaution : l'observation doit être passive, pas active. Ce sont les mécanismes subtils et vous devez tout comprendre, sinon vous pouvez passer à côté de quelque chose. Et si vous manquez un petit point, l'ensemble change de qualité. Regardez ; regardez passivement, pas activement.

Quelle est la différence ? Vous attendez votre petite amie, ou votre amant - alors vous regardez activement. Puis quelqu'un passe la porte et vous vous levez pour regarder si elle est venue. Puis, des feuilles flottent dans le vent, et vous sentez qu'elle est peut-être arrivée. Vous continuez à sauter en l'air ; votre esprit est très enthousiaste, actif. Non, cela ne vous aidera pas. Si vous êtes trop impatient et trop actif, cela ne vous amènera pas au silence de Tilopa ou à mon silence. Soyez passif comme si vous étiez assis au bord d'une rivière et que la rivière flottait, et vous regardez simplement. Il n'y a pas d'empressement, pas d'urgence, pas d'urgence. Personne ne vous force. Même si vous ratez votre coup, vous ne ratez rien. Vous regardez simplement, vous regardez simplement. Même le mot "regarder" n'est pas bon, parce que le mot même "regarder" donne le sentiment d'être actif. Vous regardez simplement, sans avoir rien à faire. Vous vous asseyez simplement au bord de la rivière, vous regardez, et la rivière coule. Ou bien, vous regardez dans le ciel et les nuages flottent, et passivement.

Cette passivité est très essentielle ; il faut la comprendre, parce que votre obsession pour l'activité peut devenir de l'ardeur, peut devenir une attente active. Vous passez alors à côté de l'essentiel ; l'activité est alors entrée par la porte de derrière. Soyez un observateur passif.

VIDEZ VOTRE ESPRIT ET NE PENSEZ À RIEN.

Cette passivité va automatiquement vider votre esprit. Les ondulations de l'activité, les ondulations de l'énergie de l'esprit, s'apaiseront peu à peu, et toute la surface de votre conscience sera dépourvue de toute onde, de toute ondulation. Elle devient comme un miroir silencieux.

COMME UN BAMBOU CREUX, REPOSEZ-VOUS À L'AISE AVEC VOTRE CORPS.

C'est l'une des méthodes spéciales de Tilopa. Chaque maître a sa propre méthode spéciale grâce à laquelle il a atteint son but et grâce à laquelle il aimerait aider les autres. C'est la spécialité de Tilopa :

COMME UN BAMBOU CREUX, REPOSEZ-VOUS À L'AISE AVEC VOTRE CORPS.

Un bambou : intérieur complètement creux. Quand tu te reposes, tu as l'impression d'être comme un bambou : un intérieur complètement creux et vide. Et en fait, c'est le cas : ton corps est comme un bambou, et à l'intérieur il est creux. Ta peau, tes os, ton sang, tout fait partie du bambou, et à l'intérieur il y a de l'espace, du vide.

Lorsque vous êtes assis avec une bouche complètement silencieuse, inactive, la langue touchant le toit et silencieuse, ne frémissant pas de pensées, l'esprit observant passivement, n'attendant rien en particulier, sentez-vous comme un bambou creux - et soudain une énergie infinie commence à se déverser en vous, vous êtes rempli de l'inconnu, du mystérieux, du divin. Un bambou creux devient une flûte et le divin commence à en jouer. Une fois que vous êtes vide, il n'y a plus de barrière pour que le divin entre en vous.

Essayez ceci ; c'est l'une des plus belles méditations, la méditation consistant à devenir un bambou creux.

Vous n'avez pas besoin de faire autre chose. Vous devenez simplement cela - et tout le reste arrive. Soudain, vous sentez que quelque chose descend dans votre creux. Vous êtes comme une matrice et une nouvelle vie entre en vous, une graine tombe. Et un moment arrive où le bambou disparaît complètement.

COMME UN BAMBOU CREUX, REPOSEZ-VOUS À L'AISE AVEC VOTRE CORPS.

Reposez-vous à l'aise - ne désirez pas les choses spirituelles, ne désirez pas le ciel, ne désirez même pas Dieu. Dieu ne peut être désiré - lorsque vous êtes sans désir, il vient à vous. La libération ne peut être désirée parce que le désir est l'esclavage. Lorsque vous êtes sans désir, vous êtes libéré. La bouddhéité ne peut être désirée, car le désir est l'obstacle. Lorsque l'obstacle n'existe pas, soudainement le Bouddha explose en vous. Vous avez déjà la graine. Lorsque vous êtes vide, l'espace est là - la graine explose.

COMME UN BAMBOU CREUX, REPOSE-TOI À L'AISE AVEC TON CORPS. NE DONNANT NI NE PRENANT, METTEZ VOTRE ESPRIT AU REPOS.

Il n'y a rien à donner, il n'y a rien à obtenir. Tout est absolument parfait - tel quel. Il n'y a pas besoin de donner et de recevoir. Vous êtes absolument parfaits tels que vous êtes.

Cet enseignement de l'Orient a été très mal compris en Occident, car on dit : "Quel type d'enseignement est-ce là ? Alors les gens ne s'efforceront pas, et ils n'essaieront pas d'aller plus haut. Ils ne feront aucun effort pour changer leur caractère, pour transformer leurs mauvaises habitudes en bonnes habitudes.

Alors ils peuvent devenir une victime du diable." En Occident, "Améliore-toi" est le slogan ; soit en termes de ce monde, soit en termes de l'autre, mais améliore-toi. Comment s'améliorer ? Comment devenir plus grand et plus important ?

En Orient, nous comprenons plus profondément que c'est cet effort même pour devenir qui constitue la barrière - parce que votre être, vous le portez déjà en vous. Vous n'avez pas besoin de devenir quoi que ce soit - réalisez simplement qui vous êtes, c'est tout. Réalisez simplement qui est caché en vous. Améliorer, quoi que vous amélioriez, vous serez toujours dans l'anxiété et l'angoisse parce que l'effort même d'amélioration vous conduit sur un mauvais chemin. Cela donne un sens à l'avenir, à un objectif, à un idéal, et votre esprit devient alors un désir.

En désirant, vous manquez. Laissez le désir s'apaiser, devenez une piscine silencieuse de non-souhait - et soudain vous êtes surpris, de façon inattendue, il est là. Et vous aurez un rire de ventre, comme Bodhidharma a ri.

Et les disciples de Bodhidharma disent que lorsque vous redevenez silencieux, vous pouvez entendre son rire rugissant.

Il rit encore. Il n'a pas cessé de rire depuis. Il a ri parce que : "Quel genre de blague est-ce là ? Vous êtes déjà ce que vous essayez de devenir ! Comment pouvez-vous réussir si vous êtes déjà cela et que vous essayez de le devenir ? Ton échec est absolument certain. Comment pouvez-vous devenir ce que vous êtes déjà ?" Alors Bodhidharma se mit à rire.

Bodhidharma était exactement un contemporain de Tilopa. Ils se sont peut-être connus, peut-être pas physiquement, mais ils ont dû se connaître - la même qualité d'être.

NE PAS DONNER NI PRENDRE, METTRE SON ESPRIT AU REPOS. MAHAMOUDRA EST COMME UN ESPRIT QUI NE S'ATTACHE À RIEN.

Vous avez réussi si vous ne vous accrochez pas ; le néant dans votre main - et vous avez réussi.

MAHAMOUDRA EST COMME UN ESPRIT QUI NE S'ATTACHE À RIEN. EN PRATIQUANT AINSI, AVEC LE TEMPS, VOUS ATTEINDREZ LA BOUDDHÉITÉ.

Que faut-il pratiquer alors ? Être de plus en plus à l'aise. Être de plus en plus ici et maintenant.

Être de plus en plus dans l'action, et de moins en moins dans l'activité. Être de plus en plus creux, vide, passif. Être de plus en plus un observateur - indifférent, n'attendant rien, ne désirant rien.

Pour être heureux avec vous-même tel que vous êtes. De faire la fête.

Et ensuite, à TOUT MOMENT, à tout moment, lorsque les choses mûrissent et que la bonne saison arrive, vous vous épanouissez en un bouddha.

L A CHANSON CONTINUE :
LA PRATIQUE DU MANTRA ET DU PARAMITA, L'INSTRUCTION DANS LES SUTRAS ET LES PRÉCEPTES, ET L'ENSEIGNEMENT DES ÉCOLES ET DES ÉCRITURES, N'APPORTERONT PAS LA RÉALISATION DE LA VÉRITÉ INNÉE.

CAR SI L'ESPRIT, REMPLI D'UN CERTAIN DÉSIR, CHERCHE UN BUT, IL NE FAIT QUE CACHER LA LUMIÈRE.

CELUI QUI GARDE LES PRÉCEPTES TANTRIQUES, MAIS QUI DISCRIMINE, TRAHIT L'ESPRIT DU SAMAYA.

CESSEZ TOUTE ACTIVITÉ, ABANDONNEZ TOUT DÉSIR, LAISSEZ LES PENSÉES MONTER ET DESCENDRE COMME LES VAGUES DE L'OCÉAN.

CELUI QUI NE PORTE JAMAIS ATTEINTE AUX NON-ABONNÉS, NI AU PRINCIPE DE NON-DISTINCTION, RESPECTE LES PRÉCEPTES TANTRIQUES.

CELUI QUI ABANDONNE LE DÉSIR ET NE S'ATTACHE PAS À CECI ET À CELA, PERÇOIT LE VÉRITABLE SENS DONNÉ DANS LES ÉCRITURES.

L'attitude du tantra est l'être même de Tilopa. Vous devez d'abord comprendre ce qu'est l'attitude du tantra, alors seulement il vous sera possible de comprendre ce que Tilopa essaie de dire. Donc, à propos de l'attitude du tantra - la première chose : ce n'est pas une attitude, parce que le tantra regarde la vie avec une vision totale.

Il n'a pas d'attitude pour regarder la vie. Il n'a pas de concepts, ce n'est pas une philosophie. Ce n'est même pas une religion, il n'y a pas de théologie. Elle ne croit pas aux mots, aux théories, aux doctrines. Elle veut regarder la vie sans aucune philosophie, sans aucune théorie, sans aucune théologie. Elle veut regarder la vie telle qu'elle est, sans introduire aucun esprit entre les deux - car ce serait une distorsion. Le mental va alors projeter, le mental va alors se mélanger - et alors vous ne serez pas capable de connaître ce qui est.

Le Tantra évite le mental et rencontre la vie face à face, sans penser "c'est bien" ou "c'est mal", simplement en faisant face à ce qui est. Il est donc difficile de dire qu'il s'agit d'une attitude - en fait, c'est une non-attitude.

La deuxième chose à retenir est que le tantra est un grand diseur de oui ; il dit oui à tout. Il n'y a rien comme "non" dans son vocabulaire, il n'y a pas de négation. Il ne dit jamais non à quoi que ce soit, parce qu'avec le non le combat commence, avec le non vous devenez l'ego. Dès que vous dites non à quoi que ce soit, vous êtes déjà devenu l'ego ; un conflit est apparu, vous êtes maintenant en guerre.

Le Tantra aime, et il aime sans condition. Il ne dit jamais non à quoi que ce soit, car tout fait partie du tout, et tout a sa place dans le tout, et le tout ne peut exister sans que rien ne lui manque.

On dit que même s'il manque une goutte d'eau, l'existence entière aura soif. Si vous cueillez une fleur dans le jardin, vous avez cueilli quelque chose de l'existence entière. Si vous endommagez une fleur, vous endommagez des millions d'étoiles, car tout est lié. Le tout existe comme un tout, comme un tout organique. Le tout n'existe pas comme une chose mécanique - tout est lié à tout le reste.

Le tantra dit donc oui sans condition. Il n'y a jamais eu d'autre vision de la vie qui dise oui sans aucune condition - simplement oui. Le non disparaît ; le non disparaît de votre être même. Quand il n'y a pas de NON, comment pouvez-vous vous battre ? Comment pouvez-vous être en guerre ? Vous flottez simplement. Vous fusionnez et fondez simplement. Vous devenez un. Les frontières ne sont plus là. Non crée la frontière. Non EST la frontière autour de vous. Chaque fois que vous dites non, regardez - immédiatement quelque chose se referme sur vous. Chaque fois que vous dites oui, votre être s'ouvre.

Le véritable athée est celui qui continue à dire non à la vie ; son non à Dieu n'est que symbolique. Vous pouvez croire en Dieu, mais si vous dites non à quoi que ce soit, votre croyance n'a aucune valeur, votre Dieu n'est qu'un tour de passe-passe - parce que seul un oui total crée un vrai Dieu, révèle le vrai Dieu. Lorsque vous dites un oui total à l'existence, l'existence entière est soudainement transformée ; il n'y a plus de rochers, plus d'arbres, plus de personnes, de rivières, de montagnes - soudainement, tout est devenu un, et cette unité est Dieu.

Un vrai théiste est celui qui dit oui à tout, pas seulement à Dieu... car l'esprit est très rusé.

Vous pouvez dire oui à Dieu et non au monde. Cela s'est produit. Des millions de personnes ont perdu leur vie entière à cause de cela. Ils disent oui à Dieu et non à la vie. En fait, ils pensent que si vous ne dites pas non à la vie, comment pouvez-vous dire oui à Dieu ? Ils créent une division : ils nient le monde pour accepter Dieu. Mais une acceptation qui repose sur un déni n'est pas une acceptation du tout. Elle est fausse. C'est une prétention.

Comment pouvez-vous accepter le créateur sans accepter la création ? Si vous dites non à la création, comment pouvez-vous dire oui au créateur ? Ils ne font qu'un. Le créateur et la création ne sont pas deux choses :

le créateur est la création. En fait, il n'y a pas de division entre le créateur et la création, c'est un processus continu de créativité. D'un côté, la créativité ressemble au créateur ; d'un autre côté, la créativité ressemble à la création - mais ce sont les deux pôles du même phénomène.

Le Tantra dit que si vous dites oui, vous dites simplement oui ; vous ne posez pas contre un certain non. Mais toutes les religions ont fait cela : elles disent non au monde et oui à Dieu ; et elles disent non au monde par la force, pour que leur oui devienne plus fort. De nombreux soi-disant saints ont dit : "Dieu, nous t'acceptons, mais nous n'acceptons pas ton monde." Mais de quel type d'acceptation s'agit-il ? Est-ce de l'acceptation ? Vous faites des choix. Vous disséquez l'existence en deux. Vous vous placez au-dessus de Dieu. Vous dites : "Nous acceptons ceci et nous refusons cela." Tout renoncement vient de ça.

Celui qui renonce n'est pas une personne religieuse. Dans la vision du tantra, celui qui renonce est un égoïste.

D'abord, il accumulait les choses du monde, mais son attention était sur le monde. Maintenant il renonce, mais son attention est à nouveau sur le monde et il reste l'égoïste. L'ego a des moyens subtils de se réaliser et de revenir encore et encore, en spirale. Encore et encore, il revient - avec un nouveau visage, avec de nouvelles couleurs.

C'est arrivé : Je restais dans mon village et Mulla Nasruddin est venu me rendre visite. A cette époque, il vivait à New Delhi, la capitale, et il était tellement imbu de la capitale qu'il était presque aveugle. Je l'ai emmené dans le petit fort de mon village ; il a dit : "Quoi ! Vous appelez cela un fort ? Vous devriez venir à New Delhi et voir le Fort Rouge. Ce n'est rien !" Je l'ai emmené à la rivière, et il a dit : "Quoi ! Vous appelez ça une rivière ? Je n'ai jamais vu une rivière aussi malade et mince de toute ma vie." Et cela arrivait partout.

Puis vint la nuit de la pleine lune, et je me suis dit qu'au moins avec la pleine lune il sera heureux et qu'il ne fera pas venir ce petit village. Mais non, j'avais tort. Je l'ai emmené à la rivière. C'était une belle soirée silencieuse, et puis la lune est apparue - très grande, simplement merveilleuse. Et j'ai regardé Nasruddin et j'ai dit, "Regarde ! Quelle grosse lune."

Il a regardé la lune, haussé les épaules et dit : "Pas mal pour un petit village comme celui-ci."

C'est ça le mental : il persiste, il vient en spirale - encore et encore à la même chose. Vous pouvez renoncer au monde, mais vous ne deviendrez pas un autre monde ; vous resterez très mondain. Et si vous voulez vérifier, allez voir les moines indiens, les SADHUS : ils restent très très mondains, enracinés dans le monde. Ils ont renoncé à tout, mais leur attention est portée sur le monde, leur attention est portée sur le renoncement, leur attention est centrée sur l'ego, orientée vers l'ego. Ils pensent peut-être qu'en renonçant, ils se rapprochent de Dieu - non. Personne n'a jamais atteint le divin en disant non à quoi que ce soit.

C'est la vision du tantra. Le Tantra dit : "Tu dis oui. Vous dites oui à tout. Vous n'avez pas besoin de vous battre, vous n'avez même pas besoin de nager - vous flottez simplement avec le courant. La rivière va d'elle-même, de son propre chef, tout va vers l'océan ultime. Vous ne créez simplement aucune perturbation, vous ne poussez pas la rivière, vous allez simplement avec elle." Aller avec, flotter avec, se détendre avec, c'est le tantra.

Si vous pouvez dire oui, une profonde acceptation vous arrive. Si vous dites oui, comment pouvez-vous vous plaindre ?

Comment pouvez-vous être malheureux ? Alors tout est comme il se doit. Vous ne luttez pas, vous ne niez pas - vous acceptez. Et rappelez-vous, cette acceptation est différente de l'acceptation ordinaire.

D'ordinaire, une personne accepte une situation lorsqu'elle se sent impuissante ; c'est une acceptation impuissante. Cela ne vous mènera nulle part ; l'impuissance ne peut vous mener nulle part. Une personne accepte une situation lorsqu'elle se sent désespérée : "On ne peut rien faire, alors que faire ? Au moins accepter, pour sauver la face". L'acceptation du tantra n'est pas ce type d'acceptation. Elle vient d'un épanouissement, elle vient d'un profond contentement - pas d'un désespoir, d'une frustration, d'une impuissance. Elle vient lorsque vous ne dites pas non, elle fait soudainement surface en vous. Votre être tout entier devient un profond contentement.

Cette acceptation a une beauté qui lui est propre. Elle n'est pas forcée ; vous n'avez pas pratiqué pour l'obtenir. Si vous vous entraînez, ce sera faux, ce sera une hypocrisie. Si vous vous entraînez, vous serez divisé en deux : à l'extérieur, ce sera l'acceptation ; au fond, ce sera l'agitation, la négation, le déni. Au fond de vous, vous serez en train de bouillir pour exploser à tout moment. En surface, vous ferez semblant que tout va bien.

L'acceptation du tantra est totale, elle ne vous divise pas. Toutes les religions du monde, sauf le tantra, ont créé des personnalités divisées. Toutes les religions du monde, sauf le tantra, ont créé la schizophrénie.

Ils vous divisent. Ils font en vous quelque chose de mauvais et quelque chose de bon. Et ils disent que le bien doit être atteint et le mal nié, que le diable doit être nié et Dieu accepté. Ils créent une division en vous et un combat. Vous vous sentez alors continuellement coupable, car comment pouvez-vous détruire la partie qui fait organiquement partie de vous ? Vous pouvez la qualifier de mauvaise, vous pouvez l'appeler par des noms, cela ne fait aucune différence. Comment pouvez-vous la détruire ? Vous ne l'avez jamais créée. Vous l'avez simplement trouvée - donnée.

La colère est là, le sexe est là, la cupidité est là - vous ne les avez pas créés ; ce sont des faits donnés de la vie, tout comme vos yeux et vos mains. Vous pouvez leur donner des noms, vous pouvez les qualifier de laids ou de beaux ou de ce que vous voulez, mais vous ne pouvez pas les tuer.

Rien ne peut être tué hors de l'existence, rien ne peut être détruit.

Le Tantra dit qu'une transformation est possible, mais la destruction ? - non. Et une transformation survient lorsque vous acceptez votre être total. Alors, soudainement, tout s'aligne, tout reprend sa place ; alors la colère est également absorbée, alors l'avidité est également absorbée. Alors, sans chercher à retrancher quoi que ce soit de votre être, votre être total se réorganise. Si vous acceptez et dites oui, un réarrangement se produit, et alors qu'auparavant il y avait une clameur bruyante à l'intérieur, maintenant une mélodie, une musique naît, une harmonie entre en jeu.

Dans le bruit et en harmonie, quelle est la différence ? Les mêmes ondes sonores disposées de manière différente.

Dans un bruit, il n'y a pas de centre ; les notes sont les mêmes. Un fou qui joue du piano ; les notes sont les mêmes, le son est le même, mais un fou qui joue - il n'y a pas de centre. Si vous pouvez donner un centre au bruit, il devient musique, puis il converge vers un centre et tout devient organique.

Si un fou joue au piano, alors chaque note est séparée, individuelle ; c'est une foule de notes, pas une mélodie. Et quand un musicien joue sur le même piano avec les mêmes doigts, il se produit un changement alchimique : maintenant, les mêmes notes sont tombées dans un motif, les mêmes notes se sont unies en une unité organique, elles ont maintenant un centre. Maintenant, elles ne sont plus une foule, mais une famille ; un amour subtil les unit - maintenant, elles ne font qu'un. Et c'est là tout l'art : amener les notes dans un phénomène d'amour - elles deviennent harmonieuses.

Le Tantra dit que tu es un bruit en ce moment, tel que tu es. Il n'y a rien de mal à cela - simplement vous n'avez pas de centre. Une fois que vous avez un centre, tout s'aligne, et tout devient beau.

Quand Gurdjieff se met en colère, c'est beau. Quand vous vous mettez en colère, c'est laid. La colère n'est ni laide ni belle. Quand Jésus se met en colère, c'est de la pure musique - même la colère. Quand Jésus prend un fouet dans le temple et chasse les marchands, hors du temple, il y a une beauté subtile. Même Bouddha n'a pas cette beauté ; Bouddha semble être unilatéral. Il semble que la colère n'a rien à jouer ; la tension de la colère, son sel, n'est pas là. Bouddha n'a pas le même goût que Jésus. Jésus a un peu de sel en lui, il peut se mettre en colère - même sa colère est devenue une partie de son être tout entier ; rien n'a été nié, tout a été accepté.

Mais Tilopa est incomparable. Jésus n'est rien.... Les maîtres du tantra sont simplement des fleurs sauvages, ils ont tout en eux. Vous devez avoir vu des images de Bodhidharma ; si vous n'en avez pas vu, regardez encore - si féroce que si vous méditez sur l'image de Bodhidharma la nuit, seul, vous ne pourrez pas dormir : il vous hantera. On dit de lui qu'une fois qu'il regardait quelqu'un, cet homme faisait des cauchemars en permanence. Il le hantait ; son seul regard était si féroce. Lorsque Bodhidharma ou Tilopa parlaient, on dit que leur discours était semblable au rugissement d'un lion, à un nuage de tonnerre, à une énorme chute d'eau - sauvage, ardent.

Mais si vous attendez un peu et ne les jugez pas trop vite, vous trouverez en eux le plus aimant de tous les cœurs. Alors vous sentirez la musique, la mélodie en eux. Et puis, soudain, vous vous rendrez compte qu'ils n'ont rien renié, ils ont tout absorbé, même la férocité. Un lion est beau, même sa férocité a une beauté qui lui est propre. Si vous enlevez la férocité d'un lion, il n'est plus qu'un lion empaillé, mort.

Le Tantra dit que tout doit être absorbé, TOUT ! - Rappelez-vous, sans aucune condition. Le sexe doit être absorbé, alors il devient une force énorme en vous. Un Bouddha, un Tilopa, un Jésus, ils ont une telle force magnétique autour d'eux - qu'est-ce que c'est ? Le sexe absorbé. Le sexe est le magnétisme humain.

Soudain, vous tombez dans leur amour. Dès que vous croisez leur chemin, vous êtes entraîné dans un monde totalement différent. Vous êtes arraché à votre ancien monde, et vous êtes attiré vers quelque chose de nouveau, quelque chose dont vous n'avez jamais rêvé. Quelle est cette force ? C'est le même sexe qui s'est transformé ; il est devenu un magnétisme, un charisme. Bouddha fait absorber sa colère ; cette même colère devient compassion. Et lorsque Jésus prend le fouet dans sa main, c'est par compassion. Lorsque Jésus parle dans le feu, c'est la même compassion.

Rappelez-vous ceci : le tantra vous accepte dans votre totalité. Lorsque vous venez à moi, je vous accepte dans votre totalité. Je ne suis pas là pour vous aider à nier quoi que ce soit. Je suis ici uniquement pour vous aider à réorganiser, à obtenir un centre de toutes vos énergies, à les faire converger vers un centre. Et je vous dis que vous serez plus riche si vous avez la colère absorbée en elle ; vous serez plus riche si vous avez le sexe absorbé en elle ; vous serez plus riche si vous avez la haine, la jalousie, absorbées en elle - ce sont les épices de la vie, et vous aurez du goût..... Vous ne deviendrez pas insipide, vous aurez un enrichissement de votre goût. Vous avez besoin d'un peu de sel. Et la colère est exactement dans la même quantité qu'elle est nécessaire. Quand elle vous domine, elle devient laide. Si vous ne mangez que du sel, vous mourrez. Le sel a une proportion, et dans cette proportion il est nécessaire, absolument nécessaire. Rappelez-vous ceci.

Sur le chemin, vous rencontrerez de nombreuses personnes qui voudraient vous estropier, vous couper, vous disséquer.

Ils diront : "Cette main est mauvaise, coupez-la ! Cet œil est mauvais, jette-le ! La colère est mauvaise, la haine est mauvaise, le sexe est mauvais." Ils continueront à vous couper, et lorsqu'ils vous auront quitté, vous serez simplement paralysé, un infirme. Vous n'avez plus de vie. C'est ainsi que toute la civilisation est devenue paralysée et estropiée.

À moins que le tantra ne devienne le fondement de l'esprit humain tout entier, l'homme ne sera pas complet - car aucune autre vision n'accepte l'homme dans sa totalité. Mais l'acceptation, rappelez-vous encore une fois, est celle du débordement, ce n'est pas celle de l'impuissance.

On vit sa vie, on la traverse : chaque nuance doit être vécue, chaque goût doit être goûté. Même l'errance, même le fait de s'égarer a un sens, car si vous ne vous égarez jamais, vous ne parviendrez pas à une illumination enrichie, vous ne serez jamais simple. Vous pouvez être un simplet, mais vous ne serez jamais simple - et un simplet n'est pas simple.

La simplicité nécessite une expérience très profonde et complexe. Un simplet est simplement sans expérience. Il peut être un imbécile, mais il ne peut pas être un sage. Un sage est quelqu'un qui a vécu tous les péchés de la vie, qui n'a rien nié, qui n'a pas appelé quoi que ce soit un péché, qui a simplement accepté tout ce qui est arrivé, qui a permis que cela arrive ; qui s'est déplacé avec chaque vague, qui a dérivé, qui s'est égaré, qui est tombé en enfer.

Quelque part, Nietzsche dit : "Si un arbre veut atteindre le ciel, ses racines doivent aller jusqu'en enfer."

Il a raison. Si vous voulez une vraie floraison dans le ciel, vos racines devront aller au plus profond de l'enfer de la terre.

Quand un pécheur devient un sage, le sage a une beauté. Quand un sage est simplement un sage, sans jamais devenir un pécheur, il n'est qu'un simple d'esprit, il a raté la vie. Et aucune vertu ne peut émerger sans qu'il y ait eu un éloignement, un égarement.

Il y a une belle parabole que Jésus raconte : Un père avait deux fils. Le plus jeune fils demanda son héritage, l'emporta, le gaspilla en ville avec du vin et des femmes, devint un mendiant. L'autre fils est resté avec le père, a travaillé dur dans les fermes, a accumulé beaucoup de richesses. Et puis un jour, le fils mendiant, le fils qui s'était égaré, a informé son père : "Je reviens - j'ai été un idiot, j'ai gaspillé ta richesse. Pardonne-moi. Maintenant je n'ai nulle part où aller, accepte-moi, je reviens." Et le père dit à ses fils : "Célébrez cette occasion. Tuez le mouton le plus gras, préparez de nombreux mets délicieux, distribuez des friandises à toute la ville, trouvez pour lui le vin le plus vieux. Ce sera une fête - mon fils qui s'était égaré revient."

Des gens du village sont allés à la ferme et ont dit à l'autre fils : "Regarde, quelle injustice !

Tu as été avec ton père, tu l'as servi comme un serviteur, tu ne t'es jamais égaré, tu n'as jamais rien fait contre lui, mais un festin n'a jamais été donné en ton honneur, il n'a jamais été célébré. Et maintenant ce vagabond, ce mendiant, qui a gaspillé tout l'argent de ton père et qui a vécu dans le péché, revient. Et regarde l'injustice - ton père la célèbre. Viens dans la ville ! On distribue des bonbons, on organise un grand festin."

Bien sûr, le fils aîné s'est senti très très en colère. Il est revenu, il était très triste, et il a dit à son père : " Quel genre d'injustice est-ce là ? Tu n'as jamais tué de mouton pour moi, tu ne m'as jamais fait de cadeau.

Et voilà que revient ton fils, qui a gaspillé toutes les richesses que tu lui avais données, et qui les a gaspillées à tort et à travers - et tu le célèbres."

Le père dit : "Oui, parce que tu as toujours été avec moi, ce n'est pas nécessaire. Mais son retour doit être célébré : il s'était égaré, il est la brebis perdue et retrouvée."

Cette histoire n'a pas été prise dans toute sa signification par les chrétiens. En fait, elle dit ce que je dis, ce que signifie le tantra ; c'est une histoire de tantra. Elle signifie que si vous restez toujours sur le bon chemin, vous ne serez pas célébré par l'existence. Vous serez un simplet, vous ne serez pas enrichi par la vie. Vous n'aurez pas de sel en vous ; vous serez peut-être nutritif, mais sans épices. Vous serez très simple, bon, mais votre bonté n'aura pas d'harmonie complexe. Vous serez une note unique, et non des millions de notes tombant dans une mélodie. Vous serez une ligne droite, sans courbes ni angles. Ces courbes et ces angles donnent une beauté, ils rendent la vie plus mystérieuse, ils donnent de la profondeur. Vous serez superficiels dans votre sainteté, vous n'aurez aucune profondeur en vous.

C'est pourquoi le tantra dit que tout est beau. Même le péché est beau, car le péché donne de la profondeur à votre sainteté. Même s'égarer est beau, car le retour s'enrichit. Ce monde est nécessaire pour que vous vous y enfonciez profondément, de sorte que vous vous oubliez complètement, puis que vous reveniez.

Les gens demandent : " Pourquoi ce monde existe-t-il si Dieu est contre lui ? Alors pourquoi nous jette-t-il dans le monde, dans le monde des karmas, des péchés, des torts ? Pourquoi nous y jette-t-il ? Il peut simplement nous racheter."

Ce n'est pas possible. Alors vous serez superficiels. Vous devez être jeté dans le coin le plus éloigné du monde, et vous devez revenir. Ce retour a quelque chose en lui - ce quelque chose est la cristallisation de votre être.

Le tantra accepte tout, il VIT tout. C'est pourquoi le tantra n'a jamais pu devenir une idéologie très acceptée. Il est toujours resté une idéologie marginale, juste quelque part à la limite, en dehors de la société, de la civilisation, parce que la civilisation a choisi d'être superficielle ; bonne, mais superficielle. La civilisation a choisi de nier, de dire non à beaucoup de choses. La civilisation n'est pas assez courageuse pour accepter tout, pour accepter tout ce que la vie donne.

Le plus grand courage du monde est d'accepter tout ce que la vie vous donne. Et c'est ce à quoi j'essaie de vous aider, à accepter tout ce que la vie vous donne, et à l'accepter avec une profonde humilité, comme un cadeau. Et quand je dis cela, même les choses que la société vous a conditionnées à qualifier de mauvaises. Acceptez le sexe, et alors il en sortira une floraison ; un brahmacharya viendra, une pureté, une innocence viendra ; une virginité en sortira - mais ce sera une transcendance.

Par l'expérience, on se transcende.

En se déplaçant dans les ruelles sombres de la vie, les yeux s'exercent et on commence à voir la lumière même dans l'obscurité. Quelle beauté y a-t-il si vous pouvez voir la lumière alors qu'il fait jour ! La beauté est là quand il y a la nuit la plus noire, et que vos yeux sont tellement entraînés dans l'obscurité que vous pouvez voir le jour qui s'y cache. Lorsque dans la nuit la plus sombre, vous pouvez voir le matin, alors il y a de la beauté, alors vous avez réussi. Lorsque dans le plus bas vous pouvez voir le plus haut, lorsque même en enfer vous pouvez créer un paradis, alors, alors vous êtes devenu l'artiste de la vie. Et le tantra veut faire de vous des artistes de la vie - non pas des négateurs, mais de grands diseurs de oui.

Acceptez, et, de plus en plus, vous sentirez que plus vous acceptez, moins il y a de désir. Si vous acceptez, comment le désir peut-il être présent ? Quel que soit le cas à cet instant, vous l'acceptez. Ensuite, il n'y a pas de mouvement pour autre chose. Vous le vivez moment après moment dans une profonde acceptation. Vous grandissez sans avoir de but, sans avoir le désir d'aller quelque part et d'être quelque chose ou quelqu'un d'autre.

Le Tantra dit : "Sois toi-même" - et c'est le seul être que tu puisses jamais atteindre. Avec l'acceptation, les désirs tombent. Avec l'acceptation, l'absence de désir se manifeste d'elle-même. Vous ne devez pas la pratiquer, vous ne devez pas la forcer. Vous ne coupez pas vos désirs - simplement en les acceptant, ils disparaissent.

Et lorsqu'il se produit soudainement un moment que vous acceptez totalement et que tous les désirs ont disparu, il y a une illumination soudaine. Soudainement, sans rien faire de votre part, cela se produit. C'est le plus grand cadeau que cette existence puisse vous faire.

C'est l'attitude du tantra envers la vie. Il n'y a pas d'autre vie que celle-ci, et il n'y a pas d'autre monde que celui-ci. Ce même SAMSARA est le nirvana. Il suffit d'être un peu plus compréhensif, plus tolérant, plus enfantin, moins égoïste.

Maintenant, les sutras de Tilopa.

LA PRATIQUE DU MANTRA ET DE LA PARAMITA, L'INSTRUCTION DANS LES SUTRAS ET LES PRÉCEPTES, ET L'ENSEIGNEMENT DES ÉCOLES ET DES ÉCRITURES, N'APPORTERONT PAS LA RÉALISATION DE LA VÉRITÉ INNÉE.

Aucun VEDAS ne sera utile, aucune BIBLE. La pratique des mantras ne sera d'aucune aide ; au contraire, elle peut devenir un obstacle. En fait, qu'est-ce qu'un mantra ? Que faites-vous lorsque vous chantez un mantra ? Qu'enseigne Maharishi Mahesh Yogi aux gens lorsqu'il enseigne la méditation transcendantale ? Il dit de répéter un certain mot ou un certain mantra continuellement à l'intérieur. Ram, Ram, Ram ; AUM, AUM, AUM ; n'importe quoi, même votre propre nom fera l'affaire ; même si vous répétez "H20, H20, H20", cela fera l'affaire - parce que la question n'est pas le son ou le mot. La question est que si vous répétez continuellement quelque chose, par cette même répétition, quelque chose se produit. Qu'est-ce que c'est ?

Lorsque vous répétez un certain mot de façon continue, un rythme se crée à l'intérieur : Ram, Ram, Ram - un rythme est créé, et ce rythme est monotone. Quand vous répétez un certain mot continuellement, une monotonie se produit. Monotone... en répétant continuellement un certain mot, vous commencez à avoir sommeil.

C'est ce qu'est l'hypnose, c'est l'autohypnose ; répéter un mantra est autohypnotisant. Vous vous enivrez de votre propre rythme sonore monotone.

Il est bon ! Il n'y a rien de mauvais en lui ; il vous donne un bon sommeil, très rafraîchissant. Si vous êtes fatigué, c'est une bonne astuce mentale ; vous vous sentirez frais, même plus frais que dans le sommeil ordinaire, parce que le sommeil ordinaire ne peut pas aller aussi profondément que le sommeil mantrique, parce que dans le sommeil ordinaire, de nombreuses pensées continuent, les rêves continuent, ils perturbent continuellement. Mais si vous répétez un certain mantra de façon continue, rien d'autre ne peut être là, seulement le mantra. Cela vous amène à un sommeil très profond.

Dans le yoga, nous avons un mot spécial pour cela ; en sanskrit, le sommeil est appelé NIDRA, et un sommeil créé par le chant du mantra est appelé TANDRA. C'est un sommeil plus profond mais qui reste un sommeil, il est appelé YOGA-TANDRA - sommeil créé par le yoga, le mantra, le chant.

Si vous êtes perturbé dans votre sommeil, la MT peut être utile. C'est pourquoi, en Amérique, il semble que l'influence de Maharishi ait été grande, car l'Amérique est le pays le plus perturbé en ce qui concerne le sommeil. On utilise tellement de tranquillisants, tellement de somnifères. Les gens ont perdu la capacité naturelle de dormir - d'où l'influence. En Inde, personne ne se préoccupe de la MT car les gens dorment déjà si profondément qu'il est difficile de les réveiller.

Un mantra vous donne un sommeil subtil ; dans la mesure où il va, c'est bien - mais ne pensez pas que c'est une méditation, alors vous devenez une victime. Ne pensez pas qu'il s'agit d'une méditation ; ce n'est qu'un tranquillisant mental. Et c'est aussi chimique que n'importe quel somnifère ? - parce que le son change la chimie de votre corps, le son fait partie de la chimie de votre corps. C'est pourquoi, dans un certain type de musique, vous vous sentez très très frais ; la musique vous tombe dessus, vous nettoie, comme si vous aviez pris un bain. Le son modifie la chimie de votre corps. Il existe certains types de musique qui vous rendent très passionné et sexuel ; rien que leurs sons percutants modifient la chimie de votre corps.

Un mantra, c'est créer une musique intérieure avec une seule note ; la monotonie y est fondamentale. Et il n'est pas nécessaire d'interroger Maharishi Mahesh Yogi à ce sujet - toutes les mères du monde le savent. Lorsque l'enfant est agité, elle fredonne une berceuse - une berceuse est un mantra : juste deux ou trois mots, même dénués de sens, il n'est pas nécessaire qu'il y ait un sens. Elle s'assoit à côté de l'enfant, ou le prend près de son cœur - ça aussi, les battements du cœur, c'est une musique monotone. Ainsi, chaque fois qu'un enfant est agité, la mère pose sa tête sur son cœur, le battement du cœur devient un mantra.

Et l'enfant se laisse berner, il s'endort. Ou, si l'enfant a un peu grandi et ne peut pas se laisser berner aussi facilement, elle lui chante une berceuse ; juste deux ou trois mots, monotones, simples, qu'elle répète sans cesse. La monotonie aide ; l'enfant s'endort - rien de mal à cela : un meilleur tranquillisant que n'importe quelle pilule chimique. Mais c'est quand même un tranquillisant, une pilule - subtile, une pilule sonore, mais qui affecte la chimie du corps.

Donc, si vous êtes perturbé dans votre sommeil, si vous avez un certain degré d'insomnie, c'est bien, mais ne pensez pas que c'est de la méditation. Cela vous permettra de vous adapter de plus en plus, mais cela ne vous transformera pas. Et la société entière essaie toujours de vous faire vous adapter à elle. Elle a essayé la religion pour que vous vous y adaptiez. Elle a essayé la moralité, les mantras, les yogas. Elle a essayé la psychanalyse, et de nombreux types de psychiatrie, pour vous ramener à la société ajustée. L'objectif global de la société est de créer un individu adapté. Mais si la société entière est mauvaise, s'y adapter ne peut être bon. Si la société entière est folle, s'y adapter signifie devenir fou.

Quelqu'un a demandé un jour à Sigmund Freud : "En fait, que faites-vous exactement dans la psychanalyse, et quel en est le but ?" Il a répondu - et c'était une personne vraiment authentique - il a dit : "Tout au plus, ce que nous pouvons faire est ceci : nous rendons les gens hystériques, malheureux, normalement malheureux. C'est tout - des gens hystériquement malheureux, normalement malheureux ; nous les ramenons à un malheur normal, comme tout le monde. Ils en faisaient un peu trop ; ils créaient trop de malheur et devenaient névrosés. Nous les ramenons à la névrose normale de l'humanité." Freud dit : "L'homme ne peut jamais être heureux. L'homme peut seulement être soit névrosé malheureux, soit normalement malheureux, mais l'homme ne peut jamais être heureux."

En ce qui concerne l'humanité ordinaire, son diagnostic semble être tout à fait juste, mais il ne connaît pas de Bouddha ou de Tilopa ; il ne connaît pas ceux qui ont atteint un état d'être total et béat. Et c'est bien ainsi, car un bouddha n'ira pas se faire soigner par Freud - pour quoi faire ?

Seules les personnes hystériques viennent à Freud, et il les traite. Et toute sa connaissance, toute son expérience, concerne les personnes hystériquement névrosées. Il n'a pas connu un seul individu, dans toute son expérience de quarante ans avec les patients, qui soit heureux. Il a donc raison, empiriquement. Son expérience montre qu'il n'y a que deux types de personnes : les malheureux normaux et les malheureux hystériques. Et tout au plus pouvons-nous vous aider dans ce sens : nous pouvons vous rendre plus adapté.

Les mantras, la psychanalyse, la religion, la moralité, les églises, les prières - tout cela a été utilisé pour vous adapter. Et la véritable religion ne commence que lorsque vous entamez un voyage de transformation, non pas pour vous adapter à la société, mais pour être en harmonie avec le cosmos. Pour s'adapter à la société, il faut s'écrouler.

Il arrive souvent qu'un fou n'ait rien de mauvais en lui. Le fou est simplement trop énergique et il ne peut pas s'adapter à la société - il s'égare. Un fou est trop individuel ; un fou est trop talentueux dans certaines choses pour pouvoir s'adapter à la société. Et vous devez vous rappeler que tous les génies restent toujours inadaptés à la société, et que sur cent génies, près de quatre-vingt pour cent font toujours un tour à l'asile. Ils y sont obligés, car ils vont au-delà de la société. Ils ont beaucoup plus que ce que la société ordinaire leur permet.

La société ordinaire est comme un presse-papier sur vous : elle ne vous permet pas de voler. Un génie jette le presse-papier et voudrait être sur l'aile et aller au coin le plus éloigné du ciel. Dès que vous dépassez la ligne de la société, la frontière, vous êtes fou. Et la société entière essaie de vous réajuster.

Le Tantra dit que le réajustement, l'ajustement, n'est pas le but ; cela ne vaut pas grand-chose - la transformation est le but. Que faire ? N'essayez pas de ruser pour être réajusté - le mantra est une ruse. Si vous avez l'impression de ne pas pouvoir dormir, n'essayez pas de trouver le sommeil grâce à un mantra. Essayez plutôt, au contraire, de trouver quelle est l'agitation qui vous empêche de dormir. Vous avez peut-être trop de désirs, vous êtes peut-être trop ambitieux. Votre ambition ne vous permet pas de dormir, votre agitation continue, votre esprit désireux continue encore et encore, et le processus de pensée continue. C'est pourquoi vous ne pouvez pas dormir.

Maintenant, il y a deux voies : l'une est celle du mantra et l'autre celle du tantra.

Le mantra dit : ne vous préoccupez pas des causes ; vous répétez simplement un mantra et vous vous endormez. C'est tellement superficiel. Ne vous préoccupez pas des causes, répétez simplement un mantra - quinze minutes le matin et quinze minutes le soir - et vous pourrez dormir ; et vous vous sentirez bien et en bonne santé. Mais même si vous vous sentez bien et en bonne santé, que va-t-il se passer ? Il y a beaucoup de personnes en bonne santé qui dorment à merveille, mais rien ne leur est arrivé - l'épanouissement ultime n'est pas arrivé. La santé est une bonne chose en soi, mais elle ne peut être l'objectif. Dormir est une bonne chose, mais ce n'est pas un but en soi.

Le Tantra dit de trouver les causes de ton agitation.

Un ministre du gouvernement indien avait l'habitude de venir me voir. Il s'inquiétait toujours de son sommeil et me disait : "Donnez-moi juste une technique pour que je puisse dormir." Mais je lui disais : "Un politicien ne peut pas dormir - ce n'est pas possible. Un politicien n'est pas censé dormir, on ne s'attend pas à ce qu'il dorme.

C'est bien, et je ne vais pas vous donner de technique. Vous allez voir le Maharishi Mahesh Yogi, il vous donnera une technique sans vous demander pourquoi." Et en fait, il y est allé.

Puis il est venu après trois mois. Il a dit : "Vous avez suggéré et ça a marché ! Maintenant c'est beau, maintenant je peux dormir". Alors je lui ai dit : "Chaque fois que vous en avez besoin, et que vous sentez que le sommeil ne suffit pas, qu'un réveil est nécessaire, alors venez me voir - parce que vous pouvez dormir, mais que se passera-t-il après ?

Vous resterez le même ; le matin, vous serez à nouveau dans le même voyage ambitieux. Vous pouvez penser qu'il s'est passé quelque chose de bien, mais il ne s'est passé qu'une chose : maintenant vous ne serez pas conscient des causes ; elles ont été forcées par le mantra dans l'inconscient profond, et la possibilité de transformation a été reportée."

Je ne peux pas vous donner un meilleur sommeil. Je voudrais vous donner un meilleur éveil, une meilleure conscience.

Un politicien est continuellement en train de désirer, de se battre, d'être en compétition, d'être jaloux, d'essayer d'atteindre un niveau de plus en plus élevé dans la hiérarchie. Au final, il ne parvient à rien.

Mulla Nasruddin a travaillé toute sa vie en politique et a atteint le plus haut poste possible. Je lui ai alors demandé : "Qu'avez-vous atteint ?" Il a répondu : "Pour être franc, je suis le plus grand grimpeur d'échelles au monde.

C'est ma réussite : le plus grand grimpeur d'échelles." Mais même si vous atteignez le plus haut échelon de l'échelle, que se passe-t-il ensuite ? Vos présidents et premiers ministres ont atteint, ils sont les plus grands grimpeurs d'échelles - mais grimper à l'échelle n'est pas la vie. Et continuer à grimper des échelles de plus en plus grandes, à quoi cela sert-il ?

L'ambition crée de l'agitation. Je voudrais que vous compreniez votre ambition. Le désir crée de l'agitation. Je voudrais que vous soyez conscient de vos désirs. C'est la voie du tantra. Et quand la cause disparaît, la maladie disparaît. Et si la cause disparaît, alors vous êtes transformé.

La maladie n'est qu'un symptôme - n'essayez pas de cacher le symptôme ; laissez-le être là, c'est bien, car il continue à vous piquer, à vous frapper et à vous dire que quelque chose ne va pas. Si vous ne pouvez pas dormir, c'est bien parce que cela montre que quelque chose ne va pas dans votre style de vie.

Je ne vais pas vous aider à trouver un meilleur sommeil. Je vais dire : Essayez de comprendre, c'est un symptôme. Ce symptôme est un ami, il n'est pas un ennemi. Il montre simplement qu'au fond de votre inconscient, il y a des courants sous-jacents qui ne vous permettent pas de dormir. Comprenez-les, absorbez-les, traversez-les, transcendez-les - et alors il y aura un profond sommeil ; non pas parce que vous avez forcé le symptôme à se cacher, mais parce que la maladie a disparu. Et dans ce "sommeil", une qualité de conscience totalement différente apparaît. Vous pouvez alors être profondément endormi tout en restant alerte. Ce n'est pas de l'hypnose alors, ce n'est pas comme un état d'ébriété, ce n'est pas par le biais d'une drogue. Et tous les mantras sont des drogues ; très subtiles, mais toujours des drogues. Ne devenez pas un toxicomane.

Dit Tilopa :

LA PRATIQUE DU MANTRA ET DE LA PARAMITA, L'INSTRUCTION DANS LES SUTRAS ET LES PRÉCEPTES, ET L'ENSEIGNEMENT DES ÉCOLES ET DES ÉCRITURES, N'APPORTERONT PAS LA RÉALISATION DE LA VÉRITÉ INNÉE.

PARAMITA est un mot bouddhiste ; il signifie compassion, servir les gens. Tout ce que les missionnaires chrétiens font dans le monde entier est paramita. Servir ! Aidez ! Compatissez ! Soyez compatissant !

Mais Tilopa dit que cela n'aidera pas non plus.

J'ai également observé - je connais beaucoup de gens qui sont des réformateurs sociaux, de grands serviteurs de la société ; toute leur vie, ils se sont dévoués et sacrifiés pour l'élévation des gens - mais aucune transformation ne leur est arrivée. Cela ne peut pas arriver, parce que servir les gens, servir la société, devient une occupation ; ils deviennent occupés.

En fait, si la société est soudainement transformée par un miracle divin, et qu'il n'y a plus de mendiant à servir, plus de pauvre à servir, plus de malade, plus d'hôpital, plus de fou - soudainement, si cela se produit, pouvez-vous concevoir ce qui arrivera à vos grands serviteurs de la société ? Ils se suicideront !

Ne trouvant personne à servir, que feront-ils ? Ils seront tout simplement désemparés. Qu'arrivera-t-il aux missionnaires chrétiens ? S'il n'y a personne à convertir, à forcer, à conduire et à séduire sur leur chemin, à convertir ; si tout le monde devient chrétien, que feront-ils ? Où iront-ils faire leurs grandes missions ? Ils devront se suicider. Si la révolution se produit vraiment, quel sera le sort de vos révolutionnaires ? Que feront-ils ? Soudainement sans emploi, sans travail, ils commenceront à prier Dieu : "Ramenez la vieille société - nous avons besoin de lépreux pour servir, de mendiants pour aider."

Vous pouvez être occupé par vos propres affaires ou par d'autres personnes, mais le mental a besoin d'être occupé. Le mental a besoin que vous vous oubliiez vous-même et que vous soyez occupé par quelque chose. C'est une fuite de la vérité innée. Et Tilopa dit que ce ne sont pas les moyens.

Le Tantra a une très très belle chose à vous dire, et c'est : d'abord, avant de commencer à servir quelqu'un d'autre, soyez absolument égoïste. Comment pouvez-vous servir quelqu'un d'autre si vous n'avez pas d'abord atteint votre être intérieur ? Soyez absolument égoïste ! Si votre propre lumière intérieure brûle, vous serez peut-être en mesure d'aider les autres ; sinon, votre service ne sera qu'un méfait. Et le monde est tellement en désordre à cause de tant de révolutionnaires, tant de réformateurs sociaux, tant de serviteurs autoproclamés. Ils créent le désordre, ils créent le chaos ; c'est naturel car ils n'ont pas atteint leur propre vérité et ils ont commencé à aider les autres. Si vous avez une lumière en vous, vous pouvez la partager avec quelqu'un d'autre, mais si vous ne l'avez pas, comment pouvez-vous la partager ? Comment pouvez-vous partager ce que vous n'avez pas ?

Un homme est venu voir Bouddha - il devait être un très très grand révolutionnaire, comme Marcuse ou d'autres - et il a demandé à Bouddha : " Dites-moi comment je peux servir les autres. J'ai une profonde compassion en moi et je voudrais rendre tout le monde heureux." Le Bouddha l'a regardé. On dit qu'il est devenu triste ; Bouddha est devenu triste en le regardant. L'homme dit : " Pourquoi êtes-vous devenu si triste ? " Bouddha répondit : " C'est difficile parce que vous-même ne semblez pas être heureux et que vous avez pour mission de rendre tout le monde heureux. Comment pouvez-vous partager ce que vous n'avez pas ?"

D'abord vous êtes ; et une fois que vous êtes, ce n'est pas une mission. Une fois que vous êtes bienheureux, vous ne faites pas d'efforts pour aider les autres - votre être même est une aide où que vous soyez ; vous n'en faites pas une profession.

La façon dont vous êtes, où que vous soyez... si vous vous asseyez près d'un arbre, vous aidez l'arbre. Pas consciemment, pas avec un quelconque effort de votre part, mais simplement en étant près de l'arbre, et l'arbre répond, et votre être intérieur se déverse dans l'arbre, et l'arbre se déverse en vous - et vous avez éveillé un arbre. Un jour, cet arbre deviendra un bouddha et vous en ferez partie, vous y avez participé ; et lorsque cet arbre deviendra un bouddha et que l'univers entier le célébrera, vous le célébrerez également - une partie de vous, vous l'avez donné à l'arbre, vous l'avez partagé.

Vous vous asseyez au bord d'une rivière et vous partagez ; vous bougez, votre mouvement même devient votre compassion - il n'y a rien à faire. Si vous le faites, quelque chose ne va pas. Comment pouvez-vous "faire" l'amour ? Ce n'est pas un acte, c'est un état d'être. Vous êtes dans l'amour, vous avez la lumière, et vos portes sont ouvertes ; alors quiconque veut entrer, dans le sanctuaire intérieur de votre être, est invité. Et si quelqu'un veut allumer sa propre lumière à partir de votre source de lumière, vous êtes prêts.

Vous n'allez jamais chercher quelqu'un pour vous aider. Quand vous y allez, une chose est sûre, vous n'êtes pas la bonne personne. Quand vous commencez à faire quelque chose, une chose est sûre, vous créez un méfait. Vous allez simplement mettre votre nez dans les affaires des autres. Laissez-les être eux-mêmes. Il suffit d'avoir de la compassion de votre côté pour ne pas les déranger. N'essayez pas de les changer. Vous ne savez pas ce que vous faites.

Seul celui qui est éclairé peut aider : l'aide coule spontanément. C'est comme une fleur qui s'est épanouie - et les vents prennent son parfum et le répandent sur toute la terre. C'est très subtil et indirect ; cela ne touche jamais personne directement. Un vrai maître n'essaie jamais de changer quelqu'un directement ; il est comme un parfum subtil, il vous entoure. Si vous êtes ouvert, une petite bouffée entrera en vous. Si vous n'êtes pas ouvert, il attendra à la porte ; il ne frappera même pas, car cela pourrait aussi perturber votre sommeil.

C'est votre sommeil, vous avez tout à fait le droit de dormir aussi longtemps que vous le souhaitez ; ce n'est l'affaire de personne de vous réveiller.

J'ai peut-être été éveillé, j'aimerais peut-être que vous le soyez, mais c'est mon affaire, pas la vôtre.

Si vous dormez profondément et faites de beaux rêves, qui suis-je pour vous déranger ? J'attendrai. Je vous entourerai comme un parfum. Et si ce parfum vous attire, et si ce parfum vous fait sortir de votre sommeil, c'est bon. Mais ce n'est pas un effort direct, c'est très très indirect. Et rappelez-vous toujours :

seules les personnes qui sont absolument indirectes peuvent être d'une quelconque aide. L'aide directe vient du politicien, l'aide indirecte vient du sage.

... L'INSTRUCTION DANS LES SUTRAS ET LES PRÉCEPTES, ET L'ENSEIGNEMENT DES ÉCOLES ET DES ÉCRITURES, N'APPORTERONT PAS LA RÉALISATION DE LA VÉRITÉ INNÉE.

Pourquoi ? - parce qu'elle est déjà là. Il n'est pas nécessaire de l'introduire. Vous cherchez quelque chose que vous avez déjà à l'intérieur de vous dans sa beauté et sa perfection totales. Il n'y a rien à faire. Faire n'est absolument pas pertinent. Il vous suffit de revenir à la maison. L'invité est déjà là, mais l'hôte est dehors - vous n'êtes pas à l'intérieur. Par vos désirs, vous vous déplacez de plus en plus vers l'extérieur, et de plus en plus vers l'extérieur. Vous aimeriez avoir une grande maison et une grande voiture, et ceci et cela, et vous sortez de plus en plus. Vous n'avez pas le temps de revenir à la maison.

La méditation n'est rien d'autre que le retour à la maison, juste pour se reposer un peu à l'intérieur. Ce n'est pas le chant d'un mantra, ce n'est même pas une prière ; c'est simplement revenir à la maison et se reposer un peu. Ne pas aller nulle part, c'est la méditation, c'est juste être là où vous êtes ; il n'y a pas d'autre "où" - c'est juste être là où vous êtes, c'est juste occuper seulement cet espace où vous êtes. Le désir vous emmène dans de longs voyages dans le temps et l'espace - et le désir ne vous ramène jamais chez vous ; il vous emmène toujours ailleurs.

Car si l'esprit, lorsqu'il est animé d'un désir, cherche à atteindre un but, il ne fait que cacher la lumière.

C'est ainsi que vous manquez - en sortant vous manquez, en cherchant vous manquez, en cherchant vous manquez, en essayant de l'obtenir vous manquez. Rien n'est nécessaire de votre part - le divin vous a donné tout ce qui pouvait vous être donné. Vous n'êtes pas envoyés comme des mendiants dans le monde, vous êtes envoyés comme des empereurs. Regardez simplement à l'intérieur de vous. À certains moments, n'allez nulle part, sans désir, sans penser à l'avenir, sans penser au passé, en restant simplement ici et maintenant, et soudain, il est là - il a toujours été là - et vous commencez à rire.

Lorsqu'on a demandé à Lin Chi ce qu'il a fait lorsqu'il a atteint l'illumination, c'est la première chose qu'il a faite, il a répondu : "Que peut-on faire ? J'ai ri et demandé une tasse de thé. J'ai ri ! Qu'est-ce que je faisais ?

- en cherchant quelque chose qui était déjà là". Tous les bouddhas ont ri, et tous les bouddhas ont demandé une tasse de thé - car que faire d'autre ? C'est déjà là. Vous couriez inutilement ici et là ; fatigué, vous êtes revenu à la maison. Une tasse de thé est exactement ce qu'il faut.

Car si l'esprit, lorsqu'il est animé d'un désir, cherche à atteindre un but, il ne fait que cacher la lumière.

Votre recherche crée une fumée autour de la flamme. Vous continuez à tourner en rond, vous remuez beaucoup de poussière, et vous créez beaucoup de fumée, et c'est votre propre effort qui remue la poussière et crée la fumée, et la flamme devient cachée. Reposez-vous un peu, laissez la poussière retomber sur la terre. Et si vous ne courez pas très vite, si vous n'êtes pas pressé, vous ne créerez pas de fumée. Peu à peu, les choses se tassent et la lumière intérieure se révèle.

C'est la chose la plus fondamentale du tantra, qui dit que vous êtes déjà parfait. Aucune autre vision ne dit cela. Elles disent que vous devez l'atteindre ; elles disent que vous devez y aller, que vous devez lutter, que vous devez faire beaucoup de choses et que le chemin est ardu ; et il est très rare que quelqu'un l'atteigne parce que le but est très très éloigné ; et pendant des millions de vies, on doit essayer, et ensuite on l'atteint ; la perfection doit être atteinte. Le Tantra dit que c'est la raison pour laquelle vous n'atteignez pas la perfection. La perfection ne doit pas être atteinte. Il faut simplement réaliser qu'elle est là.

Le Tantra vous offre l'illumination ici et maintenant - pas de temps, pas d'ajournement. Le Tantra dit que si vous vous reposez, le simple fait de vous reposer vous aidera, car par votre agitation vous créez de la fumée tout autour, et vous êtes tellement pressés que vous ne pouvez pas écouter. Si quelqu'un vous dit : "Reposez-vous", vous répondrez : "Je n'ai pas le temps de me reposer. Je dois atteindre un objectif et cet objectif est très loin. Et si je me repose, je vais le rater." Le Tantra dit que tu rates quelque chose parce que tu cours. Le Tantra dit que tu rates quelque chose parce que tu es si pressé.

CELUI QUI GARDE LES PRÉCEPTES TANTRIQUES, MAIS QUI DISCRIMINE, TRAHIT L'ESPRIT DE SAMAYA. CESSEZ TOUTE ACTIVITÉ, ABANDONNEZ TOUT DÉSIR, LAISSEZ LES PENSÉES MONTER ET DESCENDRE COMME LES VAGUES DE L'OCÉAN. CELUI QUI NE PORTE JAMAIS ATTEINTE AU NON-ABSTENTIONNISTE, NI AU PRINCIPE DE NON-DISTINCTION, RESPECTE LES PRÉCEPTES TANTRIQUES.

Très, très simple. Mais vous êtes trop complexe, vous êtes trop perplexe à l'intérieur ; sinon tout est très très facile.

CESSEZ TOUTE ACTIVITÉ, ABANDONNEZ TOUT DÉSIR, LAISSEZ LES PENSÉES MONTER ET DESCENDRE COMME LES VAGUES DE L'OCÉAN.

Que fait-on ? Si vous allez à l'océan, vous vous asseyez simplement sur le rivage, sur la plage, et vous regardez.

Les vagues montent et descendent, il y a une marée et un reflux ; l'océan passe par de nombreuses humeurs. Que faites-vous ? Vous vous asseyez simplement et vous observez. C'est exactement le cas de l'esprit ; il est aussi comme un océan - les vagues montent et descendent. Parfois il y a une marée et beaucoup d'agitation, et parfois c'est un reflux, et vous vous sentez un peu silencieux.

En fait, c'est le cas : la conscience entière est comme un océan. Et votre esprit n'est pas seulement le vôtre : votre esprit fait partie de l'esprit collectif ; tout autour de vous se trouve l'océan de la conscience. Tout autour de vous, c'est l'océan de la conscience. Comme les poissons dans l'océan, vous êtes des poissons dans la conscience - entrant et sortant, de ce côté et de l'autre, au-dessus et au-dessous, l'océan et les vagues de l'océan. Qui êtes-vous pour le perturber ? Et qui êtes-vous pour le rendre calme et silencieux ? Et comment pouvez-vous le faire ?

Ainsi, chaque fois qu'une personne devient trop intéressée et désireuse de calmer son esprit, elle se crée de nombreux problèmes. Ce n'est pas possible ! Et lorsque vous tentez une impossibilité, vous êtes frustré. Puis vous pensez à mille et une raisons pour lesquelles cela ne se produit pas. Le simple fait est que cela ne peut pas arriver !

Le Tantra dit : "Attention ! Ce n'est pas votre affaire que les pensées viennent et partent. Elles viennent de leur propre chef, elles s'en vont de leur propre chef. Pourquoi t'impliques-tu dans ces pensées ? Qui êtes-vous pour les calmer ? Elles ne vous appartiennent pas ; elles appartiennent au vaste océan qui vous entoure. Vous n'étiez pas là, et eux étaient là. Vous ne serez plus un jour, et elles resteront."

La science est d'accord avec cela : toute pensée est une onde. C'est pourquoi une radio peut diffuser des pensées.

Ils traversent les murs, les collines et vos corps, et rien ne les arrête. Quelque chose est diffusé à New York et vous l'entendez ici. Aujourd'hui, les scientifiques pensent qu'il est possible que nous soyons bientôt en mesure d'attraper des pensées du passé, car les pensées ne meurent jamais. Il sera peut-être possible un jour d'entendre Tilopa dire à Naropa : "Grâce à toi... ce qui ne peut être dit, mais grâce à ta confiance, je le dirai." C'est possible parce que les pensées ne meurent jamais. Cette pensée de Tilopa doit être quelque part près d'une étoile. Si nous pouvons l'attraper.... La science en sera peut-être capable un jour, car lorsqu'une pensée est diffusée depuis New York, il lui faut du temps pour atteindre Poona ; cela prend quelques secondes, mais cela prend du temps. Elle voyage, elle continuera à voyager ; elle quittera cette terre, elle continuera à voyager. Elle atteindra dans quelques millions d'années une étoile - si nous pouvons l'attraper là-bas, vous pourrez l'écouter à nouveau.

Les pensées sont un océan tout autour de vous, elles existent sans vous - vous êtes juste un témoin. Alors le tantra dit :

Acceptez-les ! La marée monte, elle est belle ; le reflux monte, il est beau. De grandes et fortes vagues essayant d'atteindre le ciel ; une énergie énorme - regardez-la ! Puis vient un océan calme, tout s'est calmé, et la lune s'y reflète, magnifique - regardez-le. Et si vous pouvez regarder, vous deviendrez absolument silencieux. Les pensées peuvent continuer à venir sur la plage, se disperser sur les rochers ; vous resterez calme et tranquille ; elles ne vous affecteront pas.

Le vrai problème n'est donc pas les pensées, mais le fait d'être affecté. Ne luttez pas contre les pensées, devenez simplement un témoin et vous ne serez pas affecté. Et c'est un silence plus riche, rappelez-vous, et le tantra est toujours pour des expériences plus riches. Il est possible de créer un silence de mort, un silence que l'on trouve au cimetière. Vous pouvez forcer votre esprit au point de paralyser tout le système nerveux.

Il n'y aura alors aucune pensée, car un système nerveux très délicat est nécessaire pour les recevoir.

L'océan sera là mais vous ne serez pas réceptif, votre réceptivité sera perdue.

C'est ce qui arrive à beaucoup de yogis, de soi-disant yogis. Ils continuent à affaiblir leur système nerveux.

Ils mangent moins pour que l'énergie ne parvienne pas au cerveau. Dans le jeûne, l'énergie ne peut pas aller au cerveau, le corps en a d'abord besoin. Ils vivent de telle manière que, petit à petit, tout leur système cérébral se paralyse, s'engourdit : s'asseoir dans une posture, monotone ; répéter un mantra, monotone. Si vous répétez continuellement un mantra pendant quelques années, bien sûr le système devient terne, car aucune nouvelle sensation n'entre, la vitalité est perdue.

En fait, cet homme n'est pas devenu silencieux - cet homme est devenu plus stupide. Et vous verrez ce regard stupide sur le visage de nombreux yogis. Vous ne verrez pas l'intelligence, vous verrez quelque chose de terne, de mort ; une chose semblable à la pierre s'est produite. Ils n'ont pas atteint le silence - ils ont perdu leur cerveau.

Ils ont perdu leur réceptivité, ils se sont complètement émoussés, ils sont morts. Rien ne leur arrive à l'intérieur, car pour que quelque chose se passe, il faut un système nerveux très délicat - très délicat, très réceptif, sensible.

Donc ceci devrait être le critère : si vous voyez sur le visage d'un yogi le rayonnement, l'intelligence, la conscience, la sensibilité, comme si quelque chose avait fleuri à l'intérieur, il est comblé - alors seul le silence s'est produit. Sinon, on peut être silencieux - les gens stupides le sont, les idiots sont parfaitement silencieux, parce qu'ils ne peuvent pas penser - mais de quel type de silence s'agit-il ?

Un idiot n'est pas un yogi. Un idiot est simplement né de telle manière que son système cérébral ne fonctionne pas.

Vous pouvez le faire avec votre propre système cérébral en jeûnant, en faisant des postures de yoga ; vous pouvez vous tenir sur la tête pendant des heures - cela fera l'affaire. Le SHIRSHASAN est parfait : vous vous tenez debout sur la tête pendant des heures - cela rendra votre système nerveux mort, parce que votre cerveau existe si l'énergie et le sang lui parviennent de manière infime, parce que les nerfs sont si délicats, si petits, fragiles. Vous ne pouvez pas concevoir parce qu'à l'œil nu, on ne peut pas les voir. Vos cheveux semblent être très fins, ils ne sont rien. Un nerf dans le cerveau est comme un cheveu... si vous mettez dix mille nerfs les uns sur les autres, ils auront l'épaisseur d'un cheveu. Donc si le sang va vite, il les détruit tout simplement ; c'est comme une inondation.

L'homme a atteint ce cerveau, et aucun animal ne l'a atteint, parce que l'homme se tenait sur ses pieds - c'est pourquoi le sang ne peut pas aller à la tête, c'est contre la gravitation. La gravitation continue à tirer le sang vers le bas, et une infime partie du sang atteint la tête. C'est pourquoi ce système subtil peut exister. Les animaux ne peuvent pas l'avoir car ils se déplacent à quatre pattes et leur cerveau reste au même niveau que leur corps. Si vous vous tenez sur la tête, vous faites shirshasan, pendant une minute, cela peut être bon, ou même pendant une seconde, cela peut être bon, parce que cela donne juste un bain ; juste le sang arrive, et au moment où il arrive, vous êtes de retour à votre posture normale : et cela nettoie.

Mais si vous faites du shirshasan pendant des minutes ou des heures, cela va tuer tout votre système cérébral.

L'inondation est trop importante, le cerveau ne peut pas exister.

Et les yogis ont trouvé de nombreux moyens de détruire le cerveau. Une fois qu'il est détruit, vous ne pouvez pas voir l'océan - mais l'océan est là, les pensées sont là. C'est comme si votre radio était en panne.

Ne pensez pas que les émissions ne passent pas de cette pièce, elles passent, mais votre mécanisme de réception ne fonctionne pas. Allumez la radio, mettez-la en marche - immédiatement, elle commence à les capter.

Le cerveau est comme un centre de réception ; si vous le détruisez, vous serez silencieux, mais ce silence n'est pas celui du tantra. Et je n'enseigne pas ce silence - c'est la mort. C'est bien dans un cimetière, mais cela ne vous mène nulle part - vous gaspillez votre vie. Et vous avez détruit un instrument très subtil qui peut vous rendre parfaitement intelligent, un instrument qui peut devenir si perceptif que vous pouvez profiter de toute la célébration de l'existence. Il faut plus de sensibilité, il faut plus de poésie.

Plus de vie, plus de beauté, tout ce qui est nécessaire.

Que ferez-vous alors ? Atteindre le silence du tantra. Observez les vagues, et plus vous les observerez, plus vous serez capable d'en voir la beauté. Plus vous observez, plus les nuances subtiles de la pensée vous seront révélées. Et c'est magnifique - mais vous restez le témoin. Vous restez sur la plage ; vous vous asseyez simplement sur la plage, ou vous vous allongez au soleil, et vous laissez l'océan faire son propre travail - vous n'intervenez pas.

Si vous n'intervenez pas, de plus en plus, de plus en plus, l'océan ne vous affecte pas. Il continue à rugir tout autour, mais il ne vous pénètre pas. Il est beau en soi, mais il est séparé, une distance existe. Cette distance est la vraie méditation, le vrai silence.

Le monde continue et continue, vous n'êtes pas affecté ; vous restez dans le monde, mais vous n'êtes pas dans le monde ; vous restez dans le monde, mais le monde n'est pas en vous. Vous traversez le monde, sans être touché, sans être marqué. Vous restez vierge. Quoi que vous fassiez, quoi qu'il vous arrive, cela ne fait aucune différence :

ta virginité reste parfaite, ton innocence reste absolue, ta pureté n'est pas détruite.

CELUI QUI GARDE LES PRÉCEPTES TANTRIQUES, MAIS QUI DISCRIMINE, TRAHIT L'ESPRIT DU SAMAYA.

Et, dit Tilopa, si vous essayez de suivre la voie du tantra, les préceptes du tantra, alors rappelez-vous, ne faites pas de discrimination. Si vous faites de la discrimination, vous pouvez être un philosophe du tantra, mais pas un adepte du tantra. Ne faites pas de discrimination. Ne dites pas que ceci est bon et que cela est mauvais. Abandonnez toute discrimination. Acceptez tout tel qu'il est.

CESSER TOUTE ACTIVITÉ, ABANDONNER TOUT DÉSIR, se reposer en soi, revenir à la maison ; laisser les pensées s'élever et s'abaisser comme les vagues de l'océan. CELUI QUI NE PORTE JAMAIS ATTEINTE AU NON-ABANDON, NI AU PRINCIPE DE NON-DISTINCTION, RESPECTE LES PRÉCEPTES TANTRIQUES.

Celui qui ne porte jamais atteinte au principe de non-distinction, qui ne fait jamais de discrimination, celui-là suit le bon chemin. Et... CELUI QUI NE NUIT JAMAIS À LA NON-DISTINCTION.

C'est l'une des plus belles choses du tantra : le tantra dit de rester sans abri, de ne pas rester quelque part, de ne pas s'identifier et de ne pas s'accrocher à quoi que ce soit. Restez sans abri, parce que c'est en étant sans abri que vous atteindrez votre vraie maison. Si vous commencez à devenir... à rester dans ceci et cela, vous manquerez la maison.

Ne vous accrochez à personne, à rien, à aucune relation. Appréciez, mais ne vous accrochez pas. La jouissance n'est pas un problème ; dès que vous commencez à vous accrocher, dès que l'esprit d'attachement entre en jeu, alors vous ne circulez plus, un blocage est apparu. Ne restez nulle part, alors vous resterez en vous-même. Ne vous accrochez à rien, alors seulement vous serez capable de vous reposer en vous-même.

Deux principes sont donc très fondamentaux : ne pas porter atteinte au principe de non-abandon, et ne pas porter atteinte au principe de non-distinction.

CELUI QUI ABANDONNE LE DÉSIR ET NE S'ATTACHE PAS À CECI ET À CELA, PERÇOIT LE VÉRITABLE SENS DONNÉ DANS LES ÉCRITURES.

Par les écritures, vous ne pouvez pas atteindre la vérité. Mais si vous atteignez la vérité, vous comprendrez les écritures. Les Écritures ne sont rien d'autre que des témoins, elles témoignent. Elles ne vous apprennent pas la vérité, mais une fois que vous la connaissez, elles témoignent. Toutes les écritures du monde diront : "Oui, tu as atteint la vérité." Voilà ce qu'est la vérité. Les écritures proviennent de personnes qui ont atteint la vérité. Quelles que soient leur langue et leur symbologie, quelle que soit leur métaphore, une fois que vous avez atteint la vérité, vous pénétrez à travers toutes les métaphores, les symbologies, toutes les langues.

Les gens me demandent : "Que faites-vous ici ? Parfois vous parlez du tantra et de Tilopa, et parfois vous parlez du yoga et de Patanjali, et parfois vous parlez de Lao Tseu et de Chuang Tseu, des taoïstes et du tao, et parfois vous sautez à Héraclite et à Jésus - que faites-vous ici ?" Je parle de la même chose. Je ne parle pas d'autre chose. Héraclite ou Tilopa ou Bouddha ou Jésus, cela ne fait aucune différence pour moi. Je parle de moi-même. Ce ne sont que des excuses - parce qu'une fois que vous atteignez la perfection, vous accomplissez toutes les écritures du monde. Alors il n'y a plus d'écritures hindoues, juives, chrétiennes ; alors soudainement vous devenez la culmination de toutes les écritures.

Je suis un chrétien, un hindou, un juif, un mahométan, parce que je ne suis personne. Et la vérité, une fois connue, est au-delà de toutes les écritures. Toutes les écritures indiquent vers elle, les écritures ne sont rien d'autre que des doigts pointant vers la lune. Les doigts peuvent être des millions - la lune est la même. Une fois que vous savez, vous avez tout connu.

Grâce aux écritures, vous deviendrez des sectaires : vous serez un chrétien parce que vous vous accrochez à la BIBLE ; vous serez un mahométan si vous vous accrochez au KORAN ; vous serez un hindou si vous vous accrochez à la GITA - mais vous ne serez pas religieux. La religiosité n'apparaît que lorsque la vérité vous est apparue. Alors vous ne vous accrochez à rien, et toutes les écritures commencent à s'accrocher à vous. Alors vous ne suivez personne, et toutes les écritures vous suivent, elles deviennent comme vos ombres. Et toutes les écritures sont les mêmes parce qu'elles parlent de la même chose.

Leurs métaphores, bien sûr, sont différentes, leurs langues sont différentes, mais l'expérience est la même.

Bouddha a dit : "Si vous goûtez l'océan de n'importe où, vous le trouverez toujours salé." Vous le goûtez dans le Coran, dans la Bible, dans la Torah ou dans le Talmud, le goût est toujours le même.

Les Écritures ne peuvent pas vous guider. En fait, elles sont mortes sans vous. Lorsque vous atteignez la vérité, la vie vient soudainement à toutes les écritures. Grâce à toi, elles redeviennent vivantes, grâce à toi, elles renaissent.

C'est ce que je fais, donner une renaissance à Tilopa. Il est mort depuis plusieurs centaines d'années.

Personne n'a parlé de lui, personne ne lui a donné une nouvelle naissance. Je lui donne une renaissance. Pendant que je suis ici, il sera de nouveau vivant. Vous pouvez le rencontrer si vous en êtes capable. Il est de nouveau près d'ici. Si vous êtes réceptifs, vous pouvez sentir ses pas. Il est à nouveau matérialisé.

A travers moi - je donnerai naissance à toutes les écritures. A travers moi, elles peuvent à nouveau venir dans ce monde, je peux devenir une ancre. C'est ce que je fais. Et c'est ce que je voudrais que vous fassiez dans votre propre vie, un jour. Lorsque vous aurez réalisé, lorsque vous aurez appris à connaître, ramenez tout ce qui est beau dans le passé et donnez-lui une renaissance, renouvelez-le, afin que tous ceux qui ont connu puissent à nouveau être sur la terre et voyager ici, et aider les gens.

LA CHANSON CONTINUE :
DANS MAHAMOUDRA TOUS LES PÉCHÉS SONT BRÛLÉS ; DANS MAHAMOUDRA ON EST LIBÉRÉ DE LA PRISON DE CE MONDE.

C'EST LE FLAMBEAU SUPRÊME DU DHARMA. CEUX QUI N'Y CROIENT PAS SONT DES FOUS, QUI SE VAUTRENT DANS LA MISÈRE ET LE CHAGRIN.

POUR ASPIRER À LA LIBÉRATION, IL FAUT S'EN REMETTRE À UN GOUROU. LORSQUE VOTRE ESPRIT REÇOIT SA BÉNÉDICTION, L'ÉMANCIPATION EST À PORTÉE DE MAIN.

HÉLAS, TOUTES LES CHOSES DE CE MONDE N'ONT AUCUN SENS, ELLES NE SONT QUE DES GRAINES DE CHAGRIN.

LES PETITS ENSEIGNEMENTS MÈNENT AUX ACTES. ON NE DEVRAIT SUIVRE QUE LES GRANDS ENSEIGNEMENTS.

Le Tantra croit, non pas au développement graduel de l'âme, mais à une illumination soudaine. Le yoga croit au développement graduel : centimètre par centimètre, étape par étape, vous progressez vers la finale.

Le yoga est très arithmétique : pour chaque péché que vous avez commis, vous devez l'équilibrer par un acte vertueux ; votre compte doit être complètement clos. Si vous ne clôturez pas votre compte avec ce monde, vous ne pouvez pas devenir illuminé. C'est une conception mathématique, scientifique, et l'esprit dira : "Bien sûr, il doit en être ainsi. Vous avez commis des péchés - qui va souffrir pour eux ? Vous avez commis des péchés, vous devez en souffrir. Et ce n'est que par la souffrance que vous pouvez vous libérer. Vos actes ont été mauvais ; vous devez les équilibrer, vous devez payer pour eux, et vous devez faire de bonnes actions. Quand l'équilibre est complet, alors seulement la libération est possible ; sinon, vous devrez être jeté encore et encore sur la terre, pour renaître, pour vous déplacer, pour grandir." C'est toute la philosophie de la transmigration, de la renaissance.

Le Tantra dit exactement le contraire. Le tantra est une approche très très poétique, pas arithmétique. Et le tantra croit à l'amour, pas aux mathématiques ; il croit à l'illumination soudaine. Et il dit que les petits enseignements vous enseignent l'action ; les grands enseignements ne vous enseignent pas comment agir, ils vous enseignent quoi être, comment être.

Les actions se comptent par millions, et si vous devez payer pour toutes les actions, il semble presque impossible que vous soyez un jour libéré. Vous avez vécu des millions de vies ; dans chaque vie, vous avez commis des millions d'actes. Si vous devez payer pour tous ces actes, souffrir, et que vous devez équilibrer chaque mauvaise action par une bonne, il vous faudra encore des millions de vies. Et pendant ce temps, dans la relation complexe de la vie, vous commettrez de nombreux autres actes. Et où s'arrêtera cette chaîne ? Cela semble impossible. La libération devient presque impossible - elle ne peut pas se produire. Si c'est ainsi que l'on doit grandir centimètre par centimètre, alors la croissance semble un rêve impossible.

Si vous comprenez l'attitude du yoga, vous vous sentirez très très désespéré. Le Tantra est un grand espoir. Le Tantra est comme une oasis dans un monde de déserts.

Le Tantra dit que ce n'est pas du tout la question : les actes ne sont pas la question. Vous les avez commis parce que vous étiez ignorant, ils sont issus de votre ignorance. En fait, le tantra dit que vous n'êtes pas responsable d'eux.

Si quelqu'un est responsable, alors l'ensemble - vous pouvez l'appeler Dieu - Dieu peut être responsable, mais vous ne pouvez pas être responsable. Le Tantra dit que même prendre cette responsabilité est très égoïste. Dire : "Je vais devoir trouver l'équilibre, je vais devoir faire de bonnes actions, je vais devoir me libérer petit à petit et pas à pas", c'est aussi une attitude très égoïste, centrée sur l'ego.

Pourquoi pensez-vous être responsable ? Même si la responsabilité doit se trouver quelque part, alors elle doit se trouver auprès du divin lui-même, auprès du tout. Vous ne vous êtes pas créé vous-même, vous ne vous êtes pas donné naissance. Vous avez été mis au monde, vous avez été créé - alors c'est le créateur qui doit être responsable, pas vous.

Et vous avez commis toutes vos actions dans l'ignorance, vous n'étiez pas conscients de ce que vous faisiez, vous étiez complètement ivres d'ignorance. Dans l'obscurité, vous tâtonniez, dans l'obscurité, vous entriez en conflit avec les autres, dans l'obscurité, vous trébuchiez sur des choses et quelque chose se passait. Le Tantra dit que la seule chose qui est nécessaire est la lumière, la conscience. Il n'est pas nécessaire de répondre à des millions d'actes ; une seule chose doit être faite et c'est : ne restez pas ignorants, devenez conscients.

Une fois que vous avez pris conscience, tout ce qui appartient au monde des ténèbres disparaît. Cela ressemblera à un rêve, un cauchemar. Il ne ressemblera pas à une réalité. Et cela n'a pas été une réalité, parce que lorsque vous êtes profondément inconscient, seuls les rêves peuvent exister, pas la réalité. Tu as rêvé que tu aimais.

Vous ne pouvez pas aimer. Vous n'êtes pas là pour aimer. Vous n'existez pas encore, vous n'avez pas de centre. Comment pouvez-vous aimer ? Vous croyez seulement que vous aimez, et ensuite votre vie amoureuse et les actes qui s'y rapportent...

cela devient un rêve. Lorsque vous vous réveillerez de ce rêve, vous direz simplement : "Comment aurais-je pu aimer ? C'est impossible ! Je n'étais pas là en premier lieu. J'étais non-existentiel en fait." Sans conscience, qu'est-ce que cela signifie de dire : " Je suis " ? Cela ne veut rien dire.

Vous dormez profondément, comme si vous n'étiez pas là. Une personne profondément endormie, dans le coma dans la maison - est-elle vraiment là ? Il n'y a aucune distinction à faire. Qu'elle soit là ou non ne fait aucune différence - elle est dans le coma. Si des voleurs viennent et cambriolent toute la maison, appellerez-vous responsable cet homme qui est allongé dans le coma, inconscient ? Sera-t-il responsable ? Lui demanderez-vous et jugerez-vous : "Des voleurs sont venus ! Que faisiez-vous ici ?" Comment pouvez-vous rendre responsable un homme qui est dans le coma, inconscient ?

Le tantra dit que dans toutes vos vies, vous êtes restés dans le coma - vous n'êtes pas responsables. C'est la première libération que le tantra vous donne. Et sur la base de celle-ci, beaucoup de choses deviennent immédiatement possibles.

Alors vous n'avez pas besoin d'attendre des millions de vies - en ce moment même, la porte peut s'ouvrir. Ce n'est pas un processus graduel, c'est un réveil soudain - et il doit en être ainsi.

Lorsque vous dormez profondément et que quelqu'un essaie de vous réveiller, est-ce un processus graduel ou une chose soudaine ? Même dans le sommeil ordinaire, est-ce un processus graduel ou une chose soudaine ? Même dans le sommeil ordinaire, est-ce un processus graduel ? Est-ce que c'est comme ça, d'abord vous vous réveillez un peu, puis un peu plus, puis un peu plus ; dix pour cent, vingt pour cent, trente pour cent, cinquante pour cent ; c'est comme ça que ça se passe ? Non.

Soit vous êtes éveillé, soit vous êtes endormi ; il n'y a pas d'étapes graduelles. Si vous avez entendu l'homme qui vous appelle, vous êtes éveillé, mais pas à dix pour cent. Les yeux peuvent être fermés, mais si vous avez pris conscience que quelqu'un vous appelle, vous êtes déjà éveillé.

Ce n'est pas un processus graduel, c'est un saut soudain. À cent degrés, l'eau saute et devient de la vapeur. Y a-t-il une transformation graduelle ? L'eau devient-elle d'abord dix pour cent, vingt pour cent, trente pour cent ? Non. Soit c'est de l'eau, soit c'est de la vapeur ; il n'y a pas de milieu à partager.

Lorsqu'une personne meurt, est-elle morte à petit feu, selon un processus graduel ? Peut-on dire qu'elle est à moitié vivante et à moitié morte ? Qu'est-ce que cela signifie ? Comment une personne peut-elle être à moitié vivante ? Soit elle est morte, soit elle n'est pas morte. A moitié vivant signifie qu'il n'est pas mort.

Lorsque vous aimez une personne, aimez-vous dix pour cent, vingt pour cent, trente pour cent ? Soit vous aimez, soit vous n'aimez pas. Y a-t-il une possibilité de diviser votre amour ? Il n'y a aucune possibilité.

L'amour, la vie, la mort, tout cela arrive soudainement.

Quand un enfant naît, il est soit né, soit pas né. Il en va de même pour l'illumination, parce que c'est la naissance ultime, la mort ultime, la vie ultime, l'amour ultime - tout atteint son apogée ultime dans l'illumination. C'est une chose soudaine.

Le Tantra dit : Ne concentrez pas votre attention sur les actes, concentrez votre attention sur la personne qui a fait les actes. Le yoga se concentre sur les actes. Le Tantra se concentre sur la personne, sur la conscience, sur vous.

Si vous êtes ignorant, le tantra dit que vous êtes voué à commettre des péchés. Même si vous essayez d'être vertueux, votre vertu sera une sorte de péché - car comment un homme ignorant, endormi profondément, peut-il être vertueux ? Comment la vertu peut-elle naître de l'ignorance, de l'inconscience ? C'est impossible ! Votre vertu ne doit être qu'un masque ; derrière lui se trouvera le vrai visage, le vrai visage du péché.

Vous pouvez parler d'amour, mais vous ne pouvez pas aimer - vous allez haïr. Vous pouvez parler de compassion, mais la compassion ne doit être qu'une couverture de votre colère, de votre avidité, de votre jalousie. Votre amour est empoisonné. Au plus profond de votre amour se trouve le ver de la haine, qui le ronge continuellement. Votre amour est comme une blessure, il fait mal.

Ce n'est pas comme une fleur, c'est impossible. Et ceux qui attendent de toi l'amour sont des fous, ils demandent l'impossible. Ceux qui attendent de vous la moralité sont des fous, ils demandent l'impossible. Votre moralité est forcément une sorte d'immoralité.

Regardez vos personnes morales, vos soi-disant saints. Regardez et observez-les et vous constaterez que leurs visages ne sont que les visages de l'hypocrisie, de la tromperie. Ils disent quelque chose, ils font autre chose. Ils font quelque chose, et non seulement ils vous le cachent - ils sont devenus si habiles dans la dissimulation, ils se le cachent à eux-mêmes.

Dans l'ignorance, le péché est naturel. Dans l'illumination, la vertu est naturelle. Un bouddha ne peut pas pécher ; vous ne pouvez pas faire autrement - vous ne pouvez que pécher. Le péché et la vertu ne sont pas vos décisions, ils ne sont pas vos actes, ils sont les ombres de votre être. Si vous vous éveillez, alors l'ombre tombe et l'ombre est pleine de lumière. Et l'ombre ne fait jamais de mal à personne, elle ne peut pas faire de mal ; elle a la saveur de l'inconnu, de l'immortel. Elle peut seulement se déverser sur vous comme une bénédiction, sinon ce n'est pas possible. Même si un bouddha se met en colère contre vous, c'est de la compassion - il ne peut en être autrement. Votre compassion n'est pas vraie ; la colère du Bouddha ne peut pas être vraie. Votre péché, votre ombre naturelle, quoi que vous fassiez - vous pouvez le décorer, vous pouvez construire un temple au-dessus, vous pouvez le cacher, vous pouvez l'embellir, mais cela ne servira à rien - au fond de vous, vous le trouverez, parce que ce n'est pas une question de ce que vous faites, c'est une question de ce que vous êtes.

Regardez l'accentuation. Si vous comprenez ce changement d'accentuation, et ce changement d'accentuation est un point important, alors seulement vous serez capable de comprendre le tantra.

Le Tantra est un grand enseignement. Il n'enseigne pas sur les actes, il enseigne seulement sur votre être. La question est de savoir qui vous êtes - endormi, ronflant ou éveillé ? Qui êtes-vous - alerte, conscient, ou en train de bouger dans une hypnose ? Êtes-vous un somnambule ? ou êtes-vous éveillé, alerte, quoi que vous fassiez ? Le faites-vous en vous en souvenant ? Non. Cela arrive - vous ne savez pas pourquoi, d'où cela vient, de quelle partie de l'inconscient vient une envie qui vous possède, et vous devez agir.

Cet acte, quoi que la société en dise - moral ou immoral, péché ou vertu - le tantra ne s'en préoccupe pas. Le tantra vous regarde, au centre même de votre être, d'où il vient. Du poison de votre ignorance, la vie ne peut pas venir, seulement la mort. De ton obscurité, seule l'obscurité est née.

Et cela semble tout à fait naturel. Alors que faire ? Devons-nous essayer de changer les actes ? Devons-nous essayer de devenir plus moraux, plus vertueux, plus respectables ? Ou devrions-nous essayer de changer l'être ?

L'être peut être changé. Il n'est pas nécessaire de l'attendre pendant des vies infinies. Si vous avez l'intensité de la compréhension, si vous apportez tout votre effort, toute votre énergie, tout votre être, pour le comprendre, dans cette intensité même, une lumière brûle soudain en vous. Une flamme jaillit de votre être comme un éclair, et tout votre passé et tout votre avenir sont soudain dans votre vision - vous comprenez ce qui s'est passé, vous comprenez ce qui se passe, vous comprenez ce qui va se passer. Soudain, tout est devenu clair ; comme s'il faisait sombre et que quelqu'un apportait une lumière, et soudain tout est clair.

Le Tantra croit qu'il faut brûler sa lumière intérieure. Et le tantra dit qu'avec cette lumière, le passé devient tout simplement sans importance. Il ne vous a jamais appartenu. Bien sûr, il s'est produit, mais il s'est produit comme dans un rêve et vous étiez profondément endormi. Il s'est produit - vous avez fait beaucoup de choses, bonnes et mauvaises, mais elles se sont toutes produites dans l'inconscience, vous n'étiez pas responsable. Et soudain, tout le passé est réduit en cendres, un être frais et vierge apparaît - c'est l'illumination soudaine.

Le yoga plaît aux gens parce qu'il a l'air très professionnel. Vous pouvez comprendre Patanjali très facilement car il correspond à votre propre esprit, l'esprit logique, la pensée mathématique. Tilopa est difficile à comprendre, mais Tilopa est rare. La compréhension de Patanjali est commune - c'est pourquoi il y a tant d'influence de Patanjali à travers l'histoire.

Des gens comme Tilopa ont tout simplement disparu sans laisser de trace dans l'esprit humain, parce qu'ils ne pouvaient pas trouver d'affinité avec vous. Patanjali est peut-être très très grand, mais il appartient quand même à la même dimension. Vous pouvez être un très très petit penseur, et Patanjali peut être un grand grand penseur, mais vous appartenez à la même dimension. Si vous faites un petit effort, vous pouvez comprendre Patanjali ; si vous faites un petit effort, vous pouvez pratiquer Patanjali. Seul un petit effort est nécessaire, rien de plus.

Mais pour comprendre Tilopa, vous devez entrer dans une dimension totalement inconnue. Pour comprendre Tilopa, vous devez traverser un chaos. Il va détruire toutes vos conceptions, toutes vos mathématiques, toute votre logique, toute votre philosophie. Il va tout simplement vous détruire complètement. Il ne sera satisfait que lorsque vous serez complètement détruit et qu'un nouvel être apparaîtra.

Avec Patanjali, vous serez modifié, vous deviendrez de mieux en mieux - et le processus est infini, vous pouvez continuer pendant de nombreuses vies à devenir de mieux en mieux. Avec Tilopa, en une seconde, vous pouvez atteindre l'ultime. "Meilleur" n'est pas la question car il ne pense pas en degrés.

C'est comme si vous vous teniez au sommet d'une colline : vous pouvez prendre le chemin des marches et, une à une, vous descendez vers la vallée, ou de la vallée vous allez vers la colline, mais par marches. Avec Tilopa, vous sautez simplement dans l'abîme, il n'y a pas de marches ; ou vous déployez simplement vos ailes et vous commencez à voler. Avec Patanjali, vous vous déplacez dans un char à bœufs, très lentement, en sécurité, sans crainte d'un quelconque accident, le char à bœufs ayant toujours le contrôle. Vous pouvez descendre à tout moment, vous pouvez vous arrêter à tout moment ; rien ne vous dépasse, vous restez le maître. Et la dimension est horizontale : un char à bœufs se déplace de A à B, de B à C, de C à D, mais la dimension est la même, le même plan. Avec Tilopa, la dimension change : elle devient verticale ; ce n'est pas de A à B, de B à C ; non, c'est comme un avion, pas comme un char à bœufs, on n'avance pas mais on monte. Avec Tilopa, vous pouvez transcender le temps. Avec Patanjali, vous vous déplacez dans le temps. Avec Tilopa, l'éternité est la dimension.

Vous n'en êtes peut-être pas conscients, mais au cours de ces dix ou douze dernières années, un miracle s'est produit : les nouveaux vaisseaux spatiaux ont complètement détruit l'ancien concept du temps, car un nouveau vaisseau spatial peut se déplacer autour de la terre et faire un tour en quelques secondes. Vous n'êtes peut-être pas au courant du problème théorique. Cela signifie qu'un vaisseau spatial décolle de Poona, nous sommes dimanche ; puis il fait le tour de la terre - quelque part, il doit être lundi, quelque part, il peut encore être samedi ; ainsi, le vaisseau spatial part du dimanche, retourne au samedi, avance au lundi, revient à Poona le dimanche. Toute la notion de temps est perdue. C'est absurde ! Vous commencez le seize, vous passez au dix-sept et vous revenez à la même date, le seize. Et cela peut être fait en vingt-quatre heures de nombreuses fois maintenant. Qu'est-ce que cela signifie ? Cela signifie que vous pouvez revenir en arrière dans le temps, du dimanche au samedi, du seize au quinze. Vous pouvez avancer jusqu'au dix-septième, jusqu'au lundi, et vous pouvez revenir à la même date.

Avec la vitesse et une dimension différente, la verticale, le temps devient sans importance. Le temps est pertinent avec un char à bœufs ; c'est un monde de chars à bœufs. Tilopa est un esprit vertical, une conscience verticale. C'est la différence entre le tantra et le yoga : le yoga est horizontal, le tantra est vertical ; il faut des millions de vies pour atteindre le yoga ; le tantra dit : en une seconde. Le tantra dit que le temps n'a pas d'importance, on ne se préoccupe pas du temps.

Le tantra a une technique, une méthode, qui, selon le tantra, est une non-méthode, une non-technique, grâce à laquelle vous pouvez soudainement tout abandonner et faire un saut dans l'abîme.

Le yoga est effort, le tantra est sans effort. Avec l'effort, avec votre minuscule énergie, et votre minuscule ego, vous vous battez avec le tout. Cela prendra des millions de vies. Ensuite, il ne semble pas non plus possible que vous deveniez un jour illuminé. Se battre avec le tout est stupide ; vous n'en êtes qu'une partie. C'est comme si une vague se battait avec l'océan, une feuille avec l'arbre, ou votre propre main avec votre corps. Avec qui vous battez-vous ?

Le yoga est un effort, un effort intense. Et le yoga est une façon de lutter contre le courant, d'aller à contre-courant.

Ainsi, tout ce qui est naturel, le yoga doit l'abandonner ; et tout ce qui n'est pas naturel, le yoga doit s'efforcer de l'atteindre. Le yoga est la voie non naturelle : se battre avec la rivière et aller à contre-courant ! Bien sûr, il y a un défi et on peut apprécier le défi. Mais qui apprécie le défi ? Votre ego.

Il est très difficile de trouver un yogi qui n'est pas égoïste ; très difficile, rare. Si vous pouvez trouver un yogi qui n'est pas égoïste, c'est un miracle. C'est difficile parce que l'effort entier crée l'ego, le combat. Vous pouvez trouver des yogis humbles, mais si vous observez un peu plus profondément, dans leur humilité vous trouverez l'ego le plus subtil caché, l'ego le plus subtil. Ils diront : "Nous ne sommes que de la terre sur le sol". Mais regardez dans leurs yeux - ils se vantent de leur humilité. Ils disent : "Il n'y a personne de plus humble que nous. Nous sommes les personnes les plus humbles." Mais c'est ce que signifie l'ego.

Si vous allez contre la nature, vous serez renforcé dans votre ego - c'est le défi, c'est pourquoi les gens aiment les défis. Une vie sans défis devient ennuyeuse parce que l'ego a faim. L'ego a besoin de nourriture, le défi lui donne de la nourriture - donc les gens cherchent des défis. S'il n'y a pas de défis, ils en créent ; ils créent des obstacles pour pouvoir se battre avec ces obstacles.

Le Tantra est la voie naturelle ; le relâchement et le naturel sont le but. Il n'est pas nécessaire de lutter contre le courant ; il suffit de se déplacer avec lui, de flotter avec lui. La rivière se dirige vers la mer, alors pourquoi lutter ? Bougez avec la rivière, ne faites qu'un avec la rivière, abandonnez-vous. "Abandon" est le mot clé du tantra ; "volonté" est le mot clé du yoga. Le yoga est la voie de la volonté ; le tantra est la voie de l'abandon.

C'est pourquoi le tantra est la voie de l'amour - l'amour est l'abandon. C'est la première chose à comprendre, ensuite les mots de Tilopa deviendront très très clairs. Il faut comprendre les différentes dimensions du tantra - la dimension verticale, la dimension de l'abandon, de l'absence de combat, du relâchement et du naturel, de la détente - comme le dit Chuang Tzu : "La facilité est juste." Avec le yoga, le difficile est juste ; avec le tantra, le facile est juste.

Détendez-vous et soyez à l'aise, il n'y a pas d'urgence. Le tout vous emmène de son propre chef. Vous n'avez pas besoin de faire des efforts individuels, on ne vous demande pas d'atteindre le but avant votre heure, vous l'atteindrez quand le moment sera venu - vous attendez simplement. Le tout est en mouvement - pourquoi êtes-vous pressé ? Pourquoi voulez-vous atteindre le but avant les autres ?

Il y a une belle histoire sur Bouddha : Il a atteint la porte du paradis. Bien sûr, les gens l'attendaient. Ils ont ouvert la porte, ils l'ont accueilli, mais il a tourné le dos à la porte, a regardé le samsara, le monde - des millions d'âmes sur le même chemin, luttant, dans la misère, dans l'angoisse, s'efforçant d'atteindre cette porte du ciel et de la félicité. Le gardien de la porte a dit : "Entrez, s'il vous plaît !

Nous t'avons attendu." Et Bouddha dit : "Comment puis-je venir alors que d'autres ne sont pas arrivés ?

Il semble que ce ne soit pas le bon moment. Comment puis-je y entrer alors que tout le monde n'y est pas entré ? Je dois attendre. C'est comme si ma main avait atteint la porte, mais que mes pieds ne l'avaient pas encore atteinte. Je dois attendre. La main seule ne peut pas entrer."

C'est l'une des idées les plus profondes du tantra. Le tantra dit que personne ne peut devenir illuminé, en fait, seul. Nous faisons partie les uns des autres, nous sommes membres les uns des autres ; nous formons un tout. Une personne peut devenir le sommet, peut devenir une très grande vague - mais elle reste connectée aux petites vagues tout autour. Elle n'est pas seule, elle ne fait qu'un avec l'océan et toutes les vagues qui s'y trouvent. Comment une vague peut-elle devenir éclairée toute seule ?

Il est dit, dans cette belle histoire, que Bouddha attend toujours. Il doit attendre - personne n'est une île, nous formons un continent, nous sommes ensemble. J'ai peut-être fait un pas de plus que vous, mais je ne peux pas être séparé. Et maintenant, je le sais profondément, maintenant ce n'est pas une histoire pour moi - je vous attends. Maintenant, ce n'est pas seulement une parabole, maintenant je sais qu'il n'y a pas d'illumination individuelle. Les individus peuvent prendre un peu d'avance, c'est tout, mais ils restent unis au tout.

Et si une personne éveillée n'est pas consciente qu'elle fait partie des autres, qu'elle est une avec les autres, alors qui le saura ? Nous nous déplaçons comme un seul être, et le tantra dit : "Alors ne soyez pas pressés, n'essayez pas, ne poussez pas les autres, n'essayez pas d'être les premiers de la file - soyez détendus et naturels. Tout va vers l'illumination. Cela va arriver ; ne créez pas d'angoisse à ce sujet". Si vous pouvez comprendre cela, vous en êtes déjà proche ; on se détend. Sinon, les religieux deviennent très très tendus ; même les gens du monde ordinaire ne sont pas aussi tendus que les religieux.

Les mondains ordinaires sont tendus vers des buts mondains ; bien sûr, ils sont tendus, mais pas autant que les religieux, car ils sont tendus vers l'autre monde, et leur monde est très éloigné, invisible, et ils doutent toujours de son existence. Et puis une nouvelle misère surgit : peut-être sont-ils en train de perdre ce monde et l'autre n'existe pas. Ils sont toujours dans l'angoisse, mentalement très perturbés. Ne devenez pas ce type d'homme religieux.

Pour moi, un homme religieux est libre et naturel. Il ne s'inquiète pas de ce monde ou de l'autre monde. Il ne s'en préoccupe pas du tout, il vit simplement et apprécie. Ce moment est le seul moment pour lui, le prochain moment s'occupera de lui-même. Quand le moment suivant viendra, il le recevra aussi en profitant, en étant béat. Un homme religieux n'est pas orienté vers un but. Être orienté vers un but, c'est être mondain. Votre objectif peut être Dieu - cela ne fait aucune différence.

Le tantra est vraiment magnifique. Le tantra est la plus haute compréhension, et le plus grand principe. Si vous ne pouvez pas comprendre le tantra, alors le yoga est pour vous. Si vous pouvez comprendre le tantra, alors ne vous souciez pas des petits enseignements. Quand le grand véhicule est là, pourquoi s'embarrasser de petits bateaux ?

Dans le bouddhisme, il y a deux sectes. Les noms des sectes sont très très significatifs. L'une des sectes est connue sous le nom de Hinayana, le petit véhicule ; c'est la voie du yoga, un petit bateau : vous seul pouvez vous y asseoir, personne d'autre ne peut s'y asseoir, il est si petit. Le yogi se déplace seul. Hinayana signifie le très petit bateau. Et puis il y a une autre secte de bouddhistes qui s'appelle Mahayana, le grand bateau, le grand véhicule. Des millions de personnes peuvent y entrer, le monde entier peut y être absorbé.

Le Mahayana est la voie du tantra et le Hinayana est la voie du yoga. Tilopa est un mahayaniste, un homme qui croit au grand véhicule, au grand principe.

Les petits bateaux sont pour les égoïstes qui ne peuvent tolérer personne d'autre dans le bateau, qui ne peuvent être que seuls, qui sont de grands condamnateurs, qui regardent l'autre toujours avec condamnation. "Vous - et vous essayez d'y arriver ? Tu ne peux pas y arriver, c'est très difficile, seules de rares personnes y arrivent". Ils ne vous permettront pas d'entrer dans le bateau. Le Mahayana a un amour profond pour tous. Tout le monde peut entrer. En fait, il n'existe aucune condition.

Les gens viennent me voir et me disent : " Vous donnez sannyas à tout le monde et à n'importe qui ? ". Sannyas n'a jamais été donné de cette façon. C'est la première fois dans l'histoire du monde que je donne sannyas sans aucune condition. Sannyas a toujours été destiné à des personnes très égoïstes : les gens de l'autre monde, les condamnateurs, les empoisonneurs, qui disent que tout est mal, que tout le monde est mal, que toute cette vie est un péché ; qui ont toujours un regard de "plus saint que vous", vous êtes toujours condamnés. L'enfer est pour vous. Ce sont de grands sannyasins ; ils ont renoncé au monde, le monde du péché, de la saleté et du poison, et vous y êtes encore. Les grands égoïstes ont été les sannyasins.

Pour la première fois, j'ai autorisé tout le monde, j'ai ouvert la porte. En fait, j'ai complètement jeté la porte. Maintenant elle ne peut plus être fermée, maintenant tout le monde est le bienvenu. Pourquoi ? parce que mon attitude est celle du tantra, pas du yoga. Je parle aussi de Patanjali pour ceux qui ne sont pas capables de comprendre le tantra ; sinon, mon attitude est celle du tantra - tout le monde est le bienvenu. Quand Dieu vous accueille, qui suis-je ? Lorsque le monde entier vous soutient et que l'existence vous tolère, non seulement elle vous tolère, mais elle vous donne de l'énergie et de la vie... ? Même si vous commettez des péchés, l'existence ne dit jamais : "Non, plus d'énergie pour vous. Maintenant, tu ne peux plus avoir d'essence. Arrête ! Tu fais trop de bêtises." Non. L'énergie continue à être donnée. Il n'y a jamais de crise d'essence ; l'existence continue à vous soutenir.

C'est arrivé : Un mystique mahométan, Junnaid, interrogea un jour Dieu au sujet d'un de ses voisins : "Cet homme est si mauvais et il crée tant de malheurs pour tout le village, et les gens viennent me voir et me disent : "Tu demandes à ton Dieu, tu pries Dieu, s'il peut se débarrasser de cet homme." Et Junnaid a entendu dans sa prière la voix : "Quand je l'accepte, qui es-tu pour le rejeter ?". Et Junnaid a écrit dans son autobiographie : "Plus jamais je ne lui ai demandé une telle chose, car c'était vraiment stupide de ma part.

S'il a donné naissance à cet homme, s'il l'aide encore à être vivant, non seulement vivant mais florissant, épanoui, alors qui suis-je ?".

L'existence vous donne la vie sans condition. Je vous donne sannyas sans condition. Si l'existence espère en vous de façon si infinie que vous ne pouvez pas détruire son espoir, qui suis-je... ?

Le tantra est pour tous. Il n'est pas destiné à une minorité d'élus. C'est devenu une voie pour une minorité d'élus parce que tout le monde ne la comprendra pas, mais ce n'est pas pour une minorité d'élus - c'est pour tous ; c'est pour tous ceux qui sont prêts à faire le saut.

Maintenant, essayez de comprendre :

DANS MAHAMOUDRA TOUS LES PÉCHÉS SONT BRÛLÉS.

ILS NE DOIVENT PAS ÊTRE ÉQUILIBRÉS PAR DE BONS ACTES.

DANS MAHAMOUDRA TOUS LES PÉCHÉS SONT BRÛLÉS.

Qu'est-ce que ce Mahamoudra, encore et encore ? Que se passe-t-il ? Mahamoudra est un état de votre être lorsque vous n'êtes pas séparé du tout. Mahamoudra est comme un profond orgasme sexuel avec le tout.

Lorsque deux amants sont dans un orgasme sexuel profond, ils se fondent l'un dans l'autre ; alors la femme n'est plus la femme, l'homme n'est plus l'homme. Ils deviennent comme le cercle du yin et du yang, se rejoignent, se rencontrent, se fondent, oubliant leur propre identité. C'est pourquoi l'amour est si beau. Cet état s'appelle mudra, cet état de profond rapport orgasmique s'appelle mudra.

Et l'état final de l'orgasme avec le tout est appelé Mahamoudra, le grand orgasme.

Que se passe-t-il dans l'orgasme, dans l'orgasme sexuel ? Vous devez le comprendre car c'est la seule façon de vous donner la clé de l'orgasme final. Que se passe-t-il ? Quand deux amants sont là... et rappelez-vous toujours : deux amants, pas une femme et un mari, parce qu'avec une femme et un mari, cela n'arrive presque jamais, parce que les femmes et les maris deviennent des rôles de plus en plus fixes, ils ne sont pas fondus et fluides. "Mari" est devenu un rôle, "femme" est devenu un rôle. Ils agissent. La femme doit agir en tant que femme, qu'elle le veuille ou non ; le mari doit agir en tant que mari. C'est devenu une chose légale.

Une fois, j'ai demandé à Mulla Nasruddin : "Combien d'années avez-vous été marié, Nasruddin ?"

Il a dit : "Vingt ans et quelques."

Alors j'ai demandé, "Pourquoi les appelez-vous 'bizarres' ?"

Il a dit : "Quand tu verras ma femme, tu comprendras."

Les épouses et les maris sont des phénomènes sociaux... une institution, ce n'est pas une relation. C'est une institution, c'est un phénomène forcé - non pas par amour, mais pour d'autres raisons : sécurité économique, sécurité, enfants, société, culture, religion, tout le reste sauf l'amour.

L'orgasme ne se produit presque jamais entre une femme et un mari - à moins qu'ils ne soient également amants. C'est possible : vous pouvez être une épouse ou un mari et un amant ; vous pouvez aimer votre femme. Dans ce cas, c'est totalement différent, mais alors ce n'est plus du tout un mariage, ce n'est plus une institution.

En Orient, parce que le mariage existe depuis des milliers d'années, les gens ont complètement oublié ce qu'est l'orgasme. Je n'ai pas rencontré une seule femme indienne qui sache ce qu'est l'orgasme.

Certaines femmes occidentales, en l'espace de quelques années, vingt-cinq ans, ont pris conscience que l'orgasme est quelque chose qui vaut la peine d'être atteint ; sinon, les femmes ont complètement oublié qu'elles ont une quelconque possibilité d'orgasme dans leur corps.

C'est l'une des choses les plus malheureuses qui aient pu arriver à l'humanité. Et quand la femme ne peut pas avoir d'orgasme, l'homme ne peut pas en avoir non plus, car l'orgasme est une rencontre entre les deux. Seuls deux êtres, lorsqu'ils se fondent l'un dans l'autre, peuvent l'avoir. Ce n'est pas que l'un puisse l'avoir et l'autre pas - ce n'est pas possible. La libération est possible, l'éjaculation est possible ; le soulagement est possible, mais pas l'orgasme. Qu'est-ce que l'orgasme ?

L'orgasme est un état où votre corps n'est plus ressenti comme une matière, il vibre comme une énergie, une électricité. Il vibre si profondément, depuis le fondement même, que vous oubliez complètement qu'il est une chose matérielle. Il devient un phénomène électrique - et c'est un phénomène électrique.

Or les physiciens disent qu'il n'y a pas de matière, que toute matière n'est qu'apparence ; au fond, ce qui existe, c'est l'électricité, pas la matière. Dans l'orgasme, vous arrivez à cette couche la plus profonde de votre corps où la matière n'existe plus, juste des ondes d'énergie ; vous devenez une énergie dansante, vibrante. Vous n'avez plus de limites - vous palpitez, mais vous n'avez plus de substance. Et votre bien-aimé(e) pulse aussi.

Et de plus en plus, s'ils s'aiment et s'abandonnent l'un à l'autre, ils s'abandonnent à ce moment de pulsation, de vibration, d'être de l'énergie, et ils n'ont pas peur..... Parce que c'est la mort - comme quand le corps perd ses limites, quand le corps devient comme une chose vaporeuse, quand le corps s'évapore substantiellement et qu'il ne reste que l'énergie, un rythme très subtil, mais vous vous retrouvez comme si vous n'étiez pas. Ce n'est que dans l'amour profond que l'on peut y accéder. L'amour est comme la mort : vous mourez en ce qui concerne votre image matérielle, vous mourez dans la mesure où vous pensez être un corps ; vous mourez en tant que corps et vous évoluez en tant qu'énergie, énergie vitale.

Et lorsque la femme et le mari, ou les amants, ou les partenaires, commencent à vibrer en rythme, les battements de leur cœur et de leur corps s'unissent, cela devient une harmonie - alors l'orgasme se produit, alors ils ne sont plus deux. C'est le symbole du yin et du yang : le yin se déplace dans le yang, le yang se déplace dans le yin ; l'homme se déplace dans la femme, la femme se déplace dans l'homme. Maintenant ils forment un cercle et ils vibrent ensemble, ils pulsent ensemble. Leurs cœurs ne sont plus séparés, leurs battements ne sont plus séparés ; ils sont devenus une mélodie, une harmonie. C'est la plus grande musique possible ; toutes les autres musiques ne sont que des choses faibles comparées à elle, des choses de l'ombre comparées à elle.

Cette vibration de deux en un est l'orgasme. Lorsque la même chose se produit, non pas avec une autre personne, mais avec l'existence entière, alors c'est le Mahamoudra, alors c'est le grand orgasme. Cela se produit. Je voudrais vous dire comment vous pouvez l'essayer, pour que le Mahamoudra devienne possible, le grand orgasme.

En Indonésie, il y a un homme très rare, Bapak Subuh. Il est arrivé sans le savoir à une méthode connue sous le nom de latihan. Il est tombé dessus par hasard, mais le latihan est l'une des plus anciennes méthodes du tantra. Ce n'est pas un phénomène nouveau ; le latihan est le premier pas vers le Mahamoudra. Il s'agit de permettre au corps de vibrer, de permettre au corps de devenir de l'énergie, non substantielle, non matérielle ; de permettre au corps de fondre et de dissoudre les frontières.

Bapak Subuh est un mahométan mais son mouvement est connu sous le nom de "Subud". Ce mot est bouddhiste.

"Subud" vient de trois mots : "su", "bu", "dha" - "su" signifie sushila, "bu" signifie Bouddha, "dha"

signifie dharma ; Subud signifie sushila-Buddha-dharma. La signification est : la loi de grande vertu dérivée de Bouddha, la loi de grande vertu de Bouddha. C'est ce que Tilopa appelle le grand enseignement.

Le latihan est simple. C'est la première étape. Il faut se tenir détendu, libre et naturel. C'est bien si vous vous tenez seul et que personne n'est là pour vous déranger. Fermez votre chambre, restez seul. Si vous pouvez trouver quelqu'un qui a déjà fait un pas dans le latihan, sa présence peut être utile, sa présence même fonctionne comme un agent catalyseur, il devient l'ouvreur. Donc, quelqu'un qui est déjà un peu avancé peut vous ouvrir très facilement ; sinon, vous pouvez vous ouvrir vous-même aussi. Un peu plus de temps sera nécessaire, c'est tout. Sinon, un ouvreur est bon.

Si un ouvreur se tient juste à côté de vous, il commence son latihan : vous vous tenez simplement debout et son énergie commence à pulser avec vous, son énergie commence à se déplacer autour de vous, comme un parfum il vous entoure - soudain vous ressentez la musique. Tout comme lorsqu'il y a un bon chanteur, ou que quelqu'un joue d'un instrument, vous commencez à battre des pieds, ou vous commencez à taper sur la chaise, ou vous commencez à pulser avec elle - juste comme ça, une énergie profonde en lui se déplace et toute la pièce et la qualité de la pièce est immédiatement changée.

Vous ne devez rien faire ; vous devez simplement être là, détendu et naturel, attendant simplement que quelque chose se passe. Et si votre corps commence à bouger, vous devez le permettre, vous devez simplement coopérer et permettre.

La coopération ne doit pas devenir trop directe, elle ne doit pas devenir une poussée ; elle doit rester une simple autorisation. Votre corps commence à bouger soudainement, comme si vous étiez possédé, comme si une grande énergie venant d'en haut était descendue sur vous, comme si un nuage était venu vous entourer - et maintenant vous êtes possédé par ce nuage, et le nuage pénètre dans votre corps, et votre corps commence à faire des mouvements. Vos mains sont levées, vous faites des mouvements subtils, vous commencez une petite danse, des gestes doux ; votre corps est pris.

Si vous connaissez un peu l'écriture automatique, il vous sera facile de suivre ce qui se passe dans le latihan. En écriture automatique, vous prenez un crayon en main, vous fermez les yeux, vous attendez. Soudain, vous ressentez une secousse dans la main : votre main est possédée, comme si quelque chose était entré. Vous ne devez rien faire, car si vous le faites, cela ne viendra pas de l'au-delà, ce sera votre fait. Vous devez simplement permettre. Détendu et naturel - Les mots de Tilopa sont merveilleux ; ils ne peuvent être améliorés. Lâche et naturel, vous attendez avec le crayon, les yeux fermés ; quand la secousse arrive et que la main commence à bouger, vous devez le permettre, c'est tout. Vous ne devez pas y résister, car vous pouvez résister. L'énergie est très subtile et, au début, pas très puissante. Si vous l'arrêtez, elle peut être arrêtée. Et l'énergie n'est pas agressive ; si vous ne permettez pas, elle ne viendra pas. Si vous doutez, cela ne se produira pas, car avec le doute, votre main résistera. Avec le doute, vous ne permettrez pas, vous vous battrez. C'est pourquoi la confiance est si importante, shraddha. Vous faites simplement confiance et vous laissez votre main ; de temps en temps, la main commence à bouger, maintenant la main commence à faire des mouvements sur le papier - permettez-le. Puis quelqu'un pose simplement une question, ou vous posez vous-même une question ; laissez la question être là, libre dans l'esprit, pas très persistante, pas forçante ; posez simplement la question et attendez. Et soudain, la réponse est écrite.

Si dix personnes essaient, au moins trois personnes seront absolument capables d'écrire automatiquement. Trente pour cent des gens ne savent pas qu'ils peuvent devenir aussi réceptifs. Et cela peut devenir une grande force dans votre vie. Les explications diffèrent... ce qui se passe - ce n'est pas important. L'explication la plus profonde que je trouve vraie est la suivante : votre centre le plus élevé possède votre centre le plus bas ; votre pic de conscience le plus élevé s'empare de votre esprit inconscient le plus bas. Vous demandez et votre propre être intérieur répond. Personne d'autre n'est là, mais votre être intérieur, que vous ne connaissez pas, vous est très supérieur.

Votre être le plus intime est la possibilité de votre épanouissement ultime. C'est comme si la fleur prenait possession de la graine et répondait. La graine ne sait pas, mais la fleur... comme si votre possibilité prenait possession de votre actualité et répondait ; comme si votre ultime potentialité prenait possession de ce que vous êtes, et répondait. Ou bien le futur prend possession du passé, l'inconnu prend possession du connu, l'informe prend possession de la forme - ce sont des métaphores, mais je pense que vous en comprendrez la signification - comme si votre vieillesse prenait possession de votre enfance, et répondait.

La même chose se produit dans le latihan avec le corps entier. Dans l'écriture automatique, vous ne laissez que votre main libre et naturelle. Dans le latihan, vous laissez votre corps entier libre et vous attendez, vous coopérez, et soudain vous ressentez une envie. La main se lève d'elle-même, comme si quelqu'un la tirait par des ficelles invisibles - permettez-le. Et la jambe se met en mouvement ; vous tournez, vous commencez une petite danse ; très chaotique, sans rythme, sans manipulation, mais peu à peu, à mesure que vous vous enfoncez, elle prend son propre rythme. Puis ce n'est plus chaotique, cela prend son propre ordre, cela devient une discipline, mais pas forcée par vous. C'est votre possibilité la plus élevée qui prend possession de votre corps le plus bas et le fait bouger.

Le latihan est la première étape. Et, au fur et à mesure, vous vous sentirez si bien en le faisant que vous aurez l'impression qu'une rencontre a lieu entre vous et le cosmos. Mais ce n'est que le premier pas. C'est pourquoi, en Subud, il manque quelque chose. Le premier pas en lui-même est très beau, mais ce n'est pas le dernier pas. Je voudrais que vous la complétiez. Pendant trente minutes au moins - soixante serait merveilleux ; de trente à soixante minutes, vous atteignez soixante minutes de danse latihan.

En soixante minutes, votre corps, de pore en pore, de cellule en cellule, est nettoyé ; c'est une catharsis, vous êtes complètement renouvelé, toutes les saletés sont brûlées. C'est ce que dit Tilopa : dans le Mahamoudra, tous les péchés de chacun sont brûlés. Le passé est jeté au feu. C'est une nouvelle naissance, une renaissance. Et vous sentez l'énergie vous envahir, entrer et sortir. Et la danse n'est pas seulement à l'extérieur. Bientôt, quand vous serez en harmonie avec elle, vous sentirez aussi une danse intérieure. Non seulement votre corps danse, mais l'énergie danse à l'intérieur, et les deux coopèrent l'un avec l'autre. Et puis une pulsation se produit, et vous sentez que vous palpitez avec l'univers - vous avez trouvé le rythme universel.

Trente à soixante minutes, c'est le temps qu'il faut : commencez par trente, terminez par soixante. Quelque part entre les deux, vous aurez le bon moment. Et vous finirez par savoir : si vous vous sentez en accord vers quarante minutes, c'est le bon moment ; si vous vous sentez en accord à vingt minutes, c'est le bon moment. Ensuite, votre méditation doit aller au-delà : si vous vous sentez accordé à dix minutes, vingt minutes suffiront ; si vous vous sentez accordé à quinze minutes, trente minutes suffiront. Faites-le en double, ne prenez pas de risques, pour que vous soyez vraiment complètement nettoyé. Et terminez par une prière.

Lorsque vous êtes complètement nettoyé et que vous sentez que votre corps est rafraîchi - vous avez été sous une pluie d'énergie, et tout votre corps se sent un, indivisé ; et la substantialité du corps est perdue, vous le sentez plus comme une énergie, un mouvement, un processus, non matériel - maintenant vous êtes prêt. Ensuite, mettez-vous à genoux sur la terre.

S'agenouiller est magnifique ; tout comme les soufis s'agenouillent, ou les mahométans font leur prière dans la mosquée, agenouillez-vous comme eux car c'est la meilleure posture pour le latihan. Ensuite, levez vos deux mains vers le ciel, les yeux fermés, et sentez-vous comme un récipient creux, un bambou creux ; à l'intérieur, creux, comme un pot de terre. Votre tête est l'ouverture du pot, et l'énergie tombe énormément sur votre tête, comme si vous vous teniez sous une cascade. Et vous serez réellement debout - après le latihan, vous le sentirez ; c'est comme une chute d'eau, pas comme une douche. Lorsque vous serez prêt, elle tombera avec plus de force, plus fort, et votre corps commencera à trembler, à s'agiter, comme une feuille dans un vent fort ; si vous vous êtes déjà tenu sous une chute d'eau, vous le saurez. Si vous n'avez jamais été sous une chute d'eau, allez-y, mettez-vous sous une chute d'eau et sentez ce que vous ressentez. Cette même sensation vous viendra après le latihan. Sentez-vous creux à l'intérieur, rien à l'intérieur, juste le vide - et l'énergie vous remplit, vous remplit complètement.

Laissez-la tomber en vous aussi profondément que possible, afin qu'elle puisse atteindre les coins les plus reculés de votre corps, de votre esprit et de votre âme. Et quand vous le sentez - vous êtes tellement rempli, et tout votre corps tremble - agenouillez-vous, posez votre tête sur la terre, et versez l'énergie dans la terre. Quand vous sentez que l'énergie déborde, versez-la dans la terre. Prenez au ciel, rendez à la terre, et vous ne serez qu'un bambou creux entre les deux.

Cela doit être fait sept fois. Prenez du ciel et versez sur la terre et embrassez la terre, et versez - soyez complètement vide. Versez aussi complètement que vous l'avez fait pour le remplissage, soyez complètement vide. Puis levez à nouveau vos mains, remplissez à nouveau, versez à nouveau. Il faut le faire sept fois, parce qu'à chaque fois, il pénètre un chakra du corps, un centre du corps ; à chaque fois, il va plus profondément en vous. Et si vous le faites moins de sept fois, vous vous sentirez agité après cela, car l'énergie restera suspendue quelque part entre les deux.

Non, il faut qu'elle pénètre les sept chakras de votre corps pour que vous deveniez complètement creux, un passage. L'énergie tombe du ciel et va dans la terre, vous êtes mis à la terre, vous faites simplement passer l'énergie à la terre, comme l'électricité. Pour l'électricité, nous devons mettre un fil de terre. L'énergie vient du ciel et va dans la terre, vous êtes mis à la terre - simplement un récipient, un bambou creux qui transmet l'énergie. Sept fois - vous pouvez faire plus, mais pas moins. Et ce sera un Mahamoudra complet.

Si vous le faites tous les jours, bientôt, d'ici trois mois quelque part, un jour vous sentirez que vous n'êtes pas là.

Juste l'énergie qui pulse avec l'univers - personne n'est là, l'ego est complètement perdu, le faiseur n'est pas là. L'univers est là, et vous êtes là, la vague qui pulse avec l'océan - c'est le Mahamoudra. C'est l'orgasme final, l'état de conscience le plus béat qui soit.

C'est comme si deux amants faisaient l'amour, mais en multipliant le phénomène par des millions - parce que maintenant vous faites l'amour avec l'univers entier. C'est pourquoi le tantra est connu comme le yoga du sexe ; le tantra est connu comme la voie de l'amour.

Dans le Mahamoudra, tous les péchés de chacun sont brûlés : dans le Mahamoudra, on est libéré de la prison de ce monde.

C'est le flambeau suprême du dharma. Ceux qui n'y croient pas sont des fous, qui se vautrent toujours dans la misère et le chagrin.

Et Tilopa est parfaitement clair. Il est absolument franc. Il dit : "Ceux qui n'y croient pas sont des imbéciles."

Pourquoi les qualifier d'insensés ? Il ne les appelle pas pécheurs, il ne les appelle pas irréligieux, il les appelle simplement fous - parce que, en ne le croyant pas, ils passent à côté de la plus grande félicité que la vie puisse leur donner.

Ce sont simplement des imbéciles ! Et cela ne peut se produire que si vous avez confiance. A moins que vous ne fassiez confiance au point de vous abandonner complètement, cela ne peut pas arriver. Toute félicité, tous les moments de félicité, n'arrivent que lorsque vous vous abandonnez. Même la mort devient belle si tu peux t'y abandonner, alors que dire de la vie ? Si vous vous rendez, bien sûr, la vie est la plus grande bénédiction, c'est une bénédiction. Vous manquez le cadeau ultime parce que vous ne pouvez pas faire confiance.

Si vous voulez apprendre quelque chose, apprenez la confiance - rien d'autre n'est nécessaire. Si vous êtes malheureux, rien d'autre ne vous aidera - apprenez la confiance. Si vous ne donnez aucun sens à votre vie et que vous vous sentez dépourvu de sens, rien ne vous aidera - apprenez la confiance. La confiance donne un sens parce que la confiance vous rend capable de permettre au tout de descendre sur vous.

CEUX QUI N'Y CROIENT PAS SONT DES FOUS, QUI SE COMPLAISENT DANS LA MISÈRE ET LE CHAGRIN.

POUR S'EFFORCER DE SE LIBÉRER, IL FAUT S'EN REMETTRE À UN GOUROU. LORSQUE VOTRE ESPRIT REÇOIT SA BÉNÉDICTION, L'ÉMANCIPATION EST À PORTÉE DE MAIN.

Pourquoi croire en un gourou ? Pourquoi croire en un maître ? - Parce que l'inconnu est très loin de vous. Ce n'est qu'un rêve, un espoir tout au plus, une réalisation de souhait.

Vous m'écoutez ; je peux parler de la félicité, mais cette félicité reste un mot. Vous pouvez la désirer, mais vous ne savez pas ce que c'est, vous n'en connaissez pas le goût. Elle est très très loin de vous. Vous êtes profondément dans la misère, dans l'angoisse. Dans votre misère et votre angoisse, vous pouvez commencer à espérer, à attendre, à désirer la félicité, mais cela ne vous aidera pas - vous avez besoin d'y goûter vraiment. Qui vous le donnera ? Seul celui qui y a goûté : il peut devenir l'ouvreur. Il peut agir comme un agent catalyseur. Il ne fera rien ; juste sa présence, et c'est de lui que l'inconnu coule vers vous. Il est comme une fenêtre. Vos portes sont fermées ? - Ses portes ne sont pas fermées. Vos fenêtres sont fermées et vous avez oublié comment les ouvrir ? - Ses fenêtres ne sont pas fermées. Par sa fenêtre, vous pouvez regarder le ciel ; par lui, vous pouvez l'entrevoir.

Un maître, un gourou, n'est rien d'autre qu'une fenêtre. Il faut passer par lui, il faut y goûter un peu - alors vous pouvez aussi ouvrir vos propres fenêtres ; sinon, tout reste verbal. Vous pouvez lire Tilopa, mais si vous ne trouvez pas

Tilopa, rien ne vous arrivera. Votre esprit peut continuer à dire : "Peut-être que cet homme est fou, qu'il a des hallucinations, qu'il rêve, qu'il est un philosophe, qu'il pense, qu'il est un poète." Mais comment cela peut-il arriver ? Comment est-il possible pour vous d'être béat ? Vous n'avez connu que la misère et la souffrance, vous n'avez connu que le poison. Vous ne pouvez pas croire à l'élixir ; vous ne l'avez pas connu, alors comment pouvez-vous y croire ?

Un maître n'est rien d'autre qu'un phénomène personnifié de la félicité totale. En lui, elle est là, vibrante. Si vous lui faites confiance, ses vibrations peuvent vous atteindre. Un maître n'est pas un enseignant, il ne vous enseigne pas. Un maître n'est pas concerné par les doctrines et les principes - un maître est une présence. Si vous lui faites confiance, il est disponible. Un maître est une disponibilité. A travers lui, vous aurez le premier aperçu du divin.

Ensuite, vous pourrez vous débrouiller tout seul.

POUR LUTTER POUR LA LIBÉRATION ON DEVRAIT COMPTER... SUR UN MAÎTRE,... SUR UN GOUROU. QUAND VOTRE ESPRIT REÇOIT SA BÉNÉDICTION, L'ÉMANCIPATION EST À PORTÉE DE MAIN.

Un maître ne peut pas vous donner l'émancipation, mais il peut vous amener au bord de l'émancipation. Il ne peut pas vous donner l'émancipation ; cela doit être réalisé par vous, car une chose donnée par quelqu'un peut être prise par quelqu'un d'autre. Seul ce qui est à vous peut être à vous. Un maître ne peut pas vous donner, il peut seulement vous bénir - mais sa bénédiction est un phénomène vital. Grâce à lui, vous pouvez regarder dans votre propre avenir. Grâce à lui, vous pouvez être conscient de votre propre destin. Grâce à lui, les sommets les plus éloignés s'approchent, se rapprochent. Grâce à lui, tu commences à monter, comme une graine qui essaie de germer vers le ciel. Sa bénédiction peut arroser ta graine.

En Orient, la bénédiction du maître est très très importante. L'Occident est resté complètement inconscient de ce phénomène. L'Occident connaît des enseignants, pas des maîtres. Les enseignants sont ceux qui vous enseignent la vérité. Un maître est celui qui vous en donne le goût. Un maître peut être quelqu'un qui ne se connaît pas lui-même, il peut avoir appris d'autres maîtres. Cherchez un maître. Les enseignants sont nombreux, les maîtres sont peu nombreux.

Et comment allez-vous chercher un maître ? Il suffit de bouger. Chaque fois que vous entendez une rumeur selon laquelle quelqu'un est devenu illuminé, allez-y et restez disponible. Ne soyez pas un penseur, soyez plutôt un amoureux - car un maître se trouve par le biais du sentiment. On trouve un maître par la pensée : écoutez le maître, son appel logique sera là, ses arguments. Mangez le maître, buvez le maître. Écouter ne sert à rien car il est un phénomène vivant ; l'énergie est là. Si vous le buvez et le mangez, alors seulement vous prendrez conscience d'une qualité d'être différente.

Une grande réceptivité est nécessaire, une grande réceptivité féminine est nécessaire pour trouver le maître. Et si vous êtes disponible et qu'un maître vivant est là, tout à coup, il y a un déclic. Il n'y a rien à faire de votre côté - vous êtes simplement là. C'est un tel phénomène d'énergie vitale que si vous êtes disponible, un déclic se produit, vous êtes pris. C'est un phénomène d'amour. Vous ne pouvez prouver à personne d'autre : "J'ai trouvé le maître". Il n'y a pas de preuve. N'essayez pas de le faire, car n'importe qui peut apporter des preuves contre cela. Vous l'avez trouvé et vous le savez ; vous avez goûté et vous le savez. Cette connaissance est celle du cœur, du sentiment.

Dit Tilopa :

POUR S'EFFORCER DE SE LIBÉRER, IL FAUT S'EN REMETTRE À UN GOUROU. LORSQUE VOTRE ESPRIT REÇOIT SES BÉNÉDICTIONS, L'ÉMANCIPATION EST À PORTÉE DE MAIN.

Le mot même de "gourou" a une signification. Le mot "maître" n'a pas cette signification. Le maître semble être quelqu'un qui a maîtrisé une chose, a suivi un long entraînement, s'est discipliné, est devenu un maître. "Gourou" est totalement différent.

Le mot "guru" signifie quelqu'un de très très lourd, un nuage lourd qui n'attend que votre soif pour se déverser ; une fleur lourde de parfum qui n'attend que vos narines pour pénétrer. Le mot "guru" signifie lourd, très lourd - lourd d'énergie et d'inconnu, lourd de divin, lourd comme une femme enceinte.

Un maître est enceinte de Dieu. C'est pourquoi, en Orient, on appelle le gourou, Dieu lui-même. L'Occident ne peut pas le comprendre parce qu'ils pensent que "Dieu" signifie le créateur du monde. Ici, nous ne nous préoccupons pas beaucoup du créateur. Nous appelons le gourou, Dieu.

Pourquoi ? parce qu'il est enceint du divin ; il est lourd du divin. Il est prêt à se déverser ; seule votre soif, une terre assoiffée est nécessaire.

Il n'a rien maîtrisé en fait ; il n'a suivi aucune formation, il ne s'est pas discipliné. Ce n'est pas un art dont il est devenu le maître - non. Il a vécu la vie dans sa totalité, non pas comme une discipline, mais de façon naturelle et libre. Il ne s'est pas forcé. Il s'est déplacé au gré des vents ; il a permis à la nature de suivre son propre cours. Et à travers des millions d'expériences de souffrance, de douleur, de félicité et de bonheur, il est devenu mature, il est devenu mûr. Un gourou est un fruit mûr qui attend juste de tomber, lourd. Si vous êtes prêt à le recevoir, il peut tomber en vous.

Un gourou est un phénomène totalement oriental. L'Occident n'en est pas encore conscient. En Occident, il est difficile de le ressentir. Pourquoi aller se prosterner devant un gourou ? Pourquoi mettre votre tête à ses pieds ? Cela semble humiliant. Mais si vous voulez recevoir, vous devez vous prosterner. Il est lourd, il peut verser, mais alors vous devez vous incliner, sinon vous ne le recevrez pas.

Lorsqu'un disciple avec une confiance totale s'incline aux pieds de son maître, il se passe là quelque chose qui n'est pas visible pour les yeux. Une énergie tombe du maître et pénètre dans le disciple. Quelque chose d'invisible pour les yeux se passe là. Si vous devenez conscient, vous pouvez également le voir - l'aura du maître, son arc-en-ciel, se déversant dans le disciple. Vous verrez que cela se produit en fait.

Le maître est lourd d'énergie divine. Et il a une énergie infinie maintenant, il peut la déverser sur des disciples infinis. Il peut travailler seul avec des millions de disciples. Il n'est jamais épuisé parce que maintenant il est connecté avec le tout ; il a trouvé la source de tout. Grâce à lui, vous pouvez aussi faire le saut dans cet abîme. S'abandonner à Dieu est difficile car vous ne savez pas où il se trouve. Il n'a jamais donné son adresse à personne. Mais on peut trouver un gourou. Si vous me demandez ce qu'est un gourou, je vous répondrai : le gourou est l'adresse de Dieu.

LORSQUE VOTRE ESPRIT REÇOIT SES BÉNÉDICTIONS, L'ÉMANCIPATION EST À PORTÉE DE MAIN.

Alors vous pouvez être certain que vous avez été accepté. Lorsque vous pouvez sentir les bénédictions du maître se déverser sur vous, se répandre sur vous comme des fleurs, vous pouvez être certain que l'émancipation est proche.

C'est arrivé : Un des disciples de Bouddha, Sariputta, se prosterna un jour aux pieds de Bouddha. Soudain, il sentit l'énergie tomber sur lui. Il sentit une transformation soudaine, une mutation de tout son esprit, comme s'il était détruit et créé à nouveau. Il s'écria : "Non ! Attendez un peu." Toute l'assemblée des disciples du Bouddha ne comprenait pas ce qui se passait. Il leur dit : "Attendez un peu - pas si vite !"

Bouddha a dit : "Mais pourquoi ?"

Il a dit : "Alors ces pieds seront perdus pour moi". Attendez un peu. L'émancipation est à portée de main et je voudrais être avec vous un peu plus longtemps. Ne me repousse pas si vite" - parce qu'une fois que le maître a béni et que l'émancipation est à portée de main, c'est la dernière chose : on doit dire au revoir au maître. Sariputta dit : "Attends !"

Sariputta est devenu illuminé plus tard. Bouddha lui a dit : "Maintenant, tu peux partir. J'ai attendu suffisamment longtemps. Maintenant tu vas répandre ce que je t'ai donné, va le donner aux autres."

Sariputta a dû s'en aller, pleurant et criant. Quelqu'un a demandé : "Tu es devenu illuminé et tu pleures et cries ?"

Il a dit : " Oui, je suis devenu illuminé - mais je peux jeter la félicité de l'illumination si Bouddha me permet de vivre à ses pieds. "

Une gratitude si profonde - et puis, quel que soit l'endroit où vivait Sariputta, chaque jour, le matin, il se prosternait dans la direction où il savait que le Bouddha se déplaçait. Et les gens lui demandaient encore et encore : "Pourquoi fais-tu cela ? Devant qui te prosternes-tu ?" Il répondait : "Bouddha se déplace dans le sud."

Lorsque les derniers jours de Sariputta arrivèrent, il demanda : " Où est Bouddha en ce moment ? - car je voudrais mourir en me prosternant dans cette direction." Et il mourut en se prosternant dans la direction où se trouvait Bouddha. Lorsque l'énergie est reçue, lorsque la bénédiction finale vient du maître - l'émancipation est proche - il faut faire ses adieux.

Dans le zen, lorsqu'un disciple vient chez un maître au Japon, il apporte sa natte. Il déroule sa natte devant le maître, s'assoit sur la natte, écoute le maître ; il vient chaque jour, suit ce qu'il dit, laisse la natte là - pendant des années. Puis, le jour où il reçoit la bénédiction finale, il déroule à nouveau la natte, la reprend, s'incline et quitte le maître. Cette natte est symbolique. Chaque fois qu'un disciple roule à nouveau le tapis, les autres savent qu'il a reçu la bénédiction. Maintenant, c'est l'adieu final.

HÉLAS, TOUTES LES CHOSES DE CE MONDE N'ONT AUCUN SENS, ELLES NE SONT QUE DES GRAINES DE CHAGRIN.

LES PETITS ENSEIGNEMENTS CONDUISENT À DES ACTES - ON NE DEVRAIT SUIVRE QUE LES GRANDS ENSEIGNEMENTS.

Le tantra est le grand enseignement. Les petits enseignements vous disent ce qu'il faut faire, ce qu'il ne faut pas faire. Ils vous donnent dix commandements : "Fais ceci, ne fais pas cela" - de petits enseignements. Un grand enseignement ne vous donne aucun commandement. Il ne s'intéresse pas à ce que vous faites, il s'intéresse à ce que vous êtes. Votre être, votre centre, votre conscience - c'est la seule chose significative.

Dit Tilopa :

HÉLAS, TOUTES LES CHOSES DE CE MONDE N'ONT AUCUN SENS, ELLES NE SONT QUE DES GRAINES DE CHAGRIN.

LES PETITS ENSEIGNEMENTS CONDUISENT À DES ACTES - IL FAUT SUIVRE LES ENSEIGNEMENTS QUI SONT GRANDS.

Dans ce monde, tout est la graine du chagrin. Mais un rayon de lumière entre dans le monde chaque fois qu'une personne devient éclairée. Dans ce monde, tout est une graine de tristesse, mais un rayon de lumière vient d'en haut chaque fois qu'une personne devient éclairée. Suivez ce rayon de lumière et vous pourrez atteindre la source même de la lumière, le soleil.

"Et rappelez-vous," dit Tilopa, "ne devenez pas une victime des petits enseignements." Beaucoup le sont. Les gens viennent me voir, ils disent : "Nous sommes végétariens. Cela nous mènera-t-il à l'illumination ?" - Un tout petit enseignement. Ils disent : "Nous ne mangeons pas la nuit. Cela nous conduira-t-il à l'illumination ?" - Un tout petit enseignement. Ils disent : "Nous croyons au célibat" - un enseignement très limité. Ils font beaucoup de choses, mais une chose qu'ils ne touchent jamais - c'est leur être. Ils gèrent leur caractère, ils essaient d'être aussi sages que possible, mais tout cela reste une décoration. Une discipline venant de l'extérieur est une décoration. Elle devrait venir de l'intérieur, elle devrait se répandre vers la périphérie à partir du centre. Elle ne doit pas être imposée de la périphérie vers le centre.

Le grand enseignement est le suivant : vous êtes déjà ce que vous pouvez être - réalisez-le. Vous êtes déjà le but - soyez-en conscient. En ce moment même, ton destin peut s'accomplir. Qu'attendez-vous ? Ne croyez pas aux étapes graduelles - faites le saut, soyez courageux. Seul celui qui est courageux peut suivre le grand enseignement du tantra.

Peur, peur - peur de mourir, peur de vous perdre, peur de vous rendre - vous deviendrez une victime des petits enseignements, parce que vous pouvez gérer les petits enseignements. Ne pas manger ceci, ne pas faire cela, vous pouvez le gérer ; vous gardez le contrôle. Le grand enseignement est de s'abandonner, d'abandonner votre contrôle et de laisser le tout vous emmener où il veut. Ne nagez pas à contre-courant. Laissez-vous dans la rivière, devenez la rivière - et la rivière va déjà vers la mer. C'est le grand enseignement.

Le chemin sans chemin

LA CHANSON CONTINUE :

TRANSCENDER LA DUALITÉ EST LA VISION ROYALE. VAINCRE LES DISTRACTIONS EST LA PRATIQUE ROYALE. LA VOIE DE LA NON-PRATIQUE EST LA VOIE DE TOUS LES BOUDDHAS. CELUI QUI EMPRUNTE CETTE VOIE ATTEINT L'ÉTAT DE BOUDDHA.

CE MONDE EST ÉPHÉMÈRE, COMME LES FANTÔMES ET LES RÊVES, IL N'A PAS DE SUBSTANCE.

RENONCEZ-Y ET ABANDONNEZ VOS PROCHES, COUPEZ LES FICELLES DE LA LUXURE ET DE LA HAINE, ET MÉDITEZ DANS LES BOIS ET LES MONTAGNES.

SI SANS EFFORT VOUS RESTEZ LÂCHEMENT DANS L'ÉTAT NATUREL, BIENTÔT MAHAMOUDRA VOUS GAGNEREZ ET ATTEINDREZ LA NON-RÉALISATION.

Il y a deux voies. L'une est la voie du guerrier, du soldat ; l'autre est la voie du roi, la voie royale. Le yoga est la première voie, le tantra est la seconde. Vous devrez donc d'abord comprendre ce qu'est la voie du soldat, du guerrier, et seulement ensuite vous pourrez comprendre ce que Tilopa entend par voie royale.

Un soldat doit se battre pouce par pouce ; un soldat doit être agressif, un soldat doit être violent ; l'ennemi doit être détruit, ou conquis.

Le yoga tente de créer un conflit en vous. Il vous donne une distinction claire et nette entre ce qui est mal et ce qui est bien, ce qui est bon et ce qui est mauvais, ce qui appartient à Dieu et ce qui appartient au diable.

Et presque toutes les religions, à l'exception du tantra, suivent la voie du yoga. Elles divisent la réalité et créent un conflit intérieur ; c'est par le conflit qu'elles avancent.

Par exemple : vous avez de la haine en vous ; le chemin du guerrier est de détruire la haine en vous. Tu as de la colère, de l'avidité, du sexe et des millions d'autres choses. Le chemin du guerrier consiste à détruire tout ce qui est mauvais, négatif, et à développer tout ce qui est positif et juste. La haine doit être détruite et l'amour doit évoluer.

La colère doit être complètement détruite et la compassion créée. Le sexe doit disparaître et laisser place à BRAHMACHARYA, au célibat pur. Le yoga vous coupe immédiatement avec une épée en deux parties : le bien et le mal ; le bien doit l'emporter sur le mal.

Que ferez-vous ? La colère est là - qu'est-ce que le yoga suggère de faire ? Il suggère : créez l'habitude de la compassion, créez le contraire ; faites-en une habitude telle que vous commencez à fonctionner comme un robot - c'est pourquoi on l'appelle la voie du soldat. Dans le monde entier, tout au long de l'histoire, le soldat a été formé à une existence de robot ; il doit créer des habitudes.

Les habitudes fonctionnent sans conscience, elles n'ont pas besoin de conscience, elles peuvent se déplacer sans vous.

Si vous avez des habitudes - et tout le monde a des habitudes - vous pouvez observer cela. Un homme sort son paquet de cigarettes de sa poche, observez-le - il n'est peut-être pas du tout conscient de ce qu'il fait. Il tend la main vers la poche, comme un robot. S'il y a une certaine agitation intérieure, immédiatement sa main va dans la poche, il sort la cigarette et commence à fumer. Il peut jeter la partie restante, la dernière partie de la cigarette ; il peut avoir fait tous les gestes sans même être conscient de ce qu'il faisait.

Nous enseignons au soldat une existence de robot. Le soldat doit faire et suivre, il ne doit pas être conscient. Lorsqu'on lui ordonne de se tourner vers la droite, il doit se tourner ; il ne doit pas réfléchir, se demander s'il doit se tourner ou non - parce que s'il commence à réfléchir, alors c'est impossible, alors les guerres ne peuvent pas continuer dans le monde. Il n'est pas nécessaire de penser, ni d'être conscient. Il doit simplement être conscient à ce point - qu'il peut comprendre l'ordre, c'est tout. Le minimum de conscience : ici l'ordre est donné et là, immédiatement, comme un mécanisme, il commence à suivre. Ce n'est pas qu'il tourne à gauche quand on lui ordonne de tourner à gauche - il écoute et tourne. Il ne tourne pas, il a cultivé l'habitude. C'est comme éteindre ou allumer la lumière : la lumière ne va pas réfléchir à la question de savoir si elle doit être allumée ou éteinte - vous appuyez sur le bouton et la lumière s'allume. Vous dites : "Tournez à gauche !" et le bouton est appuyé et l'homme se déplace vers la gauche.

William James a raconté qu'une fois il était assis dans un café et qu'un vieux soldat - retraité, retraité depuis presque vingt ans - passait avec un seau d'œufs. Soudain, William James a fait une blague. Il a crié à haute voix "Attention !" et le pauvre vieux s'est mis au garde-à-vous. Les œufs lui sont tombés des mains, ils ont été détruits. Il était très en colère ; il est arrivé en courant et a dit : "Quel genre de blague est-ce là ?".

Mais William James a dit : "Vous n'avez pas besoin de le suivre. Tout le monde est libre de crier "Attention !". Vous n'êtes pas obligé de le suivre. Qui vous a dit de le suivre ? Vous auriez dû continuer votre chemin."

L'homme a répondu : "Ce n'est pas possible - c'est automatique. Bien sûr, vingt ans se sont écoulés depuis que j'ai été dans l'armée, mais l'habitude est profondément enracinée." De nombreuses années d'entraînement - un réflexe conditionné est créé.

Ce mot "réflexe conditionné" est bon. Il a été inventé par un psychologue russe, Pavlov. Il dit que vous réfléchissez simplement ; quelqu'un vous jette quelque chose dans l'œil - vous ne pensez pas à cligner des yeux ou à les fermer, l'œil se ferme simplement. Une mouche vole et vous fermez l'œil : vous n'avez pas besoin de penser, il n'y a pas besoin, c'est un réflexe conditionné - cela se produit simplement. C'est dans l'habitude de votre corps, c'est dans votre sang, dans vos os.

Cela arrive tout simplement - il n'y a rien à faire.

Le soldat est entraîné à être complètement robotisé. Il doit exister dans des réflexes conditionnés. Le yoga fait la même chose. Vous vous mettez en colère - le yoga dit : "Ne vous mettez pas en colère, cultivez plutôt le contraire :

la compassion". De proche en proche, votre énergie commencera à se déplacer dans l'habitude de la compassion. Si vous persévérez longtemps, la colère disparaîtra complètement, vous ressentirez de la compassion. Mais vous serez mort, pas vivant. Vous serez un robot, pas un être humain. Vous aurez de la compassion, non pas parce que vous avez de la compassion, mais uniquement parce que vous avez cultivé une habitude.

Vous pouvez cultiver une mauvaise habitude, vous pouvez cultiver une bonne habitude. Quelqu'un peut cultiver la cigarette, quelqu'un peut cultiver le non-fumeur ; quelqu'un peut cultiver des styles de nourriture non végétariens, quelqu'un peut cultiver le style végétarien - mais les deux sont en train de cultiver, et dans le jugement final les deux sont les mêmes parce que les deux vivent à travers des habitudes.

Ce point doit faire l'objet d'une réflexion approfondie car il est très facile de cultiver une bonne habitude et il est très difficile de devenir bon. Et le substitut d'une bonne habitude est bon marché, il peut être fait très facilement.

Maintenant, notamment en Russie, ils développent une thérapie : la thérapie du réflexe conditionné. Ils disent que les gens ne peuvent pas se défaire de leurs habitudes. Quelqu'un qui fume depuis vingt ans, comment voulez-vous qu'il abandonne cette habitude ? Vous pouvez essayer de lui expliquer que c'est mauvais, les médecins peuvent dire qu'il peut même être dans une situation dangereuse, qu'un cancer peut se développer, mais vingt ans d'une longue habitude - maintenant c'est ancré, maintenant c'est passé au plus profond de son corps, maintenant c'est dans son métabolisme. Même s'il veut, même s'il désire, même s'il désire sincèrement, c'est difficile - parce que ce n'est pas une question de désir sincère : vingt ans de pratique continue - c'est presque impossible. Alors que faire ?

En Russie, ils disent qu'il n'est pas nécessaire de faire quoi que ce soit, ni de lui expliquer. Ils ont mis au point une thérapie : l'homme commence à fumer et ils lui donnent un choc électrique. Le choc, la douleur qu'il provoque et le fait de fumer se rejoignent, s'associent. Pendant sept jours, il est hospitalisé et chaque fois qu'il commence à fumer, immédiatement, automatiquement, il reçoit un choc électrique.

Après sept jours, l'habitude est rompue. Même si vous le persuadez de fumer, il tremblera. Au moment où il prendra la cigarette dans sa main, tout son corps tremblera à cause de l'idée du choc.

Ils disent que maintenant il ne fumera plus jamais ; ils ont brisé l'habitude par un traitement de choc très fort. Mais il ne peut pas devenir un bouddha par un simple traitement de choc, car il n'a pas de vieille habitude.

Toutes les habitudes peuvent être changées par un traitement de choc. Deviendra-t-il un bouddha, illuminé, parce qu'il n'a plus de mauvaises habitudes ? Non. Il ne sera même pas un être humain maintenant - il sera un mécanisme. Il aura peur des choses, il ne sera pas capable de les faire parce que vous lui avez donné de NOUVELLES habitudes de peur.

C'est toute la signification de l'enfer : toutes les religions l'ont utilisé comme traitement de choc. L'enfer n'est nulle part, et le paradis n'existe pas non plus. Les deux sont des astuces, de vieux concepts psychothérapeutiques.

Ils ont peint l'enfer de façon si horrible qu'un enfant peut en avoir peur dès l'enfance. Il suffit de mentionner le nom de l'enfer pour que la peur surgisse et qu'il tremble. Ce n'est qu'une astuce pour éviter les mauvaises habitudes. Et le paradis est aussi une astuce pour aider les bonnes habitudes ; ainsi, beaucoup de plaisir, de bonheur, de beauté, la vie éternelle est promise au paradis si vous suivez de bons modèles. Vous devez suivre tout ce que la société considère comme bon. Le paradis est là pour vous aider à être positif, et l'enfer pour vous empêcher d'aller dans la direction négative.

Le tantra est la seule religion qui n'a pas utilisé de tels réflexes conditionnés - parce que le tantra dit que vous devez vous épanouir en un être parfaitement éveillé, pas en un mécanisme robotisé. Donc, si vous comprenez le tantra, l'habitude est mauvaise ; il n'y a pas de mauvaises habitudes, il n'y a pas de bonnes habitudes - l'habitude est mauvaise. Et il faut être éveillé pour ne pas avoir d'habitudes. Vous vivez simplement d'instant en instant, en pleine conscience, et non pas en fonction des habitudes. Si vous pouvez vivre sans habitudes, c'est la voie royale.

Pourquoi est-il royal ? - parce qu'un soldat doit suivre, un roi n'en a pas besoin. Le roi est au-dessus, il donne des ordres, il ne reçoit d'ordre de personne. Un roi ne va jamais au combat, seuls les soldats y vont. Un roi n'est pas un combattant. Un roi vit la vie la plus détendue de toutes. Ce n'est qu'une métaphore : un soldat doit suivre, un roi vit simplement de façon détendue et naturelle ; il n'y a personne au-dessus de lui. Le Tantra dit qu'il n'y a personne au-dessus de vous que vous devez suivre, par qui vous devez obtenir votre modèle de vie, par qui vous devez devenir des imitateurs - il n'y a personne. Vous vivez une vie libre, naturelle et fluide - la seule chose à faire est d'être conscient.

En vous battant, vous pouvez cultiver de bonnes habitudes, mais ce seront des habitudes, pas naturelles. Les gens disent qu'une habitude est une seconde nature ; peut-être - mais souvenez-vous du mot "seconde". Elle n'est pas naturelle ; elle peut sembler presque naturelle, mais elle ne l'est pas.

Quelle sera la différence entre la compassion réelle et une compassion cultivée ? Une compassion réelle est une réponse - la situation et la réponse. Une compassion réelle est toujours fraîche ; quelque chose s'est produit et votre cœur s'y attache. Un enfant est tombé et vous courez l'aider à se relever, mais c'est une réponse. Une fausse compassion, une compassion cultivée, est une réaction.

Ces deux mots sont très très significatifs : "réponse" et "réaction". La réponse est le fait de vivre la situation ; la réaction est juste une habitude ancrée. Parce que dans le passé, vous vous êtes entraîné à aider quelqu'un s'il est tombé, vous allez simplement l'aider, mais il n'y a pas de cœur là-dedans. Quelqu'un se noie dans la rivière : vous courez et vous aidez la personne simplement parce qu'on vous a appris à le faire. Vous avez cultivé l'habitude d'aider, mais vous n'êtes pas impliqué. Vous restez à l'écart, votre cœur n'est pas là - vous n'avez pas réagi. Vous n'avez pas réagi à cet homme, à cet homme qui se noie dans cette rivière ; vous n'avez pas réagi à ce moment, vous avez suivi une idéologie.

Suivre une idéologie, c'est bien : aider tout le monde, devenir un serviteur des gens, avoir de la compassion ! - vous avez une idéologie, et à travers l'idéologie vous réagissez. C'est du passé que vient l'action, elle est déjà morte. Lorsque la situation crée l'action et que vous réagissez en pleine conscience, alors seulement quelque chose de beau vous arrive.

Si vous réagissez à cause de l'idéologie, des vieilles habitudes, vous n'en tirerez aucun bénéfice. Tout au plus, vous pouvez gagner un peu d'ego, ce qui n'est pas un gain du tout. Vous pouvez commencer à vous vanter d'avoir sauvé un homme qui se noyait dans la rivière. Vous pouvez aller sur la place du marché et crier haut et fort : "Regardez, j'ai sauvé une autre vie humaine !". Vous pouvez gagner un peu plus d'ego, vous avez fait quelque chose de bien, mais ce n'est pas un gain. Vous avez perdu une grande occasion d'être spontané, d'être spontané dans la compassion.

Si vous aviez répondu à la situation, quelque chose aurait fleuri en vous, un épanouissement ; vous auriez ressenti un certain silence, une tranquillité, une bénédiction. Chaque fois qu'il y a une réponse, vous ressentez un épanouissement intérieur. Lorsqu'il y a une réaction, vous restez mort : vous vous comportez comme un cadavre, vous agissez comme un robot. La réaction est laide, la réponse est belle. La réaction est toujours une partie, la réaction n'est jamais un tout. La réaction est toujours du tout ; votre totalité entière se jette dans la rivière. Vous n'y pensez pas, la situation le laisse simplement se produire.

Si votre vie devient une vie de réaction et de spontanéité, vous deviendrez un jour un bouddha. Si votre vie devient une vie de réaction, d'habitudes mortes, vous pouvez ressembler à un bouddha mais vous ne deviendrez pas un bouddha. Vous serez un bouddha peint, mais à l'intérieur vous ne serez qu'un cadavre. L'habitude tue la vie. L'habitude est contre la vie.

Chaque jour, le matin, vous avez pris l'habitude de vous lever tôt ; à cinq heures, vous vous levez. En Inde, j'ai vu beaucoup de gens - car en Inde, pendant des siècles, on a enseigné que le BRAHMAMUHURT, avant que le soleil ne se lève, est le moment le plus propice, le plus saint. C'est vrai - mais vous ne pouvez pas en faire une habitude, car le sacré n'existe que dans une réponse vivante. Ils se lèvent à cinq heures, mais vous ne verrez jamais sur leurs visages la gloire qui vient si vous vous levez tôt comme une réponse.

La vie entière s'éveille tout autour de vous ; la terre entière attend le soleil, les étoiles disparaissent. Tout devient plus conscient. La terre a dormi, les arbres ont dormi, les oiseaux sont prêts à prendre leur envol. Tout se prépare. Un nouveau jour commence, une nouvelle fête.

Si c'est une réponse, alors vous vous levez comme un oiseau - en fredonnant, en chantant ; vous avez une danse à votre pas.

Ce n'est pas une habitude, ce n'est pas que vous DEVIEZ vous lever, ce n'est pas que parce que c'est écrit dans les écritures et que vous êtes un hindou dévoué, vous devez vous lever tôt le matin. Si vous en faites une habitude, vous n'entendrez pas les oiseaux parce que les oiseaux ne sont pas écrits dans les Écritures ; vous ne verrez pas le soleil se lever parce que ce n'est pas le but - vous suivez une discipline morte.

Vous pouvez même être en colère, vous pouvez même être contre parce que la nuit dernière vous vous êtes couché tard et vous ne vous sentez pas assez bien pour vous lever. Il aurait été préférable que vous dormiez un peu plus. Vous n'étiez pas prêt, vous étiez fatigué. Ou bien la nuit dernière n'a pas été bonne, vous avez trop rêvé et tout votre corps se sent léthargique ; vous aimeriez dormir un peu plus. Mais non - les écritures sont contre cela et on vous a enseigné dès l'enfance.....

Dans mon enfance, mon grand-père était très porté sur le matin. Il me tirait de mon sommeil vers trois heures du matin - et depuis, je n'ai jamais pu me lever tôt. Il me traînait et je le maudissais intérieurement, mais je ne pouvais rien faire et il m'emmenait faire une promenade - et j'avais sommeil et je devais marcher avec lui. Il a détruit toute la beauté.

Chaque fois que plus tard je devais faire une promenade matinale, je ne pouvais pas lui pardonner. Je me souviendrai toujours de lui.

Il a détruit.... Pendant des années sans interruption, il m'a traîné - et il faisait quelque chose de bien, et il pensait qu'il aidait à créer un style de vie. Ce n'est pas le chemin. Je dormais... et il me traînait, et le chemin était beau, et le matin était beau, mais il a détruit toute cette beauté. Il m'a repoussé. Ce n'est qu'après de nombreuses années que j'ai pu retrouver et avancer dans la matinée sans me souvenir de lui ; sinon, son souvenir était avec moi. Même lorsqu'il était mort, il me suivait comme une ombre le matin.

Si vous prenez une habitude, si vous faites une chose forcée, alors le matin devient laid. Alors il vaut mieux aller se coucher. Mais soyez spontané ! Certains jours, il se peut que vous ne puissiez pas vous lever - il n'y a rien de mal à cela, vous ne commettez pas de péché. Si vous avez sommeil, le sommeil est beau - aussi beau que n'importe quel matin et aussi beau que n'importe quel lever de soleil, car le sommeil appartient au divin autant que le soleil. Si vous avez envie de vous reposer toute la journée, c'est bien !

C'est ce que dit le tantra : la voie royale - se comporter comme un roi, pas comme un soldat. Il n'y a personne au-dessus de vous pour vous forcer et vous ordonner ; il ne devrait pas y avoir de style de vie particulier. C'est la voie royale.

Vous devez vivre au jour le jour, profiter du moment présent - la spontanéité doit être la règle.

Et pourquoi se soucier de demain ? - Ce moment est suffisant. Vivez-le ! Vivez-le dans sa totalité. Réagir, mais ne pas réagir. "Pas d'habitudes" devrait être la formule.

Je ne dis pas qu'il faut vivre dans le chaos, mais il ne faut pas vivre dans les habitudes. Peut-être qu'en vivant spontanément, un mode de vie se développe en vous - mais ce n'est pas forcé. Si vous appréciez le matin chaque jour, et que par plaisir vous vous levez tôt le matin, pas par habitude, et que vous vous levez chaque jour... et vous pouvez vous lever toute votre vie, mais ce n'est pas une habitude. Vous ne vous forcez pas à vous lever - cela arrive.

C'est beau, vous en profitez, vous l'aimez.

Si cela se produit par amour, ce n'est pas un style, ce n'est pas une habitude, ce n'est pas un conditionnement, ce n'est pas une chose cultivée et morte. Moins d'habitudes - vous serez plus vivant. Sans habitudes - vous serez parfaitement vivant. Les habitudes vous entourent d'une croûte morte et vous êtes enfermé en elles, vous êtes encapsulé. Comme une graine, une cellule vous entoure, dure. Soyez flexible.

Le yoga vous apprend à cultiver le contraire de tout ce qui est mauvais. Combattez le mal et occupez-vous du bien. La violence existe - tuez la violence en vous et devenez non-violent, cultivez la non-violence. Faites toujours le contraire et forcez le contraire à devenir votre modèle. C'est la voie du soldat - un petit enseignement.

Le tantra est le grand enseignement - le suprême. Que dit le tantra ? Le tantra dit : ne créez pas de conflit en vous. Acceptez les deux, et à travers l'acceptation des deux, une transcendance se produit, pas une victoire mais une transcendance. Dans le yoga il y a des victoires, dans le tantra il n'y en a pas. Dans le tantra... simplement la transcendance. Non pas que vous deveniez non-violent contre la violence, vous allez simplement au-delà des deux, vous devenez simplement un TROISIÈME phénomène - un témoin.

Un jour, j'étais assis dans la boutique d'un boucher. C'était un homme très bon et j'avais l'habitude de lui rendre visite. C'était le soir et il s'apprêtait à fermer la boutique lorsqu'un homme est venu lui demander une poule. Je le savais car quelques minutes auparavant, il m'avait dit que tout était vendu aujourd'hui - il ne restait qu'une poule. Il était donc très heureux ; il est entré, a sorti la poule, l'a jetée sur la balance et a dit : "Ça fera cinq roupies."

L'homme dit : "C'est bien, mais je vais donner une fête et beaucoup d'amis vont venir et cette poule semble être trop petite. J'aimerais en avoir une un peu plus grande. "

Je savais maintenant qu'il n'avait plus de poule, c'était la seule. Le boucher a couvé un peu, a ramené la poule à l'intérieur de la pièce, y est resté un peu, est revenu, a jeté la poule sur la balance - la même - et a dit : "Ça fera sept roupies."

L'homme a dit : "Je vais vous dire, je vais prendre les deux. "

Alors le boucher était vraiment dans le pétrin.

Et le tantra met toute l'existence elle-même dans une impasse. Le tantra dit : "Je vais prendre les deux."

Il n'y en a pas deux. La haine n'est rien d'autre qu'un autre aspect de l'amour. La colère n'est rien d'autre qu'un autre aspect de la compassion, et la violence n'est rien d'autre qu'un autre visage de la non-violence. Le Tantra dit : "Je vais vous dire, je vais prendre les deux. J'accepte les deux." Et soudain, à travers cette acceptation, il y a une transcendance, car il n'y a pas deux. La violence et la non-violence ne sont pas deux. La colère et la compassion ne sont pas deux. L'amour et la haine ne sont pas deux.

C'est pourquoi vous savez, vous observez, mais vous êtes tellement inconscient que vous ne reconnaissez pas le fait.

Votre amour se transforme en haine en une seconde. Comment est-ce possible s'ils sont deux ? Il n'y a même pas besoin d'une seconde : à ce moment-là, tu aimes, et le moment suivant, tu détestes la même personne. Le matin, vous aimez la même personne, l'après-midi vous la détestez, le soir vous l'aimez à nouveau. Ce jeu d'amour et de haine continue. En fait, amour et haine n'est pas le mot juste : amour-haine, colère-compassion - c'est un seul phénomène, ce ne sont pas deux. C'est pourquoi l'amour peut devenir haine, la haine peut devenir amour, la colère peut devenir compassion, la compassion peut devenir colère.

Le Tantra dit que la division est apportée par votre esprit et qu'ensuite vous commencez à vous battre. Vous créez d'abord la division ; vous condamnez un aspect et vous en appréciez un autre. Vous créez d'abord la division, puis vous créez le conflit et ensuite vous avez des problèmes. Et vous aurez TOUJOURS des problèmes. Un yogi est constamment en difficulté parce que quoi qu'il fasse, la victoire ne peut être définitive, elle est tout au plus temporaire.

Vous pouvez repousser la colère et faire preuve de compassion, mais vous savez bien que vous l'avez repoussée dans l'inconscient et qu'elle est là - et à tout moment, un peu d'inconscience et elle surgira, elle fera surface. Il faut donc constamment le repousser. Et c'est un phénomène si laid que si l'on doit constamment repousser les choses négatives, alors la vie entière est gâchée. Quand allez-vous profiter du divin ? Vous n'avez pas d'espace, pas de temps. Vous vous battez contre la colère, l'avidité, le sexe, la jalousie et mille autres choses. Et ces mille ennemis sont là ; vous devez être constamment sur vos gardes, vous ne pouvez jamais vous détendre. Comment pouvez-vous être détendu et naturel ? Vous serez toujours tendu, tendu, toujours prêt à vous battre, toujours effrayé.

Les yogis ont peur même du sommeil, parce que dans le sommeil, ils ne peuvent pas être aux aguets. Dans le sommeil, tout ce qu'ils ont forcé à descendre fait surface. Ils peuvent avoir atteint le célibat lorsqu'ils sont éveillés, mais dans les rêves, cela devient impossible - de belles femmes continuent de flotter à l'intérieur, et le yogi ne peut rien faire. Ces belles femmes ne viennent pas d'un quelconque paradis, comme il est écrit dans les histoires hindoues, que Dieu les a envoyées. Pourquoi Dieu s'intéresserait-il à vous ? Un pauvre yogi, qui ne fait de mal à personne, simplement assis dans l'Himalaya, les yeux fermés, luttant contre ses propres problèmes - pourquoi Dieu s'intéresserait-il à lui ? Et pourquoi devrait-il envoyer des APSARAS, de belles femmes, pour le distraire de son chemin ? Pourquoi ? Il n'y a personne. Il n'y a pas besoin que quelqu'un envoie quelqu'un. Le yogi crée ses propres rêves.

Tout ce que vous supprimez fait surface dans les rêves. Ces rêves sont la partie que le yogi a niée.

Et vos heures de veille vous appartiennent autant que vos rêves vous appartiennent. Ainsi, que vous aimiez une femme à l'état de veille ou que vous aimiez une femme en rêve, il n'y a aucune différence - il ne peut y en avoir, car il ne s'agit pas de la présence ou non d'une femme, il s'agit de vous. Que vous aimiez une image, une image de rêve, ou que vous aimiez une femme réelle, il n'y a en fait aucune différence - il ne peut y en avoir, car une femme réelle est aussi une image à l'intérieur. Vous ne connaissez jamais la femme réelle, vous ne connaissez que l'image.

Je suis là. Comment savez-vous que je suis vraiment là ? Peut-être que ce n'est qu'un rêve - tu es en train de rêver de moi ici. Quelle sera la différence si tu rêves de moi ici et si tu me vois réellement ici ? - Et comment feras-tu la différence ? Quel est le critère ? ... Parce que le fait que je sois ici ou non ne fait aucune différence - tu me vois dans ton esprit. Dans les deux cas - rêve ou réalité - vos yeux captent les rayons et votre esprit interprète que quelqu'un est là. Vous n'avez jamais vu de personne réelle, vous ne pouvez pas voir.

C'est pourquoi les hindous disent que c'est un MAYA, c'est un monde illusoire. Tilopa dit : "Ce monde est éphémère, fantomatique, onirique." Pourquoi ? - parce que dans le rêve et la réalité il n'y a pas de différence.

Dans les deux cas, vous êtes confiné dans votre esprit. Vous ne voyez que des images, vous n'avez jamais vu de réalité - vous ne pouvez pas voir, parce que la réalité ne peut être vue que lorsque VOUS devenez réel. Vous êtes un phénomène fantomatique, une ombre - comment pouvez-vous voir la réalité ? L'ombre ne peut voir que l'ombre. Vous ne pouvez voir la réalité que lorsque le mental est abandonné. A travers le mental, tout devient irréel. Le mental projette, crée, colore, interprète - tout devient faux. D'où l'insistance, l'insistance continue sur la façon d'être sans mental.

Le Tantra dit de ne pas se battre. Si vous vous battez, vous pouvez continuer votre combat pendant de nombreuses vies et rien n'en sortira, parce qu'en premier lieu vous avez manqué - là où vous avez vu deux, il n'y en avait qu'un. Et si le premier pas a été manqué, vous ne pouvez pas atteindre le but. Tout votre voyage sera continuellement un manque. Le premier pas doit être fait de manière absolument correcte, sinon vous n'atteindrez jamais le but.

Et quelle est la chose absolument juste ? Le Tantra dit que c'est de voir l'un dans le deux, de voir l'un dans le plusieurs.

Une fois que vous pouvez voir l'un dans la dualité, la transcendance a déjà commencé. C'est la voie royale.

Maintenant, nous allons essayer de comprendre le sutra.
TRANSCENDER LA DUALITÉ EST LA VISION ROYALE.
Transcender, pas gagner - transcender. Ce mot est très beau. Qu'est-ce que ça veut dire, "transcender" ?

C'est comme si un petit enfant jouait avec ses jouets. Vous lui dites de les ranger et il se met en colère. Même lorsqu'il s'endort, il va avec ses jouets, et la mère doit les enlever lorsqu'il s'est endormi. Le matin, la première chose qu'il demande est de savoir où sont ses jouets et qui les a enlevés. Même dans son rêve, il rêve de ses jouets. Puis, soudain, un jour, il oublie ses jouets. Pendant quelques jours, ils restent dans un coin de sa chambre, puis ils sont enlevés ou jetés, et il ne les réclame plus jamais. Que s'est-il passé ?

Il s'est transcendé, il est devenu mature. Ce n'est pas un combat et une victoire ; ce n'est pas qu'il se battait contre le désir d'avoir des jouets. Non, soudain, un jour, il voit que c'est enfantin et il n'est plus un enfant ; soudain, un jour, il réalise que les jouets sont des jouets, qu'ils ne sont pas la vraie vie et il est prêt pour la vraie vie. Il tourne le dos aux jouets. Jamais plus il ne les verra en rêve, jamais plus il n'y pensera. Et s'il voit un autre enfant jouer avec des jouets, il rira, il rira en connaissance de cause... un rire entendu, un rire sage. Il dira : "C'est un enfant, encore enfantin, qui joue avec des jouets." Il a transcendé.

La transcendance est un phénomène très spontané. Elle ne doit pas être cultivée. Vous devenez simplement plus mature. Vous voyez simplement toute l'absurdité d'une certaine chose... et vous transcendez.

Un jeune homme est venu me voir et il était très inquiet. Il a une belle femme, mais son nez est un peu trop long. Il était donc inquiet et m'a demandé : "Que faire ?" Même la chirurgie plastique a été faite - le nez est devenu un peu plus laid ; parce qu'il n'y avait rien de mal, et quand vous essayez d'améliorer quelque chose où rien ne va, cela devient plus laid, cela fait plus de désordre. Maintenant, il était plus troublé et il m'a demandé ce qu'il fallait faire.

Je lui ai parlé des jouets et je lui ai dit : "Un jour, tu devras te transcender. C'est tout simplement puéril - pourquoi es-tu si obsédé par son nez ? Le nez n'est qu'une infime partie, et votre femme est si belle et une si belle personne - et pourquoi la rendez-vous si triste à cause de son nez ? "

- parce qu'elle est aussi devenue susceptible au sujet de son nez, son nez est devenu comme si c'était le problème entier de la vie. Et tous les problèmes sont comme ça ! Ne pensez pas que votre problème est quelque chose de plus grand - tous les problèmes sont comme ça. Tous les problèmes sont dus à l'infantilisme, à la puérilité, ils sont nés de l'immaturité.

Il était tellement préoccupé par le nez qu'il ne regardait même pas le visage de sa femme, car chaque fois qu'il voyait le nez, il était troublé - mais on ne peut pas échapper aux choses si facilement. Si vous ne regardez PAS le visage à cause du nez, vous vous souvenez quand même du nez. Même si vous essayez d'éluder le problème, le problème est là. Vous êtes obsédé. Alors je lui ai dit de méditer sur le nez de sa femme.

Il a dit : "Quoi ? Je ne peux même pas regarder."

Je lui ai dit : "Ceci va t'aider - tu médites simplement sur le nez. Dans l'Antiquité, les gens avaient l'habitude de méditer sur le bout de leur propre nez, alors qu'y a-t-il de mal à méditer sur le bout du nez de sa femme ? Magnifique ! Essayez."

Il a dit : "Mais qu'est-ce qui en sortira ?"

"Essaie, lui ai-je dit, et après quelques mois, tu me diras ce qui se passe. Chaque jour, laisse-la s'asseoir devant toi et médite sur son nez."

Un jour, il est venu me voir en courant et m'a dit : "Quelles bêtises j'ai faites ! Soudain, je me suis transcendé. Toute la folie de tout cela est devenue apparente - maintenant ce n'est plus un problème."

Il n'est pas devenu victorieux parce que, en fait, il n'y a pas d'ennemi pour que vous puissiez gagner, il n'y a pas d'ennemi pour vous - c'est ce que dit le tantra. La vie entière est en amour profond avec vous. Il n'y a personne qui doive être détruit, personne qui doive être gagné, personne qui soit un ennemi, une ennemie pour vous. La vie entière vous aime. L'amour coule de partout.

Et en vous aussi, il n'y a pas d'ennemis - ils ont été créés par les prêtres. Ils ont créé un champ de bataille, ils ont fait de vous un champ de bataille. Ils disent : "Combattez ceci - c'est mauvais ! Combattez cela - c'est mauvais !". Ils ont créé tellement d'ennemis que vous êtes entourés d'ennemis et vous avez perdu le contact avec toute la beauté de la vie.

Je vous le dis : la colère n'est pas votre ennemi, la cupidité n'est pas votre ennemi ; la compassion n'est pas non plus votre amie, ni la non-violence votre amie - car ami ou ennemi, vous restez dans la dualité.

Regardez simplement l'ensemble de votre être et vous constaterez qu'ils ne font qu'un. Lorsque l'ennemi devient l'ami et que l'ami devient l'ennemi, toute dualité est perdue. Soudain, il y a une transcendance, soudainement un éveil. Et je vous le dis, c'est soudain, parce que lorsque vous vous battez, vous devez vous battre centimètre par centimètre. Ceci n'est pas du tout un combat. C'est la voie des rois - la voie royale.

Dit Tilopa, TRANSCENDRE LA DUALITÉ EST LA VUE ROYALE.

Transcender la dualité ! Regardez simplement et vous verrez qu'il n'y a pas de dualité.

Bodhidharma, l'un des joyaux les plus rares jamais nés, se rendit en Chine. Le roi vint le voir, et le roi dit : "Parfois, je suis très perturbé. Parfois, il y a beaucoup de tension et d'angoisse en moi."

Bodhidharma le regarda et dit : " Tu viens tôt demain matin à quatre heures, et tu apportes avec toi toutes tes angoisses, tes anxiétés, tes perturbations. Souviens-toi, ne viens pas seul - apporte-les tous !"

Le roi a regardé ce Bodhidharma - il avait une allure très bizarre ; il aurait pu faire mourir de peur n'importe qui - et le roi a dit : "Qu'est-ce que tu dis ? Que veux-tu dire ?"

Bodhidharma a dit : "Si vous n'apportez pas ces choses, alors comment puis-je vous remettre en ordre ? Apportez-les toutes et je rétablirai tout."

Le roi pensa : "Il vaut mieux ne pas y aller. Quatre heures du matin - il fera nuit, et cet homme a l'air un peu fou. Avec un grand bâton à la main, il peut même frapper. Et que veut-il dire par là qu'il va tout arranger ?"

Il n'a pas pu dormir de la nuit car Bodhidharma le hantait. Au matin, il pensait qu'il serait bon d'y aller, "parce que qui sait ? - peut-être qu'il peut faire quelque chose."

Il est donc venu, à contrecœur, en hésitant, mais il est arrivé. Et la première chose que Bodhidharma demanda - il était assis là devant le temple avec son bâton, il avait l'air encore plus dangereux dans l'obscurité, et il dit : "Donc vous êtes venu ! Où sont les autres compagnons dont vous parliez ?"

Le roi dit : "Tu parles en énigmes, car ce ne sont pas des choses que je peux apporter - elles sont à l'intérieur."

Bodhidharma a dit : "D'accord. A l'intérieur, à l'extérieur, les choses sont des choses. Vous vous asseyez, vous fermez les yeux et vous essayez de les trouver à l'intérieur. Saisissez-les et dites-le moi immédiatement et regardez mon bâton. Je vais les remettre en ordre !"

Le roi ferma les yeux - il n'y avait rien d'autre à faire - il ferma les yeux, eut un peu peur, regarda à l'intérieur ici et là, observa, et soudain il se rendit compte, plus il regardait à l'intérieur, qu'il n'y avait rien - aucune anxiété, aucune angoisse, aucune perturbation. Il est tombé dans une profonde méditation. Les heures passèrent, le soleil commença à se lever, et sur son visage régnait un silence immense.

Alors Bodhidharma lui dit : "Maintenant, ouvre tes yeux. C'en est assez ! Où sont ces gens ?

Pourriez-vous mettre la main sur eux ?"

Le roi rit, se prosterna, toucha les pieds de Bodhidharma et dit : "Vraiment, vous les avez remis en place, car je ne pouvais pas les trouver - et maintenant je sais ce qui se passe. Ils n'étaient pas là à l'origine. Ils étaient là parce que je ne suis jamais entré en moi-même pour les chercher.

Ils étaient là parce que je n'étais pas présent à l'intérieur. Maintenant je sais - vous avez fait le miracle."

Et c'est ce qui s'est passé. C'est la transcendance : ne pas résoudre un problème, mais voir s'il y a vraiment un problème en premier lieu. d'abord vous créez le problème et ensuite vous commencez à demander la solution. d'abord vous créez la question et ensuite vous parcourez le monde en demandant la réponse.

C'est aussi mon expérience : si vous regardez la question, la question disparaît ; il n'y a pas besoin de réponse. Si vous regardez la question, la question disparaît - et c'est la transcendance. Ce n'est pas une solution parce qu'il n'y avait aucune question à résoudre. Vous n'avez pas de maladie. Regardez simplement à l'intérieur de vous et vous ne trouverez pas la maladie ; alors quel est le besoin d'une solution ?

Chaque homme est comme il doit être. Chaque homme est un roi né. Il ne manque de rien, il n'est pas nécessaire de vous améliorer. Et ceux qui essaient de vous améliorer vous détruisent, ce sont eux les vrais malfaiteurs. Et il y en a beaucoup qui ne font qu'observer comme des chats les souris : si vous vous approchez d'eux, ils se jettent sur vous et commencent immédiatement à vous améliorer. Il y a beaucoup d'améliorateurs - c'est pourquoi le monde est dans un tel chaos - il y a trop de gens qui essaient de vous améliorer. Ne permettez à personne de vous améliorer. Vous avez déjà le dernier mot. Vous n'êtes pas seulement l'alpha, vous êtes aussi l'oméga. Vous êtes complet, parfait.

Même si vous ressentez une imperfection, le tantra dit que l'imperfection est parfaite. Vous ne devez pas vous en inquiéter.

Il sera très étrange de dire que votre imperfection est également parfaite, que rien ne lui manque. En fait, tu apparais imparfait non pas parce que tu es imparfait mais parce que tu es une perfection en croissance. Cela semble absurde, illogique, parce que nous pensons que la perfection ne peut pas croître, parce que nous entendons par perfection celle qui est arrivée à sa dernière croissance - mais cette perfection sera morte. Si elle ne peut pas croître, alors cette perfection sera morte.

Dieu continue à grandir. Dieu n'est pas parfait en ce sens, qu'il n'a pas de croissance. Il est parfait parce qu'il ne manque de rien, mais il va d'une perfection à une autre, la croissance continue. Dieu est évolution ; non pas de l'imperfection à la perfection mais de la perfection à plus de perfection, à encore plus de perfection.

Lorsque la perfection est sans avenir, elle est morte. Quand la perfection a un avenir, encore une ouverture, une croissance, encore un mouvement, alors elle ressemble à l'imperfection. Et je voudrais vous dire : soyez imparfaits et en croissance, car c'est cela la vie. Et n'essayez pas d'être parfaits, sinon vous cesserez de grandir.

Alors vous serez comme une statue de Bouddha, en pierre, mais morte.

À cause de ce phénomène - que la perfection ne cesse de croître - vous sentez qu'elle est imparfaite. Laissez-le être tel qu'il est. Permettez-lui d'être tel qu'il est. C'est la voie royale.

TRANSCENDER LA DUALITÉ EST LA VISION ROYALE. VAINCRE LES DISTRACTIONS EST LA PRATIQUE ROYALE.

Les distractions sont là, quand vous perdez votre conscience encore et encore. Vous méditez, vous vous asseyez pour méditer, une pensée arrive - et immédiatement vous vous oubliez ; vous suivez la pensée, vous vous y impliquez. Le Tantra dit qu'une seule chose doit être vaincue, et ce sont les distractions.

Que ferez-vous ? Une seule chose : lorsqu'une pensée arrive, restez un témoin. Regardez-la, observez-la, laissez-la passer dans votre être, mais ne vous y attachez en aucune façon, pour ou contre. Il peut s'agir d'une mauvaise pensée, d'une pensée de tuer quelqu'un - ne la poussez pas, ne dites pas : "C'est une mauvaise pensée." Au moment où vous dites quelque chose à propos de la pensée, vous vous êtes attaché, vous êtes distrait. Cette pensée va vous conduire à beaucoup de choses, d'une pensée à l'autre. Une bonne pensée vient, une pensée de compassion : ne dites pas : "Aha, si beau ! Je suis un grand saint. Des pensées si belles me viennent que je voudrais donner le salut au monde entier. Je voudrais libérer tout le monde."

Ne dites pas ça. Bon ou mauvais, vous restez un témoin.

Pourtant, au début, vous serez souvent distrait. Que faire alors ? Si vous êtes distrait, soyez distrait. Ne vous inquiétez pas trop à ce sujet, sinon cette inquiétude deviendra une obsession.

Soyez distrait ! Pendant quelques minutes, vous serez distrait, puis soudain vous vous souviendrez : "Je suis distrait." Alors c'est bon, revenez. Ne vous sentez pas déprimé. Ne dites pas : " C'est mal que j'aie été distrait " -

vous créez à nouveau un dualisme : le mal et le bien. Distrait, ok - acceptez-le, revenez. Même avec la distraction, vous ne créez pas de conflit.

C'est ce que Krishnamurti continue de dire. Il utilise un concept très paradoxal pour cela. Il dit que si vous êtes inattentif, soyez attentivement inattentif. C'est bien ! Si vous vous rendez compte soudainement que vous avez été inattentif, prêtez-y attention et revenez à la maison. Krishnamurti n'a pas été compris et la raison en est qu'il suit la voie royale. S'il avait été un yogi, il aurait été compris très facilement.

C'est pourquoi il continue à dire qu'il n'y a pas de méthode - sur la voie royale il n'y a pas de méthode. Il continue à dire qu'il n'y a pas de technique - sur la voie royale il n'y en a pas. Il continue à dire qu'aucune écriture ne vous aidera - sur la voie royale il n'y a pas d'écriture.

Distrait ? - au moment où vous vous rappelez, au moment où cette attention vous vient que "j'ai été distrait", revenez. C'est tout ! Ne créez pas de conflit. Ne dites pas : "C'était mauvais" ; ne vous sentez pas déprimé, frustré d'avoir été à nouveau distrait. Il n'y a rien de mal dans la distraction - profitez-en aussi.

Si vous parvenez à apprécier la distraction, elle vous arrivera de moins en moins. Et un jour vient où il n'y a plus de distraction - mais ce n'est pas une victoire. Vous n'avez pas repoussé les tendances distrayantes de votre esprit dans l'inconscient. Non, vous l'avez aussi permis. Cela aussi est bon.

C'est l'esprit du tantra, que tout est bon et saint. Même s'il y a des distractions, elles sont en quelque sorte nécessaires. Vous ne savez peut-être pas pourquoi elle est nécessaire, mais elle l'est. Si vous pouvez vous sentir bien dans tout ce qui arrive, alors seulement vous suivez la voie royale. Si vous commencez à vous battre avec QUELQUE CHOSE que ce soit, vous avez quitté la voie royale et vous êtes devenu un soldat ordinaire, un guerrier.

TRANSCENDER LA DUALITÉ EST LA VISION ROYALE. VAINCRE LES DISTRACTIONS EST LA PRATIQUE ROYALE. LA VOIE DE LA NON-PRATIQUE EST LA VOIE DE TOUS LES BOUDDHAS.

Rien ne doit être pratiqué car la pratique crée des habitudes. Il faut devenir plus conscient, pas plus pratiqué. Le beau se produit à travers le spontané, pas à travers le pratiqué. Vous pouvez pratiquer l'amour, vous pouvez suivre une formation. En Amérique, on pense à créer quelques cours de formation à l'amour, parce que les gens ont même oublié cela, comment aimer. C'est vraiment étrange !

Même les oiseaux, les animaux, les arbres, ils ne demandent rien à personne, ils ne vont dans aucune université - et ils aiment. Et beaucoup de gens viennent me voir....

Il y a quelques jours, un jeune homme m'a écrit une lettre dans laquelle il disait : "Je comprends - mais comment aimer ? Comment faire ? Comment aborder une femme ?" Cela semble ridicule, mais nous avons complètement perdu la voie naturelle et libre. Même l'amour n'est pas possible sans entraînement. Et si vous êtes entraîné, vous deviendrez absolument laid, car tout ce que vous ferez fera partie de l'entraînement. Ce ne sera pas réel, ce sera de la comédie. Ce ne sera pas la vraie vie, ce sera comme de simples acteurs. Ils créent l'amour, ils agissent de manière aimante, mais avez-vous remarqué que les acteurs sont les plus grands ratés en ce qui concerne l'amour ?

Leur vie amoureuse est presque toujours un échec. Il ne devrait pas en être ainsi, car vingt-quatre heures sur vingt-quatre, ils pratiquent l'amour ; avec tant de femmes, avec tant d'histoires, de différentes manières, ils pratiquent l'amour. Ce sont des amoureux professionnels, ils devraient être parfaits lorsqu'ils tombent amoureux - mais lorsqu'ils tombent amoureux, ils sont toujours des ratés.

La vie des acteurs et actrices, leur vie sentimentale, est toujours un échec. Quel est le problème ? La pratique est le problème, ils l'ont trop pratiquée - maintenant le cœur ne peut plus fonctionner. Ils continuent simplement à faire des gestes impuissants : ils s'embrassent, mais le baiser n'est pas là, seules les lèvres se rencontrent. Seules les lèvres se rencontrent. L'énergie intérieure, le transfert d'énergie intérieure n'est pas là ; leurs lèvres sont fermées, froides. Et si les lèvres sont froides, fermées, et que l'énergie n'est pas libérée par elles, le baiser est une chose laide, peu hygiénique. C'est juste un transfert de millions de cellules, de germes, de maladies - c'est tout. Un baiser est laid si l'énergie intérieure n'est pas présente.

Vous pouvez embrasser une femme ou un homme - seuls les os se rencontrent, les corps s'entrechoquent, mais il n'y a pas de saut de l'énergie intérieure. L'énergie n'est pas là. Vous ne faites qu'accomplir un geste impuissant. Vous pouvez même faire l'amour ; vous pouvez accomplir tous les gestes de l'amour, mais cela ressemblera davantage à de la gymnastique qu'à de l'amour.

Rappelez-vous : la pratique tue la vie. La vie est plus vivante quand elle n'est pas pratiquée. Lorsqu'elle s'écoule dans toutes les directions sans aucun modèle, sans aucune discipline forcée, alors elle a son propre ordre et sa propre discipline.

LA VOIE DE LA NON-PRATIQUE EST LA VOIE DE TOUS LES BOUDDHAS. CELUI QUI SUIT CETTE VOIE ATTEINT L'ÉTAT DE BOUDDHA.

Alors que faire ? Si la non-pratique est la voie, alors que faire ? Alors il suffit de vivre spontanément. Quelle est cette peur ? Pourquoi avez-vous si peur de vivre spontanément ? Bien sûr, il peut y avoir des dangers, les risques sont là - mais c'est bien ! La vie n'est pas comme une voie ferrée, les trains circulant sur la même voie encore et encore, en faisant des manœuvres. La vie est comme une rivière : elle crée son propre chemin. Ce n'est pas un canal. Un canal n'est pas bon - un canal signifie une vie d'habitudes. Le danger est là, mais le danger est la vie, il est impliqué dans la vie. Seules les personnes mortes sont hors de danger. C'est pourquoi les gens deviennent morts.

Vos maisons sont plutôt des tombes. Vous vous préoccupez trop de sécurité, et trop de sécurité tue, car la vie EST incertaine. C'est ainsi ; on ne peut rien y faire, personne ne peut la rendre sûre. Toutes les sécurités sont fausses, toutes les sécurités sont imaginaires. Une femme vous aime aujourd'hui - demain, qui sait ? Comment pouvez-vous être sûr de demain ? Vous pouvez aller au tribunal et vous enregistrer, et faire un engagement légal qu'elle restera votre femme demain aussi. Elle PEUT rester votre épouse en raison des liens juridiques, mais l'amour peut disparaître. L'amour ne connaît pas la légalité. Et lorsque l'amour disparaît et que la femme reste la femme et que le mari reste le mari, alors il y a une mort entre eux.

C'est grâce à la sécurité que nous créons le mariage. C'est à cause de la sécurité que nous créons la société. Grâce à la sécurité, nous nous déplaçons toujours sur le chemin canalisé.

La vie est sauvage. L'amour est sauvage. Et Dieu est absolument sauvage. Il ne viendra jamais dans vos jardins, ils sont trop humains. Il ne viendra pas dans vos maisons, elles sont trop petites. On ne le rencontrera jamais sur vos chemins canalisés. Il est sauvage.

Rappelez-vous, le tantra dit que la vie est sauvage. On doit la vivre à travers tous les dangers, les aléas - et c'est beau parce qu'alors il y a l'aventure. N'essayez pas d'établir un modèle fixe pour votre vie. Laissez-la suivre son propre cours. Acceptez tout ; transcendez la dualité par l'acceptation et laissez la vie suivre son propre cours - et vous atteindrez, vous atteindrez certainement. Je dis "certainement", non pas pour vous sécuriser - c'est un fait, c'est pourquoi je le dis. Ce n'est pas votre certitude de sécurité. Ceux qui sont sauvages atteignent toujours leur but.

CE MONDE EST ÉPHÉMÈRE, COMME LES FANTÔMES ET LES RÊVES, IL N'A PAS DE SUBSTANCE.

RENONCEZ-Y ET ABANDONNEZ VOTRE PARENTÉ, COUPEZ LES FICELLES DE LA LUXURE ET DE LA HAINE, ET MÉDITEZ DANS LES BOIS ET LES MONTAGNES. SI SANS EFFORT VOUS RESTEZ LÂCHEMENT DANS L'ÉTAT NATUREL, BIENTÔT MAHAMOUDRA VOUS GAGNEREZ ET ATTEINDREZ LA NON-RÉALISATION.

... l'inaccessible.

Ce sutra doit être compris très profondément, car un malentendu est possible. Il y a eu beaucoup de malentendus sur Tilopa - sur CE sutra. Et tous ceux qui ont fait des commentaires avant moi sont passés à côté de l'essentiel. Il y a une raison. Ce sutra dit : CE MONDE EST TRANSIENT - ce monde est fait de la même chose que les rêves. Dans les rêves et dans ce monde, il n'y a pas de différence. Éveillé ou endormi, vous vivez dans un monde de rêve qui vous est propre. Rappelez-vous qu'il n'y a pas un seul monde - il y a autant de mondes qu'il y a de fils ; chacun vit dans son propre monde. Parfois nos mondes se rencontrent et se heurtent, parfois ils fusionnent, mais nous restons enfermés dans nos propres mondes.

TRANSIENT EST CE MONDE, créé par l'esprit, COMME LES PHANTOMES ET LES RÊVES, IL N'A PAS DE SUBSTANCE. C'est ce que disent aussi les physiciens : il n'a pas de substance. La matière a complètement disparu du vocabulaire du physicien en l'espace de trente ou quarante ans. Il y a soixante-dix ans, soixante-quinze ans, Nietzsche a déclaré : "Dieu est mort." Et il l'a dit pour souligner que seule la matière existe - et le siècle n'est même pas terminé. Vingt-cinq ans seulement après la mort de Nietzsche - Nietzsche est mort en 1900 - en 1925, les physiciens ont compris que nous ne savons rien de Dieu, mais qu'une chose est certaine : la matière est morte. Il n'y a aucune chose matérielle autour de vous, tout n'est que vibrations ; des vibrations qui s'entrecroisent créent l'illusion de la matière.

C'est la même chose que ce que vous voyez dans un film : il n'y a rien sur l'écran - seulement des lumières électriques qui s'entrecroisent, et elles créent toute l'illusion. Et maintenant, il existe des films tridimensionnels ; ils créent l'illusion complète de la tridimensionnalité. Exactement comme le film sur l'écran est le monde entier, parce que tout est un phénomène électrique - seul VOUS êtes réel, seul le témoin est réel et tout est un rêve. Et la bouddhéité signifie que lorsque vous transcendez tous ces rêves et que plus rien n'est visible - seul le voyant est assis en silence ; il n'y a rien, aucun objet à voir, il ne reste que le voyant - alors vous avez atteint la bouddhéité, la réalité.

CE MONDE EST ÉPHÉMÈRE, COMME LES FANTÔMES ET LES RÊVES, IL N'A PAS DE SUBSTANCE.

RENONCEZ-Y ET ABANDONNEZ VOTRE KIN....

Ces mots, RENONCEZ-VOUS ET ABANDONNEZ-VOUS À VOTRE FILS, ont été mal compris. Il y a une raison à cela - parce qu'ils sont tous des renonçants, et ils ont pensé que Tilopa disait ce qu'ils croient. Tilopa ne peut pas le dire parce que cela va à l'encontre de toute sa tendance.

S'ils sont comme des rêves, quel est le sens de leur renoncement ? Vous pouvez renoncer à la réalité, vous ne pouvez pas renoncer aux rêves - ce serait trop insensé. Vous pouvez renoncer à un monde substantiel, vous ne pouvez pas renoncer à un monde fantôme. Le matin, dites-vous, déclarez, allez sur le toit de la maison et appelez tout le monde autour de vous et dites : "J'ai renoncé aux rêves ! La nuit dernière, il y a eu beaucoup de rêves et j'y ai renoncé !". Ils vont rire, ils vont penser que vous êtes devenu fou - personne ne renonce aux rêves. On se réveille simplement ; personne ne renonce aux rêves.

Un maître zen s'est réveillé un matin et a demandé à l'un de ses disciples : "J'ai fait un rêve la nuit dernière.

Voulez-vous l'interpréter pour moi, ce qu'il signifie ?"

Le disciple dit : "Attends ! Laisse-moi t'apporter une tasse de thé."

Le maître prit la tasse de thé et demanda alors : "Et maintenant, qu'en est-il du rêve ?"

Le disciple dit : "Oubliez cela, car un rêve est un rêve et n'a pas besoin d'être interprété. Une tasse de thé est une interprétation suffisante - réveillez-vous !"

Le maître dit : " C'est vrai, absolument vrai ! Si vous aviez interprété mon rêve, je vous aurais jeté hors de mon monastère, car seuls les fous interprètent les rêves. Tu as bien fait ; sinon, tu aurais été complètement jeté dehors, et je n'aurais plus jamais regardé ton visage."

Quand il y a un rêve, il faut prendre une tasse de thé et en finir avec lui. Freud, Jung et Adler auraient été bien inquiets s'ils avaient connu cette histoire, car ils ont gaspillé toute leur vie à interpréter les rêves des autres. Un rêve doit être transcendé. Simplement en sachant que c'est un rêve, vous le transcendez - C'est cela le renoncement.

Tilopa a été mal compris parce qu'il y a tellement de renonçants dans le monde, de condamnateurs.

Ils pensaient qu'il disait de renoncer au monde. Il ne disait pas cela. Il disait : "Sachez qu'il est éphémère et ceci est un renoncement." "Renoncez-y", dit-il ; il veut dire, sachez que c'est un rêve.

ABANDONNEZ VOTRE FAMILLE - on a pensé qu'il disait : "Laissez votre famille, vos relations, votre mère, votre père, vos enfants." Non, il ne dit pas cela ; il ne peut pas dire cela. C'est impossible pour Tilopa de dire cela. Il dit de renoncer à la relation intérieure avec les gens. Vous ne devriez pas penser que quelqu'un est votre femme - cette "identité" est un fantôme, c'est un rêve. Vous ne devriez pas dire : "Cet enfant est mon fils" - ce "moi", ce "mien" est un rêve. Personne n'est à vous, personne ne peut être à vous. Renoncez à ces attitudes selon lesquelles quelqu'un est à vous - mari, femme, ami, ennemi ; renoncez à toutes ces attitudes.

Pas de pont : "mine", "thine" - ces mots, laissez-les tomber.

Soudain, si vous laissez tomber ces mots, vous avez renoncé à votre parenté - personne n'est à vous. Cela ne signifie pas que vous vous échappez, que vous fuyez votre femme, car la fuite montrera que vous pensez qu'elle est importante. Fuir montrera que tu penses toujours qu'elle est à toi, sinon pourquoi tu fuis ?

C'est arrivé : Un sannyasin hindou, Swami Ramateertha, est revenu d'Amérique. Il séjournait dans l'Himalaya ; sa femme vint le voir - il fut un peu perturbé. Son disciple, un esprit très pénétrant, Sardar Poorn Singh, était assis à côté de lui. Il observait, il sentait que Ramateertha était perturbé. Lorsque la femme est partie, Ramateertha a soudainement jeté ses robes orange. Poorn Singh demanda : "Qu'est-ce qui se passe ? J'observais, tu étais un peu perturbé. J'avais l'impression que tu n'étais pas toi-même."

Il a dit : "C'est pourquoi je me débarrasse de ces robes. J'ai rencontré tant de femmes, et je n'ai jamais été troublé. Cette femme n'a rien de spécial - sauf qu'elle était mon épouse. Ce "je" est toujours là. Je ne suis pas digne de porter ces robes. Je n'ai pas renoncé au "moi", je n'ai renoncé qu'à l'épouse. Et la femme n'est pas le problème ; AUCUNE autre femme ne m'a jamais dérangé. J'ai parcouru toute la terre, mais ma femme arrive - c'est une femme aussi ordinaire que les autres - et soudain je suis troublé. Le pont est toujours là". Il est mort dans des vêtements ordinaires, il n'a plus jamais utilisé l'orange. Il a dit : "Je n'en suis pas digne."

Tilopa ne peut pas dire de renoncer à sa femme, à ses enfants et à ses proches. Non. Il dit de renoncer aux ponts, de les laisser tomber - c'est votre affaire ; cela ne concerne pas la femme. Si elle continue à vous considérer comme son mari, c'est son problème, pas le vôtre. Si le fils continue à vous considérer comme son père, c'est son problème ; c'est un enfant, il a besoin de maturité.

Je vous le dis : Tilopa signifie renoncer aux rêves et aux ponts intérieurs, aux mondes intérieurs.

... ET MÉDITER DANS LES BOIS ET LES MONTAGNES.

Et cela aussi - il ne dit pas de s'enfuir dans les montagnes et les bois. Cela a été interprété comme cela, et beaucoup ont fui leur femme et leurs enfants pour aller dans les montagnes - c'est absolument faux. Ce que Tilopa dit est plus profond ; ce n'est pas si superficiel, car vous pouvez aller dans les montagnes et rester sur le marché. Votre esprit est la question. Vous pouvez vous asseoir dans l'Himalaya et penser au marché, à votre femme et à vos enfants et à ce qui leur arrive.

Il arriva qu'un homme renonça à sa femme, ses enfants, sa famille et vint voir Tilopa pour être initié comme son disciple. Tilopa se trouvait dans un temple à l'extérieur de la ville. L'homme vint. Quand il arriva à l'intérieur, il était seul et Tilopa était seul. Tilopa regarda autour de lui et dit : "Vous êtes venu, c'est bien - mais pourquoi cette foule ?" Il regarda aussi derrière lui, car il n'y avait personne. Tilopa dit : " Ne regarde pas derrière toi ! Regarde à l'intérieur ! - La foule est là." L'homme a fermé les yeux et la foule était là :

La femme était encore là à pleurer, les enfants pleuraient et étaient tristes ; ils étaient là. Ils étaient venus le quitter à la limite de la ville - amis, famille, autres, ils étaient tous là. Et Tilopa a dit : "Sortez, laissez la foule ! J'initie des personnes, pas des foules."

Non, Tilopa ne peut pas vouloir dire que vous renoncez au monde et allez dans les montagnes. Il n'est pas si stupide.

Il ne peut pas dire cela - c'est un homme éveillé. Ce qu'il veut dire, c'est que si vous renoncez aux rêves, aux ponts, aux relations - pas aux relations - si vous renoncez à votre esprit, vous vous retrouvez soudain dans les bois et dans les montagnes. Vous pouvez être assis au marché - le marché a disparu. Vous pouvez être assis dans votre maison - la maison a disparu. Soudain, vous êtes dans les bois et dans les montagnes. Tout à coup, vous êtes seul. Il n'y a que vous, personne d'autre.

Vous pouvez être dans la foule et seul, et vous pouvez être seul et dans la foule. On peut être dans le monde et ne pas être du monde. Vous pouvez être dans le monde, mais vous appartenez aux montagnes et aux bois.

C'est un phénomène intérieur. Il y a des montagnes intérieures et des bois intérieurs, et Tilopa ne peut rien dire des montagnes et des bois extérieurs, car ils sont aussi des rêves. Un Himalaya est autant un rêve que la place du marché de Poona, parce qu'un Himalaya est un phénomène aussi extérieur que la place du marché. Les forêts sont aussi un rêve. Vous devez venir à l'intérieur - la réalité est là.

Vous devez vous déplacer de plus en plus profondément, dans les profondeurs de votre être, alors vous arriverez au véritable Himalaya, alors vous arriverez aux véritables bois de votre être, aux pics et aux vallées de votre être, aux hauteurs et aux profondeurs de votre être. Tilopa signifie cela.

SI, SANS EFFORT, VOUS RESTEZ VAGUEMENT DANS L'ÉTAT NATUREL....

Et il doit le penser car il est pour un état libre et naturel. Fuir sa femme et ses enfants n'est pas naturel, et ce n'est pas du tout un état libre. Un homme qui quitte sa femme, ses enfants, ses amis et le monde devient tendu, il ne peut pas être libre. Dans l'effort même de renoncement, une tension s'installe.

Être naturel signifie être là où vous vous trouvez. Être naturel signifie : où que vous vous trouviez, soyez là. Si vous êtes un mari, c'est bien ; si vous êtes une femme, c'est bien ; si vous êtes une mère, c'est bien - il doit en être ainsi. Acceptez où que vous soyez, quoi que vous soyez et quoi qu'il vous arrive, alors seulement vous pouvez être libre et naturel, sinon vous ne pouvez pas être libre et naturel. Vos soi-disant moines, SADHUS, des gens qui se sont échappés du monde, en fait des lâches assis dans leurs monastères, ne peuvent PAS être libres et naturels - ils doivent être tendus. Ils ont fait quelque chose de contre nature, ils sont allés à l'encontre du flux naturel.

Oui, pour quelques personnes, cela peut être naturel. Je ne dis donc pas qu'il faut se FORCER à aller sur le marché, car alors vous commettrez l'autre extrême, et vous referez la même bêtise.

Pour quelques personnes, il peut être absolument naturel d'être dans un monastère ; elles doivent alors être dans le monastère. Pour quelques personnes, il peut être absolument naturel de se déplacer dans les montagnes ; elles doivent être dans les montagnes. Ce qu'il faut retenir comme critère, c'est d'être libre et naturel. Si vous êtes naturel au marché, magnifique - le marché est aussi divin. Si vous vous sentez détendu et naturel dans l'Himalaya, c'est magnifique - il n'y a rien de mal à cela. Souvenez-vous d'une seule chose : soyez détendu et naturel. Ne faites pas d'efforts et n'essayez pas de créer une tension dans votre être. Détendu...

... BIENTÔT MAHAMOUDRA TU VAS GAGNER...

En restant détendu et naturel, vous atteindrez bientôt le sommet orgasmique de l'existence.

... ET ATTEINDRE LA NON-CONFORMITÉ.

Et vous atteindrez ce qui ne peut être atteint. Pourquoi ? Pourquoi dire que ça ne peut pas être atteint ? - Parce qu'on ne peut pas en faire un but. Il ne peut pas être atteint par un esprit orienté vers un but. Il ne peut pas être atteint par un esprit de réalisation.

Beaucoup de gens ici ont la même tendance que l'esprit de réalisation. Ils sont tendus parce qu'ils ont fait un objectif de ce qui ne peut pas être un objectif. Cela arrive à vous. Vous ne pouvez qu'être passif, détendu et naturel, et attendre le bon moment, car chaque chose a sa propre saison. Cela arrivera en son temps. Qu'est-ce qui presse ? Si vous êtes pressé, vous deviendrez tendu, vous serez constamment dans l'expectative.

C'est pourquoi Tilopa dit : "... ET ATTEINDRE LE NON-ATTENTE." Ce n'est pas un but. Vous ne pouvez pas en faire un objectif : "Je vais l'atteindre." On ne peut pas l'atteindre comme une flèche, non. L'esprit qui est tendu vers un but est un esprit tendu.

Il vient soudainement, quand vous êtes prêt - on n'entend même pas les pas. Il vient soudainement. Vous ne vous rendez même pas compte qu'il arrive. Il a fleuri. Soudain, vous voyez la floraison - vous êtes rempli de son parfum.

LA CHANSON CONTINUE :
COUPEZ LA RACINE D'UN ARBRE ET LES FEUILLES SE FANENT ; COUPEZ LA RACINE DE VOTRE ESPRIT ET LE SAMSARA TOMBE.

LA LUMIÈRE D'UNE LAMPE DISSIPE EN UN INSTANT L'OBSCURITÉ DE LONGS KALPAS ;

LA LUMIÈRE PUISSANTE DE L'ESPRIT, EN UN ÉCLAIR, BRÛLERA LE VOILE DE L'IGNORANCE.

CELUI QUI S'ACCROCHE AU MENTAL NE VOIT PAS LA VÉRITÉ DE CE QUI EST AU-DELÀ DU MENTAL.

QUICONQUE S'EFFORCE DE PRATIQUER LE DHARMA NE RECONNAÎT PAS LA VÉRITÉ DE L'AUTRE PRATIQUE.

POUR CONNAÎTRE CE QUI EST AU-DELÀ DE L'ESPRIT ET DE LA PRATIQUE, IL FAUT COUPER PROPREMENT LA RACINE DE L'ESPRIT ET LA REGARDER NUE. IL FAUT DONC SE DÉTACHER DE TOUTES LES DISTINCTIONS ET RESTER À L'AISE.

Le choix est un asservissement, l'absence de choix est une liberté. Dès que vous choisissez quelque chose, vous êtes tombé dans le piège du monde. Si vous pouvez résister à la tentation de choisir, si vous pouvez rester conscient de l'absence de choix, le piège disparaît de lui-même, car lorsque vous ne choisissez pas, vous n'aidez pas le piège à être là - le piège est également créé par votre choix. Ce mot "choix" doit donc être compris très profondément, car ce n'est que par cette compréhension que l'absence de choix peut fleurir en vous.

Pourquoi ne pouvez-vous pas rester sans choisir ? Pourquoi, dès que vous voyez une personne ou une chose, une vague subtile de choix entre immédiatement en vous, même si vous n'êtes pas conscient d'avoir choisi ? Une femme passe et vous dites qu'elle est belle. Vous ne dites rien de votre choix, mais le choix est entré, car dire d'une personne qu'elle est belle signifie : "Je voudrais la choisir." En fait, au fond, vous avez choisi ; vous êtes déjà dans le piège. La graine est tombée dans la terre ; bientôt il y aura des pousses, il y aura une plante et un arbre.

Au moment où vous dites : "Cette voiture est belle", le choix est entré. Vous n'êtes peut-être pas du tout conscient d'avoir choisi, de vouloir posséder cette voiture, mais dans l'esprit, une fantaisie est entrée, un désir est apparu. Lorsque vous dites que quelque chose est beau, vous voulez dire que vous aimeriez l'avoir.

Lorsque vous dites que quelque chose est laid, vous voulez dire que vous n'aimeriez pas l'avoir.

Le choix est subtil et il faut en être très minutieusement conscient. Chaque fois que vous dites quelque chose, rappelez-vous ceci : cette parole n'est pas seulement une parole, pas une simple parole - quelque chose s'est produit dans l'inconscient. Ne faites pas la distinction : ceci est beau et cela est laid, ceci est bon et cela est mauvais. Ne faites pas de distinctions. Restez à l'écart ! Les choses ne sont ni bonnes ni mauvaises. La qualité de la bonté et de la méchanceté est introduite par vous. Les choses ne sont ni belles ni laides ; elles sont simplement là, telles qu'elles sont - la qualité de la beauté et de la laideur est introduite par vous, c'est votre interprétation.

Que voulez-vous dire quand vous dites que quelque chose est beau ? Existe-t-il un critère de beauté ? Pouvez-vous prouver que c'est beau ? Juste à côté de vous, quelqu'un peut penser : "C'est moche !". - Il n'y a donc rien d'objectif ; personne ne peut prouver que quelque chose est beau. Des milliers et des milliers de livres ont été écrits sur l'esthétique, et le voyage a été long et ardu pour les intellectuels, les penseurs et les philosophes pour définir ce qu'est la beauté - ils n'y sont pas encore parvenus. Ils ont écrit de grands livres, de grands traités, ils tournent en rond, mais personne n'a jamais été capable de définir avec précision ce qu'est la beauté. Non, cela semble impossible - car il n'existe rien de tel que la beauté ou la laideur, c'est votre interprétation.

D'abord vous rendez une chose belle. C'est pourquoi je dis que vous créez d'abord le piège et que vous y tombez ensuite. Vous pensez d'abord que ce visage est beau - c'est VOTRE création, c'est juste votre imagination, c'est juste l'interprétation de votre esprit ; ce n'est pas existentiel, c'est juste psychologique - et ensuite vous tombez vous-même dans le piège. Vous creusez le trou, puis vous tombez dedans, et ensuite vous criez à l'aide, et ensuite vous appelez les gens à venir vous sauver.

Rien n'est nécessaire dit le tantra. Vous voyez simplement l'ensemble du tour - c'est votre propre création.

Qu'est-ce que tu veux dire par quelque chose de laid ? Si l'homme n'est pas sur la terre, y aura-t-il de la laideur et de la beauté ? Les arbres seront là, bien sûr, et ils fleuriront ; bien sûr, les pluies viendront, et l'été et les saisons se succéderont - mais il n'y aura rien de beau et de laid, cela disparaîtra avec l'homme et son esprit. Le soleil se lèvera et dans la nuit le ciel sera rempli d'étoiles - mais rien ne sera beau et rien ne sera laid. C'était juste l'homme qui créait du bruit. Maintenant, il n'est plus là, les interprétations ont disparu ; qu'est-ce qui sera bon et qu'est-ce qui sera mauvais ?

Dans la nature, rien n'est bon et rien n'est mauvais. Et souvenez-vous, le tantra est la voie libre et naturelle. Il veut vous amener aux phénomènes les plus profonds et les plus naturels de la vie. Il veut vous aider à vous libérer du mental - et le mental crée des distinctions, et le mental dit que ceci doit être choisi et cela doit être évité. Vous vous accrochez à ceci, et vous évitez et fuyez cela. Regardez l'ensemble du phénomène.

Il suffit d'un regard, rien d'autre ; aucune pratique n'est nécessaire - juste un regard sur l'ensemble de la situation.

La lune est belle, pourquoi ? - Parce que pendant des siècles, on vous a endoctriné que la lune est belle. Pendant des siècles, les poètes ont chanté à propos de la lune, pendant des siècles, les gens y ont cru - maintenant, c'est ancré dans les esprits. Bien sûr, il y a certaines choses qui se produisent avec la lune : elle est très apaisante, vous vous sentez calmé, et la lumière de la lune donne un arôme mystérieux à la nature entière ; elle donne une sorte d'hypnose, vous vous sentez un peu endormi et éveillé et les choses semblent plus belles ; elle donne une qualité onirique au monde - c'est pourquoi nous appelons les fous, les lunatiques. Le mot "lunatique" vient du mot "luna", la lune. Ils sont devenus fous, ils ont été frappés par la lune.

La lune crée une sorte de folie, une sorte de névrose. Elle peut concerner l'eau de votre corps - tout comme la mer est affectée par la lune et les marées arrivent. Votre corps est composé à 90 % d'eau de mer. Si vous demandez aux physiologistes, ils vous diront que quelque chose doit se passer dans votre corps à cause de la lune, car votre corps reste une partie de la mer. L'homme est venu de la mer à la terre ; fondamentalement, la vie est née dans la mer. Lorsque la mer entière est affectée, tous les animaux marins sont bien sûr affectés par la lune, ils font partie de la mer, et l'homme est également venu de la mer. Il a voyagé très très longtemps, mais cela ne fait aucune différence ; le corps réagit toujours de la même manière. Votre corps est composé à 90 % d'eau, et pas seulement d'eau, d'eau de mer, avec les mêmes produits chimiques, la même salinité.

Dans le ventre de sa mère, l'enfant nage pendant neuf mois, flotte dans l'eau de mer ; le ventre de la mère est rempli d'eau de mer. C'est pourquoi, lorsqu'une femme est enceinte, elle commence à utiliser et à manger plus de sel. Elles ont besoin de plus de sel pour leur utérus, afin de conserver le même équilibre de salinité. Et l'enfant passe par toutes les phases que l'humanité a traversées. Au début, il est comme un poisson, il se déplace dans l'océan du ventre de sa mère, il flotte. Au fur et à mesure, en neuf mois, il passe des millions d'années. Les physiologistes se sont rendu compte qu'il passe par toutes les étapes de la vie en neuf mois.

Il se peut que la lune vous touche, mais il n'y a rien de tel que la beauté - c'est un phénomène chimique.

Certains yeux vous semblent très beaux. Que se passe-t-il ? Ces yeux doivent avoir une qualité, une qualité chimique, une qualité électrique, ils doivent dégager une certaine énergie - ils vous affectent. Vous dites que certains yeux sont hypnotiques, comme ceux d'Adolf Hitler. Dès qu'il vous voit, quelque chose se passe en vous. Vous dites que les yeux sont très beaux. Qu'est-ce que vous entendez par beauté ? Vous êtes affecté.

En fait, lorsque vous dites que quelque chose est beau, vous ne dites pas que quelque chose est beau, vous dites que vous êtes affecté d'une manière agréable, c'est tout. Lorsque vous dites que quelque chose est laid, vous dites que vous êtes affecté de manière antagoniste. Vous êtes repoussé ou vous êtes attiré. Lorsque vous êtes attiré, c'est la beauté, lorsque vous êtes repoussé, c'est la laideur. Mais c'est VOUS, pas l'objet, car le même objet peut attirer quelqu'un d'autre.

Cela arrive tous les jours ; les gens sont toujours étonnés par d'autres personnes. Ils disent : "Cet homme est tombé amoureux de cette femme - incroyable !" Personne ne peut croire que cela puisse arriver ; cette femme est laide. Mais pour cet homme, cette femme est l'incarnation même de la beauté. Que faire ? Il ne peut y avoir de critère objectif, il n'y en a pas.

Le Tantra dit : rappelez-vous, chaque fois que vous choisissez quelque chose, chaque fois que vous décidez pour ceci ou contre cela, c'est votre esprit qui joue des tours. Ne dites pas que la chose est belle ; dites simplement : "Je suis affecté d'une manière agréable" - mais la base reste "je". Si une fois vous transférez l'ensemble du phénomène sur l'objet, alors il ne pourra jamais être résolu car dès la première étape vous avez manqué, vous avez manqué la racine. La racine, c'est vous, donc si vous êtes affecté, cela signifie que votre esprit est affecté d'une certaine manière. Et alors cette affection, cet être affecté, crée le piège et vous commencez à bouger.

D'abord vous créez un bel homme et ensuite vous commencez à le poursuivre, puis vous courez après lui. Et après quelques jours de vie avec un bel homme ou une belle femme, tous les fantasmes tombent à terre. Soudain, vous prenez conscience, comme si vous aviez été trompé, que cette femme a l'air ordinaire. Et vous pensiez qu'elle était une Laila ou une Juliette, ou vous pensiez qu'il était un Majnu ou un Roméo, et soudain, après quelques jours, les rêves se sont évaporés et la femme est devenue ordinaire, ou l'homme est devenu ordinaire ; alors vous vous sentez dégoûté, comme si l'autre vous avait trompé.

Personne n'a été trompé et rien n'est tombé de l'homme ou de la femme ; c'est votre propre fantasme qui est tombé - parce que les fantasmes ne peuvent pas être maintenus. Vous pouvez en rêver, mais vous ne pouvez pas les maintenir pendant longtemps. Les fantasmes sont des fantasmes ! Donc, si vous voulez vraiment continuer dans votre fantasme, lorsque vous voyez une belle femme, fuyez-la immédiatement autant que vous le pouvez.

Alors vous vous souviendrez toujours d'elle comme la plus belle femme du monde. Alors le fantasme n'entrera jamais en contact avec la réalité. Il n'y aura pas d'effondrement. Vous pouvez toujours soupirer, chanter, pleurer et pleurer pour la belle femme - mais ne vous en approchez jamais !

Plus vous vous en approchez, plus la réalité, la réalité objective, se révèle. Et lorsqu'il y a un conflit entre la réalité objective et votre imagination, vous savez bien sûr qui va être vaincu - votre imagination. La réalité objective ne peut être vaincue.

Telle est la situation. Et le tantra dit de prendre conscience : personne ne vous trompe, sauf vous-même. La femme n'essayait pas d'être très belle, elle ne créait pas le fantasme autour d'elle, c'est VOUS qui l'avez créé autour d'elle

; vous y avez cru, et maintenant vous ne savez plus quoi faire, parce que le fantasme ne peut pas se poursuivre contre la réalité. Un rêve doit se briser - et c'est là le critère.

Les hindous d'Orient ont établi un critère de vérité : ils disent que la vérité est ce qui dure éternellement, éternellement, éternellement ; et que la contre-vérité est ce qui ne dure qu'un instant. Il n'y a pas d'autre distinction. Le momentané est le non-vrai et l'éternel est la vérité. Et la vie est éternelle ; l'existence est éternelle. Le mental est momentané - ainsi, tout ce que le mental donne à la vie reste momentané ; c'est une couleur que le mental donne à la vie, c'est une interprétation. Au moment où l'interprétation est terminée, l'esprit a changé. Vous ne pouvez pas maintenir l'interprétation parce que l'esprit ne peut pas être maintenu pendant deux moments consécutifs dans la même situation, dans le même état. L'esprit continue à changer, l'esprit est un flux. Il a déjà changé - au moment où vous réalisez que cet homme est beau, l'esprit a déjà changé. Maintenant, vous allez tomber amoureuse de quelque chose qui n'existe plus, même dans votre esprit.

Le Tantra dit : comprenez le mécanisme de l'esprit et coupez la racine. Ne choisissez pas, car lorsque vous choisissez, vous vous identifiez. Quel que soit ce que vous choisissez, vous devenez, d'une certaine manière, un avec lui.

Si vous aimez une voiture, vous ne faites qu'un avec elle d'une certaine manière. Vous vous en rapprochez de plus en plus, et si la voiture est volée, quelque chose de votre être est volé. Si quelque chose va mal avec la voiture, quelque chose va mal avec vous. Si vous tombez amoureux d'une maison, vous ne faites plus qu'un avec elle. L'amour est synonyme d'identification, de rapprochement, comme si vous rapprochiez deux bougies de cire l'une de l'autre, et que vous les mettiez très près l'une de l'autre - elles ne font plus qu'une. La chaleur, la combustion de la flamme... peu à peu, elles ne font plus qu'une.

C'est l'identification. Deux flammes qui se rapprochent de plus en plus, elles ne font plus qu'une.

Et lorsque vous êtes identifié à quelque chose, vous avez perdu votre âme. C'est ce que signifie perdre son âme dans le monde : vous vous êtes identifié à des millions de choses, et avec tout, une partie de vous est devenue une chose. Le choix amène l'identification. L'identification amène un état de sommeil hypnotique.

Gurdjieff n'a qu'une seule chose à enseigner à ses disciples et c'est de ne pas s'identifier. Toute son école, toutes ses techniques, ses méthodes, ses situations, reposent sur une seule base, et cette base est : ne pas s'identifier.

Vous pleurez ; lorsque vous pleurez, vous ne faites plus qu'un avec les pleurs. Il n'y a personne pour le regarder, il n'y a personne pour le voir ; soyez attentif et conscient de cela - vous êtes perdu dans les pleurs. Vous êtes devenu les larmes et les yeux rouges et gonflés et votre cœur est en crise. Des enseignants comme Gurdjieff, quand ils disent de ne pas s'identifier, disent : "Pleurez, il n'y a rien de mal à cela, mais restez sur le côté et regardez-le - ne vous identifiez pas." Et c'est une expérience merveilleuse si vous pouvez vous tenir sur le côté. Pleurez, laissez votre corps pleurer, laissez les larmes couler, ne les réprimez pas car la répression n'aide personne, mais restez sur le côté et regardez.

Cela peut être fait - parce que votre être intérieur est un témoin, il n'est jamais un exécutant. Chaque fois que vous pensez que c'est un faiseur, il y a une identification. Il n'est jamais un faiseur. Vous pouvez parcourir la terre entière, votre être intérieur ne fait jamais un seul pas. Vous pouvez rêver des millions de rêves, votre être intérieur ne rêve jamais un seul rêve. Tous les mouvements sont à la surface. Au plus profond de votre être, il n'y a aucun mouvement. Tous les mouvements sont à la périphérie, tout comme une roue bouge, mais au centre, rien ne bouge. En ce centre, tout reste tel qu'il est, et au centre, la roue bouge.

Souvenez-vous du centre ! Observez votre comportement, vos actions, vos identifications, et une distance se crée ; de proche en proche, une distance se crée - celui qui regarde et celui qui fait deviennent deux. Vous pouvez vous voir rire, vous pouvez vous voir pleurer, vous pouvez vous voir marcher, manger, faire l'amour ; vous pouvez faire beaucoup de choses, quoi qu'il se passe autour de vous - et vous restez le spectateur. Vous ne sautez pas et devenez un avec ce que vous voyez.

C'est ça le problème. Quoi qu'il arrive, tu commences à dire : tu as faim, tu dis : "J'ai faim".

- vous vous êtes identifié à la faim. Mais regardez simplement à l'intérieur : avez-vous faim, ou est-ce la faim qui vous arrive ? Avez-vous faim ou êtes-vous simplement conscient de la faim qui se manifeste dans votre corps ?

Vous ne pouvez pas être la faim ; sinon, quand la faim aura disparu, où serez-vous ? Quand tu as bien mangé, que ton ventre est plein et que tu es rassasié, où seras-tu si tu es la faim ?

Évaporé ? Non, alors vous devenez immédiatement la satiété. Avant que la faim ne disparaisse, une nouvelle identification doit être créée ; vous devenez la satiété.

Tu étais un enfant et tu pensais être un enfant ; maintenant où es-tu car tu n'es plus un enfant ? Tu es devenu un jeune homme ou tu es devenu vieux - qui es-tu maintenant ? Encore une fois, vous êtes identifié à la jeunesse ou à la vieillesse.

L'être le plus profond est comme un miroir. Tout ce qui se présente devant lui, il le reflète, il devient simplement un témoin. La maladie ou la santé, la faim ou la satiété, l'été ou l'hiver, l'enfance ou la vieillesse, la naissance ou la mort - tout ce qui arrive, arrive devant le miroir, cela n'arrive jamais devant le miroir.

C'est la non-identification, c'est couper la racine, la racine même - pour devenir un miroir. Et pour moi, c'est ça le sannyas : devenir comme un miroir. Ne pas devenir comme une plaque photographique très sensible - c'est l'identification. Tout ce qui passe devant l'objectif de l'appareil photo, la plaque le prend immédiatement et ne fait plus qu'un avec lui. Devenez comme un miroir. Les choses viennent et passent et le miroir reste vacant, vide, vide.

C'est le non-soi de Tilopa. Le miroir n'a pas de soi auquel s'identifier. Il reflète simplement. Il ne réagit pas, il répond simplement. Il ne dit pas, "Ceci est beau, cela est laid." Une femme laide se tient devant lui, le miroir est aussi heureux que lorsqu'une belle femme se tient devant lui. Il ne fait aucune différence.

Il reflète ce qui se passe, mais il n'interprète pas. Il ne dit pas : "Va-t'en, tu me déranges beaucoup", ou "Approche-toi un peu, tu es si belle". Le miroir ne dit rien. Le miroir regarde simplement sans aucune distinction, ami ou ennemi. Le miroir n'a pas de distinctions à faire.

Et quand quelqu'un passe, s'éloigne du miroir, le miroir ne s'y accroche pas. Le miroir n'a pas de passé. Ce n'est pas que vous êtes passé et que le miroir va s'accrocher un peu à votre fantôme. Ce n'est pas que le miroir va s'accrocher à votre ombre un petit moment. Ce n'est pas que le miroir va essayer de retenir le reflet qui s'est produit en lui. Non. Vous êtes passé, le reflet est parti ; le miroir ne le retient même pas une seule seconde. C'est l'esprit d'un bouddha. Vous venez devant lui, il est rempli de vous ; vous vous en allez, vous êtes parti. Pas même un souvenir ne clignote. Un miroir n'a pas de passé, un bouddha non plus. Un miroir n'a pas de futur, un bouddha non plus. Le miroir n'attend pas : "Maintenant, qui vient devant moi ; maintenant, qui vais-je refléter ? Je voudrais que cette personne vienne et ne pas aimer cette personne."

Le miroir n'a pas le choix, il reste sans choix.

Essayez de comprendre cette métaphore du miroir car c'est la situation réelle de la conscience intérieure. Ne vous laissez pas identifier par les choses qui se passent autour de vous. Tu restes centré...

rester centré et enraciné dans votre être. Des choses se produisent et continueront à se produire, mais si VOUS pouvez être centré dans votre conscience en miroir, rien ne sera plus pareil - tout a changé. Vous restez vierge, innocente, pure. Rien ne peut devenir une impureté pour vous, absolument rien car rien n'est retenu. Vous vous reflétez, pendant un instant quelqu'un est là et puis tout a disparu. Votre vacuité est intacte. Même si un miroir reflète quelqu'un, il ne se passe rien dans le miroir. Le miroir ne change en aucune façon ; le miroir reste le même. Cela coupe la racine même.

Il y a deux types de personnes. Le premier, qui continue à se battre avec les symptômes, qui continue à se battre, non pas avec la cause profonde, mais juste avec les symptômes de la maladie. Par exemple, vous avez de la fièvre, une fièvre de cent-cinq degrés. Vous pouvez faire une chose : vous pouvez aller prendre une bonne douche, une douche froide ; cela va refroidir le corps, cela va faire baisser la fièvre - mais vous vous battez avec le symptôme parce que la température n'est pas la maladie. Une température est simplement une indication que quelque chose a mal tourné dans le corps. Le corps est dans la tourmente, c'est pourquoi la température est élevée. Le corps est en crise. À l'intérieur du corps, il se passe quelque chose comme une guerre. Certains germes se battent avec d'autres germes, c'est pourquoi la température est élevée. Vous avez chaud - cette chaleur n'est pas le problème, cette chaleur est juste un symptôme. Cette chaleur est très amicale envers vous, cette chaleur vous montre simplement : Faites quelque chose, il y a une crise à l'intérieur - et si vous traitez le symptôme, vous allez tuer le patient. Mettre de la glace sur sa tête ne suffira pas. Lui donner une douche froide ne servira à rien. C'est destructeur, car cela donnera une fausse fraîcheur en surface. Mais comment, en lui donnant une douche froide, pouvez-vous espérer que l'agitation intérieure et la lutte intérieure contre les microbes s'arrêteront ? - Ils vont continuer et ils vont vous tuer.

L'idiot traite toujours les symptômes. Le sage, lui, va à la racine, à la cause même. Il n'essaie pas de refroidir le corps, il essaie de changer la cause profonde qui fait que le corps devient chaud. Et lorsque cette racine est changée, la cause est changée, la cause est traitée, la température baisse d'elle-même. La température n'est pas le problème. Mais dans la vie, il y a plus de fous que de sages. En médecine, nous sommes devenus plus sages, mais dans la vie, toujours pas.

Dans la vie, nous continuons à faire des choses insensées. Si vous êtes en colère, vous commencez à vous battre avec la colère. La colère n'est rien d'autre qu'une température ; c'est exactement une température, c'est une fièvre. Si vous êtes vraiment en colère, votre corps devient chaud, mais cela montre seulement que des substances chimiques sont libérées dans votre sang. Mais ce n'est pas non plus la racine du problème. Ces substances chimiques sont libérées pour une certaine raison - parce que vous avez créé une situation dans laquelle vous devrez soit vous battre, soit prendre la fuite.

Lorsqu'un animal se trouve dans une situation de danger, il a deux choix : le premier est de se battre, le second est de s'échapper. Pour ces deux choix, certains poisons sont nécessaires dans le sang, car lorsque vous vous battez, vous avez besoin de plus d'énergie que d'habitude. Lorsque vous vous battez, vous avez besoin d'une circulation sanguine plus importante que d'habitude. Lorsque vous vous battez, vous avez besoin de sources d'énergie d'urgence pour travailler, pour fonctionner - le corps a des sources d'urgence. Il recueille des poisons, des hormones, de nombreuses choses dans les glandes ; le moment venu, lorsque le besoin s'en fait sentir, il les libère dans la circulation sanguine.

C'est pourquoi, lorsque vous êtes en colère, vous devenez presque trois fois plus puissant qu'à l'ordinaire. Si votre colère peut être créée, vous pouvez faire beaucoup de choses que vous ne pouvez pas faire normalement : vous pouvez lancer un gros rocher - normalement, vous ne pouvez même pas le déplacer. Dans un combat, vous en aurez besoin - la nature y pourvoira.

Ou si vous devez vous échapper et vous enfuir, vous aurez également besoin d'énergie car l'ennemi vous poursuivra, vous suivra.

Tout a changé - l'homme a créé une civilisation, une société, une culture, où les situations animales n'existent plus - mais au fond, le mécanisme reste le même. Chaque fois que vous vous trouvez dans une situation où vous sentez que quelqu'un va vous agresser, vous frapper, vous insulter, vous faire du mal, le corps entre immédiatement en jeu : il libère des poisons dans le sang, votre température augmente, vos yeux deviennent rouges, votre visage est plus rempli de sang - vous êtes prêt à vous battre ou à prendre la fuite.

Cela aussi n'est pas la chose la plus profonde, car cela aussi n'est qu'une aide du corps. La colère sur le visage, la colère dans le corps, ne sont pas des choses réelles ; elles suivent votre esprit, elles suivent votre interprétation. Il se peut qu'il n'y ait rien. Dans une rue isolée, par une nuit noire, vous passez, vous voyez un lampadaire, vous pensez que c'est un fantôme - immédiatement, le corps a libéré quelque chose dans la circulation sanguine, le corps se prépare à combattre le fantôme ou à s'échapper. Votre esprit a interprété le lampadaire comme un fantôme - immédiatement le corps suit. Vous pensez que quelqu'un est votre ennemi, le corps le suit. Vous pensez que quelqu'un est un ami, le corps le suit.

Donc la cause profonde est dans l'esprit, elle est dans votre interprétation. Bouddha dit : "Pensez que la terre entière est votre amie." Pourquoi ? Jésus dit, "Pardonnez même à vos ennemis" ; pas seulement ça, "aimez même vos ennemis." Pourquoi ? Bouddha et Jésus essaient de changer vos interprétations, mais Tilopa va encore plus loin. Il dit : Même si vous pensez que tous sont vos amis, vous continuez à penser en termes d'amitié et d'inimitié. Même si vous aimez l'ennemi, vous pensez qu'il est l'ennemi. Vous aimez parce que Jésus l'a dit. Bien sûr, vous serez dans une meilleure situation qu'un homme ordinaire qui hait l'ennemi, moins de colère vous arrivera. Mais Tilopa dit que PENSER que quelqu'un est un ennemi, penser que quelqu'un est un ami, c'est diviser - vous êtes déjà tombé dans le piège. Personne n'est un ami et personne n'est un ennemi. C'est l'enseignement le plus élevé.

Parfois, Tilopa surpasse même Bouddha et Jésus. La raison en est peut-être que Bouddha s'adressait aux masses et que Tilopa s'adresse à Naropa. Lorsque vous parlez à un disciple très développé, vous pouvez faire descendre le plus élevé. Quand vous parlez aux masses, vous devez faire des compromis. J'ai parlé aux masses pendant quinze ans sans interruption, puis, petit à petit, j'ai senti que je devais laisser tomber. Je parlais à des milliers de personnes. Mais lorsque vous parlez à vingt mille personnes, vous devez faire des compromis, vous devez baisser d'un ton, sinon il leur sera impossible de comprendre. Voyant cela, j'ai laissé tomber.

Maintenant, j'aime parler uniquement aux Naropas. Et vous n'êtes peut-être pas au courant, même si une seule nouvelle personne vient ici et que je ne suis pas au courant qu'une nouvelle personne est là, elle change toute l'atmosphère. Il vous rabaisse et soudain, je sens que je dois faire un compromis.

Plus vous allez haut, plus votre énergie est élevée, plus l'enseignement peut vous être délivré. Et un moment arrive où Naropa devient parfait - Tilopa devient silencieux. Alors il n'y a pas besoin de dire quoi que ce soit, parce que même dire est un compromis. Alors le silence suffit, alors le silence est suffisant ; alors le simple fait de s'asseoir ensemble est suffisant. Alors le maître s'assoit avec le disciple, ils ne font rien, ils restent simplement ensemble - et alors seulement le plus haut aperçu se produit.

Cela dépend donc des disciples. Cela dépendra de vous, de ce que vous pouvez me permettre de vous apporter.

Ce n'est pas seulement pour votre propre compréhension - bien sûr, cela est là - mais cela dépendra de vous combien je peux apporter à la terre parce que cela va passer par vous.

Jésus a des disciples très ordinaires de cette façon, très ordinaires, parce qu'il commence une chose et il doit faire des compromis - avec des choses insensées. Jésus va être pris dans la nuit et les disciples demandent : " Maître, dis-nous : dans le Royaume de Dieu, tu seras bien sûr assis à la droite de Dieu, à la droite du trône - mais nous douze, quelle sera notre situation hiérarchique ? Comment serons-nous assis ? Qui sera assis à côté de vous ? et qui ensuite ?" Jésus va mourir et ces disciples insensés posent une question absurde. Et ils s'inquiètent dans le Royaume de Dieu de savoir quelle sera la hiérarchie, qui sera à côté de Jésus. Bien sûr, Jésus... ils voient bien que Jésus sera à côté de Dieu, mais alors qui sera à côté de Jésus ?

Des égos débiles. Et Jésus doit faire des compromis avec ces gens. C'est pourquoi les enseignements de Jésus n'ont pas pu atteindre la hauteur à laquelle Bouddha peut aller facilement parce qu'il ne parle pas à des gens aussi stupides ; jamais dans sa vie une seule personne n'a demandé une chose aussi stupide. Mais rien de comparable avec Tilopa.....

Il n'a jamais parlé aux masses. Il a cherché un seul homme, une seule âme développée, Naropa, et a dit : " À cause de toi, Naropa... Je vais te dire des choses qui ne peuvent pas être dites ; à cause de toi et de ta confiance, je dois le faire." C'est pourquoi l'enseignement est parti, a pris son envol jusqu'au coin le plus lointain du ciel.

Maintenant, essayez de comprendre le sutra :

COUPEZ LA RACINE D'UN ARBRE ET LES FEUILLES S'ARRÊTERONT ; COUPEZ LA RACINE DE VOTRE ESPRIT ET SAMSARA - le monde - S'ABAT. La lumière de n'importe quelle lampe dissipe en un instant l'obscurité de longs kalpas - de longs âges, des millénaires - la lumière puissante de l'esprit, en un éclair, brûlera le voile de l'ignorance.

"COUPEZ LES RACINES D'UN ARBRE ET LES FEUILLES SE FANERONT." Mais les gens essaient généralement de couper les feuilles. Ce n'est pas la bonne méthode ; la racine ne peut pas se flétrir de cette façon. Au contraire, si vous coupez les feuilles, d'autres feuilles viendront dans l'arbre ; vous coupez une feuille, trois viendront, car en coupant les feuilles, les racines deviennent plus actives pour protéger. Ainsi, tout jardinier sait comment rendre un arbre dense et épais - il suffit de continuer à le tailler. Il deviendra de plus en plus épais, parce que vous donnez un défi aux racines : vous coupez une feuille, les racines en enverront trois pour protéger le corps de l'arbre, parce que les feuilles sont la surface du corps de l'arbre.

Les feuilles ne sont pas seulement là pour votre plaisir, pour les voir et pour que vous puissiez vous asseoir à l'ombre ; non, les feuilles sont la surface corporelle de l'arbre. Grâce aux feuilles, l'arbre absorbe les rayons du soleil, grâce aux feuilles, l'arbre dégage des vapeurs, grâce aux feuilles, l'arbre est en contact avec le cosmos. Les feuilles sont la peau de l'arbre.

Vous coupez une feuille et les racines relèvent le défi : elles en envoient trois à la place ; elles deviennent plus alertes, elles ne peuvent pas rester endormies. Quelqu'un essaie de les détruire et elles doivent se protéger - et la même chose se produit dans la vie aussi, parce que la vie est aussi un arbre.

Les racines et les feuilles sont là. Si vous coupez la colère, trois feuilles viendront à la place ; vous serez trois fois en colère.

Si vous coupez le sexe, vous deviendrez anormalement obsédé par le sexe. Coupez n'importe quoi et observez et vous verrez que le triple vous arrive. Et alors le mental dira : "Coupez plus, ce n'est pas assez !" Alors vous coupez plus et il en résulte encore plus - vous êtes alors dans un cercle vicieux. L'esprit continue : "Coupez plus, ce n'est toujours pas assez." C'est pourquoi il y a tant de feuilles. Vous pouvez couper toutes les branches, cela ne fera aucune différence car l'arbre existe dans la racine, pas dans les feuilles.

L'identification est la racine et tout le reste n'est que feuilles. Être identifié à l'avidité, être identifié à la colère, être identifié au sexe, c'est la racine. Et souvenez-vous, c'est la même chose que vous soyez identifié à l'avidité, au sexe ou même à la méditation. L'amour, MOKSHA, Dieu - cela ne fait aucune différence, c'est la même identification. Être identifié est la racine, et tout le reste n'est que des feuilles. Ne coupez pas les feuilles, laissez-les, il n'y a rien de mal en elles.

C'est pourquoi le tantra ne croit pas à l'amélioration de votre caractère. Il peut vous donner une bonne forme - si vous taillez un arbre, vous pouvez en faire n'importe quelle forme - mais l'arbre reste le même. Le caractère est juste une forme extérieure - mais vous restez le même, aucune transmutation ne se produit. Le tantra va plus loin et dit : "Coupez la racine !" C'est pourquoi le tantra a été trop mal compris, parce que le tantra dit : "Si vous êtes avide, soyez avide ; ne vous souciez pas de l'avidité. Si vous êtes sexuel, soyez sexuel ; ne vous en préoccupez pas du tout." La société ne peut tolérer un tel enseignement : " Que disent ces gens ? Ils vont créer le chaos. Ils vont détruire l'ordre tout entier. " Mais ils n'ont pas compris que seul le tantra change la société, l'homme, l'esprit, rien d'autre ; et seul le tantra apporte un ordre réel, un ordre naturel, un épanouissement naturel de la discipline intérieure, rien d'autre. Mais c'est un processus très profond - vous devez couper la racine.

Regardez la cupidité, le sexe, la colère, la possessivité, la jalousie. Il faut se souvenir d'une chose :

vous ne vous identifiez pas, vous regardez simplement ; vous regardez simplement, vous devenez un spectateur. Au fur et à mesure, la qualité du témoignage augmente ; vous devenez capable de voir toutes les nuances de la cupidité. Elle est très subtile. Vous devenez capable de voir à quel point l'ego fonctionne subtilement, à quel point ses méthodes sont subtiles. Ce n'est pas une chose grossière ; c'est très subtil, délicat et profondément caché.

Plus vous observez, plus vos yeux deviennent capables de voir, deviennent plus perceptifs, plus vous voyez et plus vous pouvez vous déplacer en profondeur, et plus la distance se crée entre vous et ce que vous faites. La distance aide car sans distance, il ne peut y avoir de perception. Comment pouvez-vous voir une chose qui est trop proche ? Si vous vous tenez trop près d'un miroir, vous ne pouvez pas voir votre reflet. Si vos yeux touchent le miroir, comment pouvez-vous voir ? Une distance est nécessaire - et rien ne peut vous donner une distance, sauf le témoignage. Essayez et vous verrez.

Faites l'amour ; il n'y a rien de mal à cela, mais restez un observateur. Observez tous les mouvements du corps ; observez l'énergie qui entre et sort, observez comment l'énergie tombe vers le bas ; observez l'orgasme, ce qui se passe - comment deux corps se déplacent en rythme. Observez les battements du cœur - ils vont de plus en plus vite, à un moment donné, ils sont presque fous. Observez la chaleur du corps ; le sang circule davantage. Observez la respiration ; elle devient folle et chaotique. Observez le moment où il y a une limite à votre volontarisme et où tout devient involontaire. Observez le moment d'où vous auriez pu revenir, mais au-delà, il n'y a plus de retour possible. Le corps devient si automatique que tout contrôle est perdu. Juste un moment avant l'éjaculation, vous perdez tout contrôle, le corps prend le dessus.

Regardez : les processus volontaires, les processus non volontaires. Le moment où vous aviez le contrôle et où vous pouviez revenir en arrière, le retour était possible, et le moment où vous ne pouvez pas revenir, le retour est devenu impossible - maintenant le corps a pris le dessus complètement, vous n'avez plus le contrôle. Regardez tout - et des millions de choses sont là. Tout est si complexe et rien n'est aussi complexe que le sexe, car tout le corps-esprit est impliqué - seul le témoin n'est pas impliqué, une seule chose reste toujours à l'extérieur.

Le témoin est un outsider. Par sa nature même, le témoin ne peut jamais devenir un initié. découvrez ce témoin et vous vous tenez alors au sommet de la colline, et tout va dans la vallée et vous n'êtes pas concerné. Vous voyez simplement ; quelle est votre préoccupation ? C'est comme si cela arrivait à quelqu'un d'autre. Il en va de même pour l'avidité et pour la colère ; tout est très complexe. Et vous l'apprécierez si vous pouvez regarder - négatif, positif, toutes les émotions. Souvenez-vous simplement d'une chose : vous devez être un observateur ; alors l'identification est brisée, alors la racine est coupée. Et une fois que la racine est coupée, une fois que vous pensez que vous n'êtes pas celui qui agit, tout change soudainement. Et le changement est soudain, il n'y a pas de gradualité.

COUPEZ LA RACINE DE L'ARBRE ET LES FEUILLES SE FANENT, COUPEZ LA RACINE DE VOTRE ESPRIT ET LE SAMSARA TOMBE.

Dès que l'on coupe la racine de l'esprit, l'identification à l'esprit, le samsara s'écroule ; le monde entier s'écroule comme un château de cartes. Il suffit d'un petit vent de conscience pour que toute la maison s'écroule. Soudain, vous êtes ici, mais vous n'êtes plus dans le monde - vous avez transcendé. Vous pouvez vivre à l'ancienne, faire les anciennes choses - mais rien n'est ancien, parce que vous n'êtes plus l'ancien. Vous êtes un être parfaitement nouveau - c'est la renaissance. Les hindous l'appellent DWIJ, deux fois né. Un homme qui a atteint ce niveau est né deux fois, c'est une seconde naissance - et c'est la naissance de l'âme. C'est ce que Jésus entend par résurrection.

La résurrection n'est pas la renaissance du corps ; c'est une nouvelle naissance de la conscience.

COUPEZ LA RACINE DE VOTRE ESPRIT ET LE SAMSARA TOMBE. LA LUMIÈRE DE N'IMPORTE QUELLE LAMPE SUPPRIME EN UN MOMENT L'OBSCURITÉ DE LONGS KALPAS... de longs longs âges.

Ne vous inquiétez donc pas de savoir comment une lumière soudaine va dissiper l'obscurité de nombreux, nombreux millions de vies. Elle les dissipe parce que l'obscurité n'a pas de densité, pas de substance. Qu'elle date d'un instant ou de plusieurs milliers d'années, c'est la même chose. L'absence ne peut ni augmenter ni diminuer, elle reste la même. La lumière est substantielle, elle est quelque chose - l'obscurité n'est qu'une absence. La lumière est là et l'obscurité n'est plus là.

L'obscurité n'est pas vraiment dissipée, car il n'y avait rien à dissiper. Ce n'est pas que lorsque vous brûlez la lumière, l'obscurité s'éteint - il n'y avait rien à éteindre. En fait, il n'y avait rien, juste l'absence de lumière. La lumière vient et l'obscurité n'est pas.

LA FORTE LUMIÈRE DE L'ESPRIT EN UN SEUL ÉCLAIRCISSEMENT BRÛLERA LE VOILE DE L'IGNORANCE.

Les bouddhistes utilisent le terme "esprit" dans deux sens : l'esprit avec un "m" minuscule et l'esprit avec un "M" majuscule. Lorsqu'ils utilisent l'esprit avec un "M" majuscule, ils parlent du témoin, de la conscience. Lorsqu'ils utilisent l'esprit avec un "m" minuscule, ils parlent du témoin. Et les deux sont l'esprit - c'est pourquoi ils utilisent le même mot pour les deux - avec juste une petite différence, avec un "M" majuscule. Avec un "M" majuscule, vous êtes le témoin et avec un "m" minuscule, vous êtes le témoin - les pensées, les émotions, la colère, l'avidité, tout.

Pourquoi utiliser le même mot ? Pourquoi créer la confusion ? Il y a une raison à cela : lorsque l'esprit avec un "M" majuscule apparaît, l'esprit avec un "m" minuscule est simplement absorbé par lui. Comme les rivières tombent dans l'océan, les millions d'esprits qui entourent le grand Esprit y tombent tous, l'énergie est réabsorbée.

L'avidité, la colère, la jalousie étaient des énergies qui se déplaçaient vers l'extérieur, de manière centrifuge. Soudain, lorsque l'esprit avec un "M" majuscule surgit, le témoin reste là à observer silencieusement et toutes les rivières changent de cours. Elles se dirigeaient de manière centrifuge vers la périphérie ; soudain, elles font demi-tour, elles deviennent centrifuges ; elles commencent à tomber dans le grand Esprit - tout est absorbé. C'est pourquoi le même mot est utilisé.

LA FORTE LUMIÈRE DE L'ESPRIT, EN UN SEUL ECLAIR, BRÛLERA LE VOILE DE L'IGNORANCE.

En un seul instant, toute ignorance est brûlée - c'est l'illumination soudaine.

CELUI QUI S'ACCROCHE AU MENTAL NE VOIT PAS LA VÉRITÉ DE CE QUI EST AU-DELÀ DU MENTAL.

Si vous vous accrochez au mental, aux pensées, aux émotions, alors vous ne serez pas en mesure de voir ce qui est au-delà du mental - le grand Mental - car si vous vous accrochez, comment pouvez-vous le voir ? Si vous vous attachez, vos yeux sont fermés par votre attachement. Et si vous vous accrochez à l'objet, comment pouvez-vous voir le sujet ? Cet "attachement".

doit être abandonné.

Quiconque s'attache à l'esprit est identifié, et ne voit pas la vérité de ce qui est au-delà de l'esprit. QUICONQUE S'EFFORCE DE PRATIQUER LE DHARMA NE VOIT PAS LA VÉRITÉ DE CE QUI EST AU-DELÀ DE LA PRATIQUE.

Toute pratique est de l'ordre de l'esprit. Tout ce que vous faites est de l'esprit. Seul le témoignage n'est pas de l'esprit, souvenez-vous-en.

Ainsi, même pendant que vous faites de la méditation, restez un témoin, voyez continuellement ce qui se passe. Vous tourbillonnez dans une méditation de derviche ? - tourbillonnez, tourbillonnez aussi vite que vous le pouvez, mais restez un témoin à l'intérieur et continuez à voir que le corps tourbillonne. Le corps continue, de plus en plus vite, de plus en plus vite, et plus le corps va vite, plus vous sentez que votre centre ne bouge pas. Vous restez immobile, le corps bouge comme une roue, vous restez immobile juste au milieu. Plus le corps va vite, plus vous réalisez le fait que vous ne bougez pas, et la distance est créée.

Quoi que vous fassiez, même la méditation - je ne fais aucune exception - ne vous accrochez pas non plus à la méditation, parce qu'un jour doit venir où même cet accrochage doit être abandonné. La méditation devient parfaite lorsqu'elle est également abandonnée. Lorsque la méditation est parfaite, vous n'avez pas besoin de méditer.

Gardez donc constamment à l'esprit que la méditation n'est qu'un pont ; il doit être traversé.

Un pont n'est pas un endroit où l'on peut construire sa maison. Vous devez le traverser et aller au-delà. La méditation est un pont ; vous devez aussi y faire attention, sinon vous risquez de ne plus être identifié à la colère, à l'avidité, et de commencer à être identifié à la méditation, à la compassion. Vous vous retrouvez alors dans le même piège ; vous êtes entré dans la même maison par une autre porte.

C'est arrivé une fois : Mulla Nasruddin est venu au bar de la ville et il était déjà trop ivre, alors le barman lui a dit : "Va-t-en ! Tu es déjà ivre et je ne peux pas t'en donner plus. Retourne chez toi." Mais il insistait, alors le barman a dû le mettre dehors.

Il a marché une longue distance à la recherche d'un autre bar. Puis il arriva au même bar par une autre porte, entra, regarda l'homme avec un peu de suspicion car il lui semblait familier. Le barman lui dit : "Je vous ai dit une fois pour toutes que ce soir je ne vous donnerai rien. Vous partez d'ici !" Mulla insistait encore, il a été jeté dehors à nouveau.

Il a marché une longue distance à la recherche d'un autre bar, mais dans cette ville il n'y avait qu'un seul bar. De nouveau, par la troisième porte, il entra, regarda l'homme, qui lui semblait si familier. Mulla lui dit : "Qu'est-ce qui se passe ? Possédez-vous tous les bars de la ville ?"

C'est ce qui arrive. Vous êtes jeté dehors par une porte ; vous entrez par une autre porte. Vous étiez identifié à votre colère, à votre luxure ; maintenant vous êtes identifié à votre méditation. Vous étiez identifié à votre plaisir sexuel ; maintenant vous êtes identifié à l'extase que donne la méditation. Rien n'est différent - la ville n'a qu'un seul bar. N'essayez pas d'entrer dans le même bar encore et encore. Et où que vous entriez, vous trouverez le même propriétaire - c'est le témoin. Soyez-en conscient, sinon vous gaspillerez inutilement beaucoup d'énergie. Vous parcourez de longues distances pour entrer à nouveau dans la même chose.

CELUI QUI S'ACCROCHE AU MENTAL NE VOIT PAS LA VÉRITÉ DE CE QUI EST AU-DELÀ DU MENTAL.

Qu'y a-t-il au-delà de l'esprit ? Vous. Qu'est-ce qui est au-delà de l'esprit ? La conscience. Qu'est-ce qui est au-delà du mental ? SAT-CHIT-ANAND - la vérité, la conscience, la félicité.

Quiconque s'efforce de pratiquer le DHARMA ne connaît pas la vérité de la pratique au-delà de la pratique.

Et quoi que vous pratiquiez, rappelez-vous que la pratique ne peut pas vous conduire au naturel, au libre et au naturel, parce que la pratique signifie pratiquer quelque chose qui n'est pas là. Pratiquer signifie toujours pratiquer quelque chose d'artificiel. La nature n'a pas besoin d'être pratiquée ; ce n'est pas nécessaire, elle est déjà là.

Vous apprenez quelque chose qui n'est pas là. Comment pouvez-vous apprendre quelque chose qui est déjà là ? Comment pouvez-vous apprendre la nature, Tao ? Il est déjà là ! Vous êtes né en elle. Il n'est pas nécessaire de trouver un enseignant pour qu'il vous enseigne - et c'est la différence entre un enseignant et un maître.

Un professeur est celui qui vous enseigne quelque chose, un maître est celui qui vous aide à désapprendre tout ce que vous avez déjà appris. Un maître est celui qui vous aide à désapprendre. Un maître doit vous donner le goût du non pratiqué. Il est déjà là ; par votre apprentissage, vous l'avez perdu. Par votre désapprentissage, vous le retrouverez.

La vérité n'est pas une découverte, c'est une redécouverte. Elle était déjà là à l'origine. Lorsque vous êtes venu dans ce monde, elle était avec vous, lorsque vous êtes né dans cette vie, elle était avec vous, parce que vous ÊTES la vérité. Il ne peut en être autrement. Ce n'est pas quelque chose d'extérieur, c'est intrinsèque à vous, c'est votre être même. Donc si vous pratiquez, dit Tilopa, vous ne connaîtrez pas ce qui est au-delà de la pratique.

Rappelez-vous encore et encore que tout ce que vous pratiquez sera une partie du mental, du petit mental, de la périphérie extérieure, et que vous devez aller au-delà. Comment le dépasser ? Pratiquez, il n'y a rien de mal à cela, mais soyez vigilant ; méditez, mais soyez vigilant - car au sens ultime du terme, la méditation EST le témoignage.

Toutes les techniques peuvent être utiles mais elles ne sont pas exactement de la méditation, elles ne sont que des tâtonnements dans le noir. Soudain, un jour, en faisant quelque chose, vous deviendrez un témoin. En faisant une méditation comme la dynamique, ou KUNDALINI ou le tourbillon, soudain un jour la méditation continuera mais vous ne serez pas identifié. Vous serez assis en silence derrière, vous la regarderez - ce jour-là, la méditation a eu lieu ; ce jour-là, la technique n'est plus un obstacle, plus une aide. Vous pouvez en profiter si vous voulez, comme d'un exercice, cela donne une certaine vitalité, mais ce n'est pas nécessaire maintenant - la vraie méditation a eu lieu.

La méditation est un témoignage. Méditer, c'est devenir un témoin. La méditation n'est pas du tout une technique. Cela va vous troubler car je continue à vous donner des techniques. Au sens ultime, la méditation n'est pas une technique ; la méditation est une compréhension, une conscience. Mais vous avez besoin de techniques parce que cette compréhension finale est très loin de vous ; profondément cachée en vous, mais toujours très loin de vous. En ce moment même, vous pouvez l'atteindre, mais vous ne l'atteindrez pas, parce que votre moment continue, votre esprit continue. En ce moment même, c'est possible et pourtant impossible. Les techniques combleront le fossé, elles ne servent qu'à combler le fossé.

Ainsi, au début, les techniques sont des méditations ; à la fin, vous allez rire, les techniques ne sont pas des méditations. La méditation est une qualité d'être totalement différente, elle n'a rien à voir avec quoi que ce soit. Mais cela ne se produira qu'à la fin ; ne pensez pas que cela s'est produit au début, sinon le fossé ne sera pas comblé.

C'est le problème avec Krishnamurti, et c'est le problème avec Maharishi Mahesh Yogi - ils sont les deux pôles opposés. Mahesh Yogi pense que la technique est la méditation, donc une fois que vous êtes en harmonie avec une technique - la Méditation Transcendantale ou toute autre - la méditation a eu lieu. C'est à la fois vrai et faux. C'est vrai, parce qu'au début, un débutant doit s'accorder à une technique, parce que sa compréhension n'est pas assez mûre pour comprendre l'ultime. Donc approximativement... une technique est approximativement une méditation.

C'est comme un petit enfant qui apprend l'alphabet. Nous disons à l'enfant que le "m" est la même lettre que lorsque vous utilisez "singe", le singe représente le "m". Avec le "m", le singe est là, l'enfant commence à apprendre. Il n'y a pas de relation entre le singe et le "m". "M" peut être représenté par des millions de choses, et pourtant il est différent de tout. Mais il faut montrer quelque chose à un enfant. Le singe est plus proche de l'enfant ; il peut comprendre le singe, pas le "m". Grâce au singe, il pourra comprendre le "m" - mais ce n'est qu'un début, pas une fin.

Mahesh Yogi est juste au début, pour vous pousser sur le chemin, mais si vous restez collé à lui, vous êtes perdu. Il faut le quitter, c'est une école primaire ; c'est bien dans la mesure où cela va, mais on ne doit pas toujours rester à l'école primaire. L'école primaire n'est pas l'université, et l'école primaire n'est pas l'univers ; il faut en sortir. Il est primordial de comprendre que la méditation est une technique.

Puis il y a Krishnamurti à l'autre pôle. Il dit qu'il n'y a pas de techniques, pas de méditations, mais une conscience sans choix. Parfaitement juste ! - Mais il essaie de vous aider à entrer à l'université sans passer par l'école primaire. Il peut être dangereux car il parle de l'ultime. Vous ne pouvez pas le comprendre ; pour l'instant, dans votre compréhension, ce n'est pas possible - vous deviendrez fou. Une fois que vous aurez écouté Krishnamurti, vous serez perdu, car vous comprendrez toujours intellectuellement qu'il a raison, et dans votre être, vous saurez que rien ne se passe.

De nombreux adeptes de Krishnamurti sont venus me voir. Ils disent qu'intellectuellement ils comprennent : "Bien sûr, c'est juste, il n'y a pas de technique et la méditation est la conscience - mais que faire ?" Et je leur réponds : "Dès que vous demandez quoi faire, cela signifie que vous avez besoin d'une technique. Vous demandez COMMENT le faire, vous demandez une technique. Krishnamurti ne vous aidera pas. Allez plutôt voir le Maharishi Mahesh Yogi - ce sera mieux". Mais les gens sont coincés avec Krishnamurti et il y a des gens qui sont coincés avec Mahesh Yogi.

Je ne suis ni l'un ni l'autre - ou je suis les deux ; et alors je suis très confus. Ils sont tous deux clairs, leurs points de vue sont simples ; il n'y a aucune complexité à comprendre Mahesh Yogi ou Krishnamurti. Si vous comprenez la langue, vous pouvez les comprendre, il n'y a aucun problème. Le problème se posera avec moi, car je parlerai toujours du début et je ne vous permettrai jamais d'oublier la fin. Je parlerai toujours de la fin et je vous aiderai toujours à commencer par le début. Vous serez confus car vous direz : "Que voulez-vous dire ? Si la méditation est simplement la conscience, alors pourquoi passer par tant d'exercices ?"

Vous devez les traverser ; alors seulement cette méditation vous aidera... cela vous arrivera, ce qui est une simple compréhension.

Ou bien vous dites : "Si les techniques sont tout, alors pourquoi répétez-vous sans cesse que les techniques doivent être laissées de côté, abandonnées ? Parce qu'alors vous vous dites : "Quelque chose d'appris si profondément, avec tant d'efforts et de travail ardu doit être abandonné à nouveau ?". Vous voudriez vous accrocher au début. Je ne vous le permettrai pas. Une fois que vous êtes sur le chemin, je continuerai à vous pousser jusqu'au bout.

C'est un problème ; avec moi, ce problème doit être affronté, rencontré et compris. J'aurai l'air contradictoire. Je le suis ; je suis un paradoxe - parce que j'essaie de vous donner à la fois le début et la fin, le premier pas et le dernier. Tilopa parle de l'ultime. Il dit :

Quiconque s'efforce de pratiquer le DHARMA ne connaît pas la vérité de l'au-delà de la pratique. POUR SAVOIR CE QUI EST AU-DELÀ DE L'ESPRIT ET DE LA PRATIQUE, il ne faut pas s'accrocher, il faut couper proprement la racine de l'esprit et rester nu.

C'est ce que j'appelle témoigner : regarder nu. Il suffit de regarder nu pour que la racine soit coupée. Ce regard nu devient comme une épée tranchante.

IL FAUT DONC S'AFFRANCHIR DE TOUTES LES DISTINCTIONS ET RESTER À L'AISE.

Être libre, naturel, se regarder nu dans son corps, voilà le mot de la fin.

Mais allez-y lentement, car le mental est un mécanisme très délicat. Si vous êtes trop pressé et que vous prenez une trop grande dose d'un Tilopa, vous risquez de ne pas pouvoir l'absorber et le digérer. Allez-y lentement ; ne prenez que les proportions que vous pouvez digérer et absorber.

Même si je suis ici, je vais dire beaucoup de choses parce que vous êtes nombreux, et je vais prendre beaucoup de dimensions parce que vous êtes nombreux. Mais vous n'absorbez que ce qui vous nourrit ; vous digérez.

L'autre jour, un sannyasin est venu, un chercheur sincère, mais perplexe parce que j'ai parlé du yoga et du tantra, et dit que le tantra est l'enseignement supérieur et le yoga un enseignement inférieur, et qu'il pratique le hatha yoga depuis deux ans et se sent bien. Il s'est demandé ce qu'il devait faire. Ne soyez pas si facilement perplexe. Si vous vous sentez bien avec le yoga, suivez votre propre penchant naturel. Ne me laissez pas vous embrouiller.

Je peux être déroutant pour vous ; vous suivez simplement votre penchant naturel - libre, naturel. Si c'est bon, c'est bon pour vous. Pourquoi se soucier de savoir si c'est plus haut ou plus bas ? Laissez-le être plus bas. L'ego entre en jeu ; l'ego dit : "Si c'est une chose inférieure, alors pourquoi suivre ?" Cela ne sert à rien. Suivez-le, il est juste pour vous. Même si c'est inférieur, qu'y a-t-il de mal à cela ? Un moment viendra où, à travers ce qui est inférieur, vous atteindrez ce qui est supérieur.

L'escalier a deux extrémités : à une extrémité, c'est le plus bas, à l'autre extrémité, c'est le plus haut. Le tantra et le yoga ne sont donc pas opposés, mais complémentaires. Le yoga est le primaire, la base, d'où il faut partir. Mais il ne faut pas s'accrocher. Il arrive un moment où l'on doit transcender le yoga et entrer dans le tantra ; et finalement, il faut quitter tout l'escalier - le yoga et le tantra. Seul en soi, profondément dans le repos, on oublie tout.

Regardez-moi : Je ne suis ni un yogi ni un tantrique. Je ne fais rien - aucune pratique, aucune non-pratique. Je ne m'attache ni à la méthode ni à la non-méthode. Je suis simplement ici en train de me reposer, sans rien faire. L'escalier n'existe pas pour moi maintenant, le chemin a disparu ; il n'y a pas de mouvement, c'est le repos absolu. Quand on rentre à la maison, il n'y a rien à faire ; on oublie tout et on se repose - Dieu est le repos ultime.

Souvenez-vous de cela, car parfois je parlerai du tantra, parce qu'il y a beaucoup de gens qui seront aidés par lui ; et parfois je parlerai du yoga, et il y a beaucoup de gens qui seront aidés par lui. Il vous suffit de penser à votre propre inclination, à votre propre sentiment - suivez-le. Je suis ici pour vous aider à être vous-même, pas pour vous distraire. Mais je dois parler de beaucoup de choses parce que je dois aider beaucoup de gens. Alors que ferez-vous ? Vous continuez à m'écouter. Tout ce que vous trouvez nourrissant, vous le digérez ; mâchez-le bien, digérez-le ; laissez-le devenir votre sang et vos os, la moelle même de vos os - mais suivez votre inclination.

Et quand je parle du tantra, je suis tellement absorbée par lui, parce que je suis comme ça ; je ne peux pas être partielle, je suis totale quoi que je fasse. Si je parle du tantra, je suis totalement dedans ; alors rien ne compte, seul le tantra compte. Cela peut vous donner une fausse impression. Je ne parle pas en termes de comparaison - rien n'a d'importance pour moi. Le tantra est la fleur la plus élevée, l'ultime. C'est parce que si je le regarde totalement, il l'est. Lorsque je parlerai du yoga, la même chose se produira à nouveau, car je suis total. Cela n'a rien à voir avec le tantra ou le yoga - c'est ma totalité que j'apporte à toute chose. Si je l'applique au yoga et à Patanjali, je dirai à nouveau que c'est le dernier.

Ne vous laissez donc pas distraire ; rappelez-vous toujours que c'est MA totalité et ma qualité que j'y apporte. Si vous pouvez vous souvenir de cela, vous serez aidé. Même à travers mon être paradoxal, vous ne serez pas confus.

L A CHANSON CONTINUE :
IL NE FAUT NI DONNER NI PRENDRE, MAIS RESTER NATUREL. CAR MAHAMOUDRA EST AU-DELÀ DE TOUTE ACCEPTATION ET DE TOUT REJET. PUISQUE ALAYA N'EST PAS NÉ, PERSONNE NE PEUT L'ENTRAVER OU LE SOUILLER ; EN RESTANT DANS LE ROYAUME NON NÉ, TOUTE APPARENCE SE DISSOUDRA EN DHARMATA, ET LA VOLONTÉ PROPRE ET L'ORGUEIL DISPARAÎTRONT DANS LE NÉANT.

L'esprit ordinaire veut prendre toujours plus du monde ; de partout, de toutes les directions et dimensions. L'esprit ordinaire est un grand preneur, c'est un mendiant, et cette mendicité est telle qu'elle ne peut être satisfaite - elle est infinie. Plus vous obtenez, plus le désir se fait sentir ; plus vous avez, plus vous désirez. Cela devient une faim obsessionnelle. Vous n'en avez pas besoin dans votre être, mais vous êtes obsédé et vous devenez de plus en plus malheureux parce que rien ne vous satisfait.

Rien ne peut satisfaire l'esprit qui en demande toujours plus. Ce "plus" est fiévreux, il n'est pas sain, et il n'a pas de fin.

L'esprit ordinaire continue à manger, dans un sens métaphorique, non seulement des choses mais aussi des personnes. Le mari aimerait posséder sa femme si profondément et si absolument que c'est comme s'il la mangeait ; il aimerait la manger et la digérer pour qu'elle devienne une partie de lui. L'esprit ordinaire est cannibale.

La femme veut la même chose : absorber le mari si totalement que rien ne reste derrière. Ils se tuent mutuellement. Les amis font la même chose ; les parents envers les enfants, les enfants envers les parents font la même chose ; toutes les relations de l'esprit ordinaire consistent à absorber l'autre complètement. C'est une sorte d'alimentation.

Et puis il y a l'esprit extraordinaire, tout le contraire de l'esprit ordinaire. Et à cause de l'esprit ordinaire, l'esprit extraordinaire a vu le jour. Les religions l'enseignent. Elles disent : "Donnez, partagez, donnez !" Toutes les religions enseignent fondamentalement qu'il ne faut pas prendre, mais au contraire, il faut donner. La charité est prêchée. Ceci est prêché pour créer un esprit extraordinaire.

L'esprit ordinaire sera toujours dans la misère, parce que le désir du "plus" ne peut être satisfait ; vous le trouverez toujours déprimé, triste. L'esprit extraordinaire que les religions ont cultivé - vous le trouverez toujours heureux, une certaine gaieté est là parce qu'il ne demande pas plus ; au contraire, il continue à donner - mais au fond il est toujours l'esprit ordinaire.

La gaieté ne peut être de l'être profond, elle ne peut être que de surface. Il s'est totalement retourné et est devenu l'inverse de l'ordinaire. Il est debout sur la tête, il est dans un SHIRSHASANA, mais il reste le même. Maintenant, un nouveau désir se fait jour, celui de donner toujours plus, toujours plus, toujours plus, et là encore, il n'y a pas de fin. Il sera joyeux, mais au fond de sa gaieté, vous pouvez détecter une certaine qualité de tristesse.

Vous trouverez toujours cette qualité de tristesse chez les personnes religieuses. Gais, bien sûr, parce qu'ils donnent, mais tristes parce qu'ils ne peuvent pas donner plus ; gais parce qu'ils partagent, mais tristes parce que ce n'est pas assez. Rien ne sera suffisant.

Il y a donc deux types de misères : la misère ordinaire ; vous pouvez trouver ces misérables tout autour, partout. La terre entière en est remplie parce qu'ils demandent plus et ne peuvent être satisfaits. Puis il y a une autre misère qui a un visage de gaieté ; vous trouverez chez les prêtres, les moines, dans les monastères, les ashrams, des gens qui semblent toujours sourire, mais leur sourire porte une certaine tristesse derrière lui. Si vous observez profondément, vous découvrirez qu'ils sont également misérables - parce que vous ne pouvez pas donner infiniment, vous ne l'avez pas !

Ce sont les deux types de personnes que l'on rencontre facilement. Cet homme religieux est cultivé par le christianisme, le judaïsme, l'islam, l'hindouisme. Il est meilleur que l'esprit ordinaire mais ne peut être le dernier mot de la conscience. Il est bon d'être misérable d'une manière religieuse, mieux vaut être misérable comme un empereur, pas comme un mendiant.

Un homme très riche était en train de mourir et il m'avait appelé pour que je sois près de lui quand il mourrait, j'étais donc là. Au dernier moment, il a ouvert les yeux et il a dit à son fils - ce qu'il avait toujours en tête, il me l'avait dit plusieurs fois : il était inquiet pour son fils parce qu'il était dépensier et aimait les choses matérielles, et ce vieil homme était un homme religieux. Le dernier mot qu'il a dit au fils était : "Écoute : l'argent n'est pas tout et tu ne peux pas tout acheter avec de l'argent. Il y a des choses qui sont au-delà de l'argent, et l'argent seul ne peut rendre personne heureux."

Le fils a écouté et a dit : "Tu as peut-être raison, mais avec l'argent, une personne peut choisir la tristesse de son choix" - l'argent n'achète peut-être pas le bonheur, mais tu peux choisir la tristesse de ton choix, tu peux être malheureux à ta façon.

Un pauvre doit être misérable sans le vouloir ; un riche peut être misérable par son propre choix - c'est la seule différence. Il choisit sa propre misère, il y a une certaine liberté. La misère du pauvre lui arrive tout simplement comme une fatalité, un destin ; il n'a pas le choix. L'homme religieux a choisi sa misère, c'est pourquoi il est un peu joyeux ; et l'homme non religieux souffre de sa misère parce qu'il ne l'a pas choisie. Les deux vivent dans le même monde du "plus", mais l'homme religieux vit comme un empereur, partageant, donnant, charité.

Le bouddhisme, le jaïnisme et le tao ont créé un troisième type d'esprit qui n'est ni ordinaire ni extraordinaire ; en fait, qui n'est pas un esprit du tout. Pour lui donner un nom, il serait bon de l'appeler le non-esprit.

Essayez donc de comprendre cette classification. L'esprit ordinaire, l'esprit extraordinaire - juste l'opposé de celui-ci, mais toujours dans la même dimension de plus - puis le non-esprit, que le bouddhisme, le jaïnisme, le tao ont créé.

Qu'est-ce que ce non-esprit ? - la troisième approche de la réalité.

Le bouddhisme et le jaïnisme ne prêchent pas la charité, ils prêchent l'indifférence. Ils ne disent pas, "Donne !"

parce que donner fait partie de prendre, c'est le même cercle. En prenant, vous prenez à quelqu'un, en donnant, vous donnez à quelqu'un, mais c'est le même cercle. Les dimensions ne changent pas, seule la direction change.

Le bouddhisme prêche l'indifférence, la non-possession. L'accent est mis sur la non-possession, pas sur le don. Vous ne devez pas posséder, c'est tout. Vous ne devez pas essayer de posséder des choses ou des personnes ; vous vous retirez simplement du monde des possessions. Il n'est pas question de prendre ou de donner, car les deux appartiennent au monde des possessions. Vous ne pouvez donner que ce que vous possédez ; comment pouvez-vous donner ce que vous ne possédez pas ? Vous ne pouvez donner que ce que vous avez acquis auparavant ; vous ne pouvez donner que ce que vous avez pris auparavant - sinon, comment pouvez-vous le donner ? Vous venez dans le monde sans rien, sans possessions ; vous sortez du monde sans aucune possession.

Dans le monde, vous pouvez être de deux côtés : soit du côté de ceux qui aspirent à toujours plus, à prendre toujours plus et à absorber toujours plus, et qui continuent à s'engraisser ; et puis il y a un autre côté qui continue à donner et à donner toujours plus, et qui devient de plus en plus mince. Le Bouddha dit que vous ne devez pas posséder ; vous ne devez choisir aucun des deux côtés. Vous devez simplement être dans l'état de non-possession.

Cet homme, ce troisième type d'homme, que j'appelle l'homme du non-esprit, ne sera pas aussi heureux, joyeux que l'homme extraordinaire. Il sera plus silencieux, il sera plus calme ; il aura un profond contentement - mais pas de gaieté. Vous ne trouverez même pas un sourire sur son visage ; vous ne trouverez pas une seule statue de Bouddha souriant ou de Mahavira souriant, non. Ils ne sont pas joyeux, ils ne sont pas heureux. Elles ne sont pas malheureuses, bien sûr ; elles ne sont pas heureuses - elles ont quitté le monde de la misère et du bonheur. Ils sont simplement au repos, indifférents aux choses et au monde des choses ; non possessifs, ils sont distants, détachés. Voilà ce qu'est l'ANASHAKTI : le détachement, l'indifférence. Cet homme aura une certaine qualité de silence autour de lui - vous pouvez sentir ce silence.

Mais Tilopa va au-delà des trois ; Tilopa va au-delà des trois, et maintenant il est difficile de le classer. L'esprit ordinaire, demandant plus ; l'esprit extraordinaire, essayant de donner plus ; le non-esprit, indifférent, sans attachement, ne donnant ni ne prenant - alors comment appeler l'esprit de Tilopa ? Tilopa est du quatrième type, et le quatrième type est le dernier et le plus élevé, il n'y a pas d'au-delà. Ce n'est même pas un non-esprit, ce n'est pas un esprit du tout - parce que dans le non-esprit aussi, l'esprit n'est pas présent. L'accent est toujours mis sur l'indifférence aux choses et au monde des choses, mais vous vous concentrez sur les choses : Restez indifférent, sans attachement ! Vous ne possédez pas les choses, mais vous devez être vigilant pour ne pas les posséder ; vous devez rester détaché, vous devez être très vigilant pour ne rien posséder. Soyez clair : l'accent est toujours mis sur les choses - soyez indifférent au monde !

Tilopa dit que l'accent devrait être mis sur votre propre personne, et non sur les choses. Reposez-vous en vous-même ; ne soyez même pas indifférent au monde, car cette indifférence constitue toujours un pont très subtil avec le monde.

L'accent ne doit pas être mis sur l'autre. Tournez vos vies complètement vers l'intérieur. Vous ne vous souciez pas du monde, pas même d'y être indifférent. Vous ne demandez pas plus, vous n'essayez pas de donner plus, et vous n'êtes pas non plus indifférents au monde... comme si le monde avait simplement disparu. Vous êtes centré sur vous-même, assis à l'intérieur, ne faisant rien. Tout votre centre d'intérêt a changé, a pris un virage à 180°... comme si le monde avait complètement disparu. Il n'y a rien à donner, rien à prendre, rien à quoi être indifférent. Il n'y a que vous. Vous vivez dans votre conscience et c'est votre seul monde. Rien d'autre n'existe.

C'est l'état au-delà de l'esprit ET au-delà du non-esprit. C'est l'état le plus élevé de la compréhension. Rien ne lui échappe. Et je voudrais vous dire : ne soyez jamais satisfaits si vous ne l'atteignez pas. Pourquoi ? parce que l'homme est misérable, l'homme ordinaire. Il demande plus et il ne peut jamais être satisfait, donc la misère est toujours là, et la misère continue à devenir de plus en plus grande.

L'homme à l'esprit extraordinaire que les religions enseignent, est joyeux, mais au fond triste. Même sa gaieté a un fond de tristesse. On dirait qu'il essaie de sourire, mais que le sourire ne lui vient pas ; on dirait qu'il prend la pose, comme si des photographes étaient là et qu'il posait un certain geste qui n'existe pas en fait. C'est mieux que le premier, au moins vous pouvez sourire ; le sourire n'est pas très profond mais au moins il est là. Mais cela ne durera pas longtemps. Bientôt, tout ce que vous pouvez donner sera épuisé ; alors, alors la gaieté du sourire disparaîtra. Vous voudriez donner davantage ; alors vous serez dans la même situation que le premier, l'homme ordinaire.

Il faudra un peu plus de temps au deuxième homme pour comprendre et réaliser la misère, mais la misère viendra. La gaieté que vous pratiquez dans les mosquées, les temples, les monastères, ne peut pas aller très loin et ne peut pas devenir un état permanent des choses. Elle ne peut être éternelle. Vous la perdrez. Sa nature même est telle qu'elle ne peut être que momentanée. Pourquoi ne peut-elle être que momentanée ? - Parce qu'il arrivera un moment, forcément, où vous ne pourrez pas donner parce que vous n'avez pas. C'est pourquoi les gens de ces deux esprits se mettent d'accord sur un compromis. L'esprit ordinaire et l'esprit extraordinaire ont la même qualité ; ils se contentent d'un compromis. Et ce compromis, vous le trouverez partout.

Un homme commence par prendre des choses et ensuite il commence à faire des dons. Ou bien il gagne cent roupies et en donne dix pour cent, parce que c'est le seul moyen possible. Si vous donnez cent roupies complètement, alors vous n'avez plus besoin de donner. Continuez à prendre des choses, puis distribuez-en une partie. Les mahométans disent qu'il faut donner un cinquième de son revenu, être charitable avec un cinquième de son revenu. Pourquoi ? parce que c'est un compromis ; sinon, vous n'aurez rien à donner. Donc d'abord accumuler et ensuite distribuer. Accumuler pour distribuer, être riche pour pouvoir être charitable, exploiter pour pouvoir aider. C'est absurde ! Mais c'est la seule voie possible : le pont entre l'ordinaire et l'extraordinaire.

Et même l'esprit ordinaire continue à penser et à croire que lorsqu'il aura beaucoup, il fera un don, il aidera les gens. Et bien sûr, il le fait aussi, quand il a assez, il donne - un don à un hôpital, un don à un centre de recherche sur le cancer, un don à une bibliothèque ou à un collège. D'abord il exploite et ensuite il donne ; d'abord il vous vole et ensuite il vous aide.

Les aides et les voleurs ne sont pas différents ; en fait, ce sont les mêmes personnes : de la main droite ils volent et de la main gauche ils aident ; ils appartiennent à la même dimension des affaires.

Le troisième homme, l'homme du non-esprit, est dans une meilleure situation que les deux premiers. Son silence peut être plus long, mais il n'est pas béat. Il ne se sent pas béat - il n'est pas malheureux, il n'est pas misérable, mais son état est de la nature de la négativité. Il est comme un homme qui n'est pas malade parce que les médecins ne trouvent rien d'anormal chez lui, et qui n'est pas en bonne santé parce qu'il ne ressent aucun bien-être. Il n'est pas malade et il n'est pas en bonne santé - il est juste au milieu. Il n'est pas malheureux, il n'est pas heureux - il est simplement indifférent. Et l'indifférence peut vous donner le silence, mais le silence ne suffit pas. Il est bon, il est beau, mais vous ne pouvez pas vous en contenter ; tôt ou tard, vous vous en lasserez.

C'est ce qui arrive quand on va dans les collines. Vous vous ennuyiez trop de la vie urbaine - Bombay, Londres, New York. Vous vous ennuyiez - le bruit, le trafic, et toute cette folie qui n'en finit pas - vous vous êtes échappé dans l'Himalaya. Mais après quelques jours - trois, quatre, cinq, sept au maximum - vous commencez à vous ennuyer du silence. Les collines sont silencieuses, les arbres sont silencieux, la vallée est silencieuse - pas d'excitation. Vous commencez à avoir envie de la vie urbaine : le club, le cinéma, les amis.

Le silence ne suffit pas, parce que le silence a la nature de la mort, pas la nature de la vie. C'est bien comme vacances, c'est bien comme pique-nique, c'est bien de sortir de vos trop nombreuses préoccupations de la vie pendant quelques jours, quelques moments, et d'être silencieux ; vous en profiterez, mais vous ne pourrez pas en profiter éternellement. Vous en profiterez, mais vous ne pourrez pas en profiter éternellement. Bientôt, vous en aurez assez ; bientôt, vous sentirez que ce n'est pas suffisant. Ce n'est pas nourrissant. Le silence vous protégera de la misère et du bonheur, des excitations, mais il ne vous nourrit pas. C'est un état négatif.

Le quatrième état que Tilopa indique - celui qui ne peut être dit et qu'il essaie de dire pour Naropa et sa confiance, son amour et sa foi - est un état de béatitude, silencieux et béat. Il y a une positivité en lui. Ce n'est pas simplement le silence. Il n'est pas né de l'indifférence à l'égard de la vie, bien au contraire, il est né de l'expérience la plus profonde de son propre être. Il n'est pas né d'un renoncement, il s'est épanoui en étant libre et naturel. Les différences sont subtiles. Mais si vous essayez de comprendre et de méditer sur ces distinctions, tout le chemin de votre vie sera clair, et vous pourrez alors voyager très facilement.

Ne soyez jamais satisfait avant le quatrième état, car même si vous êtes satisfait, tôt ou tard, le mécontentement surgira. Si vous n'atteignez pas SAT-CHIT-ANAND, la vérité absolue, la conscience absolue et la félicité absolue, vous n'avez pas encore atteint la maison, vous voyagez toujours sur le chemin. D'accord, parfois vous vous reposez sur le bord du chemin, mais n'en faites pas un foyer. Le voyage doit se poursuivre ; vous devez vous relever et vous déplacer.

Du premier état d'esprit, passez au deuxième, du deuxième au troisième, du troisième à l'au-delà.

Si vous êtes dans le premier état d'esprit, comme quatre-vingt-dix-neuf pour cent des gens, alors la pensée juive, l'islam, le christianisme, vous seront utiles. Ils vous feront sortir du piège ordinaire de la misère - c'est bien, mais vous êtes toujours sur le chemin et ne vous trompez pas en pensant que vous l'avez atteint. Maintenant, vous devez aller au-delà de tout cela, au-delà de cette gaieté qui a une part de tristesse, au-delà de cette façon de prendre et de donner, au-delà de la charité. A qui devez-vous donner ? Qu'avez-vous à donner ? Qui devez-vous aider ? Vous ne vous êtes même pas aidé vous-même ; comment pouvez-vous aider les autres ? Votre propre lumière ne brûle pas et vous essayez de brûler les lumières des autres ? Vous pouvez les rejeter, vous pouvez les repousser - votre propre être intérieur est sombre.

Vous ne pouvez pas aider, vous ne pouvez pas donner, vous n'avez rien à donner.

Le bouddhisme, le jaïnisme, le taoïsme, Lao Tseu, Mahavira et Siddhartha Gautam peuvent vous aider à vous en sortir, mais Tilopa dit qu'il ne faut pas se satisfaire de cette indifférence, de ce silence, de cette position détachée, de cette distance, car ce n'est pas encore un événement, vous êtes encore concerné par le monde.

Tilopa peut vous aider au-delà de ça. Il peut vous amener au centre le plus intime de votre être. Il peut vous aider à vous centrer : enraciné en vous-même, insouciant du monde - même l'insouciance n'est pas là. Tout s'est dissous ; seul vous restez dans votre pureté cristalline, seul vous restez dans votre innocence absolue - comme si le monde n'était pas apparu, n'avait jamais existé. Dans ce quatrième état de conscience, vous arrivez au point où vous n'êtes pas né, à la source absolue de l'être. Même le premier pas n'a pas été fait dans le monde, ou bien, vous êtes arrivé au dernier, le dernier pas a été fait.

C'est ce que les zen appellent atteindre le visage originel. Les maîtres zen disent aux disciples : "Allez, et retrouvez le visage que vous aviez avant de naître" ; ou bien, "Allez, et retrouvez le visage que vous aurez quand vous serez mort." Soit lorsque le monde n'était pas, soit lorsque le monde a disparu, vous atteignez votre pureté originelle. C'est ce qu'est la nature.

Maintenant, essayez de comprendre Tilopa :

IL NE FAUT NI DONNER NI PRENDRE, MAIS RESTER NATUREL - CAR MAHAMOUDRA EST AU-DELÀ DE TOUTE ACCEPTATION ET DE TOUT REJET.

IL NE FAUT PAS DONNER OU PRENDRE, car lorsque vous donnez, vous êtes sorti de vous-même, et lorsque vous prenez, vous êtes sorti de vous-même. Les deux sont des distractions, les deux vous mènent à l'autre ; vous vous mélangez, votre énergie s'est envolée vers l'extérieur. Que vous donniez ou preniez n'a aucune importance - l'autre est apparu ; vos yeux sont concentrés sur l'autre, et lorsque les yeux sont concentrés sur l'autre, vous vous oubliez. C'est ce qui vous est arrivé à tous. Vous ne vous souvenez pas de vous parce que vos yeux sont devenus concentrés, paralysés en fait, sur l'autre. Quoi que vous fassiez, vous le faites pour l'autre ; quoi que vous soyez, vous êtes pour l'autre.

Même si vous vous échappez du monde, votre esprit continue, continuant : "Que pensent les gens de moi ?" Même si vous vous échappez dans l'Himalaya, assis là, vous penserez : "Maintenant, les gens doivent penser que je suis devenu un grand sage, que j'ai renoncé au monde ; dans les journaux, on doit parler de moi." Et vous attendrez qu'un voyageur solitaire, un vagabond, vous rejoigne et vous donne des nouvelles de ce qui se passe dans le monde à votre sujet.

Vous n'avez pas votre propre visage, vous n'avez que les opinions des autres sur vous. Quelqu'un vous dit que vous êtes belle, et vous commencez à penser que vous êtes belle. Quelqu'un vous dit que vous êtes laide, et vous vous sentez blessée et vous portez la blessure que quelqu'un a dit "laide" - vous êtes devenue laide. Vous n'êtes qu'une accumulation des opinions des autres, vous ne savez pas qui vous êtes. Vous savez seulement ce que les autres pensent que vous êtes. Et c'est étrange, parce que ces autres qui pensent qui vous êtes, ne se connaissent pas eux-mêmes - ils se connaissent à travers vous. C'est un jeu magnifique : Je me connais à travers toi, tu te connais à travers moi, et nous ne savons pas qui nous sommes.

L'autre est devenu trop important, et toute votre énergie est devenue obsédée par l'autre - vous pensez toujours aux autres, vous leur prenez toujours quelque chose ou vous leur donnez quelque chose.

Tilopa dit qu'il ne faut ni donner ni prendre. Qu'est-ce qu'il dit ? Il dit qu'il ne faut pas partager ?

Non. Si vous le prenez de cette façon, vous le comprendrez mal. Il dit qu'il ne faut pas se préoccuper de prendre ou de donner ; si vous pouvez donner naturellement, c'est magnifique, mais alors il n'y a rien dans l'esprit, aucune accumulation que vous avez donné quelque chose. C'est la différence entre donner et partager.

Un donateur sait qu'il a donné et il aimerait que vous le reconnaissiez, que vous lui donniez un reçu disant "Oui, vous m'avez donné". Vous devez le remercier, vous devez être reconnaissant qu'il vous ait donné. Ce n'est pas un cadeau, c'est encore une fois un marché. En fait, il aimerait que vous lui donniez quelque chose en retour. Même si c'est votre gratitude, c'est bien, mais quelque chose qu'il aimerait ; c'est un marché, il donne pour recevoir.

Tilopa ne dit pas de ne pas partager. Il dit de ne pas se préoccuper de prendre ou de donner. Si vous avez, et que vous avez naturellement envie de donner, donnez. Mais il doit s'agir d'un partage, d'un don. C'est la différence entre un cadeau et un don.

Un cadeau n'est pas une affaire ; rien n'est attendu, absolument rien ; pas même une reconnaissance, pas même un signe de tête d'appréciation - non, rien n'est attendu. Si vous ne le mentionnez pas, la personne qui vous a fait un cadeau n'aura pas de cicatrice. En fait, si vous le mentionnez, il se sentira un peu gêné parce que cela n'était pas prévu. Au contraire, il vous sera reconnaissant d'avoir accepté son cadeau. Vous auriez pu refuser, la possibilité existe. Vous auriez pu dire non, mais c'est gentil de ne pas l'avoir fait. Vous l'avez accepté - c'est suffisant. Il se sent reconnaissant envers vous. Un homme qui vous offre un cadeau vous est toujours reconnaissant d'avoir accepté. Vous auriez pu le refuser. C'est suffisant.

Tilopa ne dit pas de ne pas donner, et il ne dit pas de ne pas prendre, parce que la vie ne peut pas exister sans donner et prendre. Même Tilopa doit respirer, même Tilopa doit mendier sa nourriture, même Tilopa doit aller à la rivière pour boire de l'eau. Tilopa a soif, il a besoin d'eau ; Tilopa a faim, il a besoin de nourriture ; Tilopa se sent étouffé dans une pièce fermée, il sort et respire profondément. Il prend la vie à chaque instant - on ne peut pas exister sans prendre. Des gens ont essayé, mais ce ne sont pas des personnes naturelles, ce sont des égoïstes suprêmes.

Les égoïstes essaient toujours d'être indépendants de tout. Les égoïstes essaient toujours de faire comme s'ils n'avaient besoin de rien de personne.

C'est insensé, absurde ! Tilopa ne peut pas faire une telle chose. C'est un homme très très naturel, vous ne pouvez pas trouver un homme plus naturel que Tilopa. Et si vous comprenez la nature, vous serez surpris de découvrir un fait fondamental très profond, et ce fait est le suivant : personne n'est dépendant, personne n'est indépendant - tout le monde est interdépendant. Personne ne peut prétendre : "Je suis indépendant". C'est insensé !

Vous ne pouvez pas exister un seul instant dans votre indépendance. Et personne n'est absolument dépendant.

Ces deux polarités n'existent pas. Celui qui semble dépendant est également indépendant, et celui qui semble indépendant est également dépendant. La vie est une interdépendance, c'est un partage mutuel. Même l'empereur dépend de ses esclaves ; et même les esclaves ne sont pas dépendants de l'empereur - au moins ils peuvent se suicider ; ils ont cette indépendance.

Les absolus n'existent pas ici. La vie existe dans la relativité. Bien sûr, Tilopa le sait. Il prescrit la voie naturelle - comment pourrait-il ne pas le savoir ? Il le sait ; la vie est un donnant-donnant. Vous partagez, mais vous ne devez pas vous en préoccuper, vous ne devez pas y penser - vous devez laisser les choses se faire.

Permettre que cela se produise est totalement différent. Alors vous ne demandez pas plus que ce que vous pouvez obtenir, et vous ne demandez pas non plus à donner plus que ce que vous pouvez donner ; vous donnez simplement ce qui peut être donné naturellement, vous prenez simplement ce qui peut être pris naturellement. Vous ne vous sentez obligé envers personne et vous ne faites en sorte que personne ne se sente obligé envers vous. Vous savez simplement que la vie est interdépendante. Nous existons mutuellement, nous sommes membres les uns des autres. La conscience est un vaste océan et personne n'est une île. Nous nous rencontrons et nous fusionnons les uns avec les autres. Il n'y a pas de frontières ... toutes les frontières sont fausses. Que Tilopa sache - alors que dit-il ?

ON NE DOIT PAS DONNER OU PRENDRE, MAIS RESTER NATUREL....

Dès que vous pensez avoir pris, vous devenez contre nature. Prendre, c'est bien, mais PENSER que l'on a pris, c'est devenir contre nature. Donner est beau, mais dès que vous pensez avoir donné, cela devient laid, vous devenez contre nature. Vous donnez simplement parce que vous ne pouvez pas vous en empêcher ; vous avez, donc vous devez donner. Vous prenez simplement parce que vous ne pouvez rien y faire ; vous faites partie du tout.

Mais aucun ego contre nature n'est créé en prenant ou en donnant - c'est ce qu'il faut comprendre.

Vous n'accumulez pas, vous ne renoncez pas non plus - vous restez simplement naturel.

Si les choses viennent à votre rencontre, vous en profitez. Si vous avez plus, et que ce plus devient toujours un fardeau, vous partagez. C'est juste un profond équilibre, vous restez simplement naturel. Pas de rétention et pas de renoncement ; pas de possessivité, pas de non-possession. Regardez les animaux ou les oiseaux : ne pas prendre, ne pas donner.

Tout le monde profite de l'ensemble, tout le monde partage l'ensemble, tout le monde partage l'ensemble. Les oiseaux, les arbres et les animaux existent naturellement. L'homme est le seul animal non naturel - c'est pourquoi la religion est nécessaire.

Les animaux n'ont pas besoin de religion, les oiseaux n'ont pas besoin de religion - parce qu'ils ne sont pas contre nature.

Seul l'homme a besoin de religion. Et plus l'homme devient contre-nature, plus la religion est nécessaire. Retenez donc ceci : chaque fois qu'une société devient de plus en plus contre-nature, technologique, plus la religion sera nécessaire.

Les gens viennent et me demandent pourquoi en Amérique il y a tant de recherche sur la religion, tant d'agitation, de recherche..... Parce que l'Amérique est le pays le plus contre nature aujourd'hui, le plus technologique, technique.

Une technocratie a vu le jour et a rendu tout contre nature. Votre être intérieur a soif de se libérer de la technologie. Votre être intérieur a soif d'être naturel, et votre société entière est devenue contre nature ; plus cultivée, plus civilisée - plus contre nature. Quand une société devient trop cultivée, la religion vient l'équilibrer. C'est un équilibre subtil. Une société naturelle n'a pas besoin de religion.

Selon Lao Tzu, "J'ai entendu dire par les anciens qu'il fut un temps où les gens étaient naturels, il n'y avait pas de religion. Quand les gens étaient naturels, ils ne pensaient jamais au paradis et à l'enfer. Quand les gens étaient naturels, ils ne pensaient pas aux préceptes moraux. Lorsque les gens étaient naturels, il n'y avait pas de code, pas de loi". Lao Tzu dit qu'à cause de la loi les gens sont devenus des criminels, et à cause de la moralité les gens sont devenus immoraux, et à cause de trop de culture..... Et la Chine a connu trop de culture ; aucun autre pays n'a connu autant de culture.

Confucius a établi une discipline absolue sur la façon de cultiver un homme - trois mille trois cents règles de discipline. Soudain, Lao Tseu est apparu pour équilibrer, parce que ce Confucius va tuer toute la société - trois mille trois cents règles ? C'est trop. Vous allez tellement cultiver l'homme que l'homme disparaîtra complètement. Il ne sera plus un homme du tout ! Lao Tzu fait irruption et Lao Tzu jette toutes les règles à la poussière, et il dit que la seule règle d'or est de ne pas avoir de règles. C'est un équilibre. Lao Tzu est la religion, Confucius est la culture.

La religion est nécessaire comme un médicament, elle est médicinale. Vous êtes malade, vous avez besoin de médicaments ; plus vous êtes malade, bien sûr, plus vous avez besoin de médicaments. Une société devient malade lorsque le naturel est perdu. Un homme devient malade lorsque le naturel est oublié. Et Tilopa est tout à fait pour le naturel et la liberté.

Et n'oubliez jamais de vous détacher du naturel, car vous pouvez essayer d'être naturel si fort que l'effort même peut devenir contre nature. C'est ainsi que naissent les modes. J'ai rencontré de nombreuses personnes, des adeptes de la mode, qui ont fait quelque chose d'absolument contre nature à partir d'un enseignement naturel. Par exemple, il est bon d'avoir une alimentation biologique ; il n'y a rien de mal à cela, mais si vous vous en préoccupez trop, et si vous vous en préoccupez si minutieusement qu'à chaque instant vous pensez à une alimentation biologique, et que rien d'inorganique ne doit être autorisé dans le corps, alors vous avez exagéré.

Je connais des gens qui croient aux thérapies naturelles, à la naturothérapie, et qui sont devenus si peu naturels grâce à leur naturothérapie que vous ne pouvez pas croire comment cela se produit. Cela arrive. Si cela devient une contrainte pour l'esprit, c'est que c'est déjà contre nature. Le mot "lâche" doit être constamment présent à l'esprit, sinon vous pouvez devenir des fadas, des maniaques ; et puis vous pouvez en prendre une partie et vous pouvez faire tant d'efforts que même le naturel se transforme en contre-nature.

Tilopa est libre et naturel, et c'est là tout son enseignement. Il ne peut pas dire que vous ne devez pas donner et que vous ne devez pas prendre, mais il le dit ; alors il doit vouloir dire autre chose.

ON NE DOIT PAS DONNER OU PRENDRE MAIS RESTER NATUREL....

Là se cache le sens : rester naturel. Et si, en restant naturel, il arrive que vous donniez - magnifique ! Si, en restant naturel, quelqu'un vous donne quelque chose et que vous prenez, c'est naturel. Mais n'en faites pas une profession. N'en faites pas une anxiété.

... CAR MAHAMOUDRA EST AU-DELÀ DE TOUTE ACCEPTATION ET DE TOUT REJET.

Lao Tzu enseigne l'acceptation. Et Tilopa enseigne quelque chose au-delà du rejet et de l'acceptation à la fois.

Tilopa est vraiment l'un des plus grands maîtres.

Vous rejetez quelque chose et vous devenez contre nature - cela nous pouvons le comprendre. Vous avez de la colère en vous et vous la rejetez à cause des enseignements moraux, et à cause des difficultés que la colère vous apporte - conflits, violence. Et vivre avec la colère n'est pas facile, car si vous voulez vivre avec la colère, vous ne pouvez vivre avec personne d'autre. Elle crée des problèmes, et alors les professeurs de morale sont là, toujours prêts à vous aider, et ils disent : "Supprimez-la, jetez-la, ne soyez pas en colère, rejetez-la !" Vous commencez à la rejeter.

Dès que vous le rejetez, vous commencez à devenir contre nature, car ce que vous avez, la nature vous l'a donné - qui êtes-vous pour le rejeter ? Une partie de l'esprit jouant le rôle du maître avec une autre partie de l'esprit ? - et les deux sont les parties d'une même chose. Ce n'est pas possible. Vous pouvez continuer à jouer le jeu. Et la partie qui est la colère ne se préoccupe pas de l'autre partie qui essaie de la supprimer, parce que lorsque le moment est venu, elle éclate. Il n'y a donc aucun problème pour la partie qui est la colère, la partie qui est le sexe, la partie qui est l'avidité. Vous continuez à vous battre, à gaspiller, à vous assembler de millions de façons et à rester toujours divisé, en conflit, fragmentaire.

Une fois que tu rejettes, tu deviens contre nature. Ne pas rejeter. Bien sûr, l'acceptation intervient immédiatement : si tu ne rejettes pas, accepte. C'est subtil, délicat. Tilopa dit que même dans l'acceptation, il y a un rejet, parce que lorsque vous dites "Oui, j'accepte", au fond de vous, vous avez déjà rejeté ; sinon, pourquoi dites-vous "J'accepte" ? Quel est le besoin de dire que vous acceptez ? L'acceptation n'a de sens que s'il y a un rejet ; sinon, elle n'a pas de sens.

Les gens viennent me voir et me disent : "Oui, nous vous acceptons." Je vois leur visage, ce qu'ils disent ; sans savoir ce qu'ils font, ils m'ont déjà rejeté. Ils forcent leur esprit à m'accepter et une certaine partie de l'esprit rejette. Même lorsqu'ils disent oui, il y a un non ; ce même oui porte en lui le non. Le oui n'est qu'un vêtement superficiel, une décoration. À l'intérieur, je peux voir leur non bien vivant et ils disent "Nous acceptons" - vous avez déjà rejeté.

S'il n'y a pas de rejet, comment pouvez-vous accepter, comment pouvez-vous dire "J'accepte" ? S'il n'y a pas de combat, comment pouvez-vous dire : " Je me rends " ? Si vous pouvez voir ce point, alors une acceptation se produit qui est au-delà du rejet et de l'acceptation. Puis l'abandon se produit, qui est au-delà du combat et de l'abandon - alors c'est total...

CAR MAHAMOUDRA EST AU-DELÀ DE TOUTE ACCEPTATION ET DE TOUT REJET.

Et lorsque vous restez simplement naturel, sans rejeter ni accepter, sans combattre ni vous rendre, sans dire non ni dire oui, mais en permettant les choses, tout ce qui arrive arrive, vous n'avez pas de choix personnel. Quoi qu'il arrive, vous notez simplement que c'est arrivé ; vous n'essayez pas de changer quoi que ce soit, vous n'essayez pas de modifier quoi que ce soit. Vous ne vous souciez pas de vous améliorer, vous restez simplement ce que vous êtes. C'est très, très ardu pour l'esprit, car l'esprit est un grand améliorateur.

Le mental dit toujours : "Vous pouvez aller plus haut. Vous pouvez devenir grand. Vous pouvez polir ici et là et vous pouvez devenir de l'or pur. Améliore-toi, transforme-toi, transmute-toi, transfigure-toi !" L'esprit continue encore et encore et encore à dire : "Plus est possible, plus est encore possible, fais-le !". Puis vient le rejet. Et lorsque vous rejetez une partie de vous-même, vous aurez de gros problèmes, car cette partie est la vôtre, cette partie est organiquement la vôtre - vous ne pouvez pas la jeter. Vous pouvez couper le corps mais vous ne pouvez pas couper l'être, car l'être reste le tout. Comment pouvez-vous couper l'être ? Il n'y a pas d'épée qui puisse couper l'être.

Si tes yeux vont contre toi, tu peux les jeter ; si ta main commet un crime, tu peux la couper ; si tes jambes te conduisent au péché, tu peux les couper - parce que le corps n'est pas toi, il est déjà séparé, tu peux le couper - mais comment couperas-tu ta conscience ? Comment allez-vous couper votre être le plus intime ? Il n'est pas substantiel, vous ne pouvez pas le couper. C'est comme la vacuité - comment pouvez-vous couper la vacuité ?

Votre épée le traversera, il restera indivis. Si vous essayez trop, votre épée peut se briser, mais la vacuité restera indivisible ; vous ne pouvez pas la couper. Votre être le plus profond est de la nature de la vacuité. C'est un non-soi, il n'est pas substantiel. Il est, mais il n'est pas matière. Vous ne pouvez pas la couper, ce n'est pas possible.

Ne pas rejeter - mais immédiatement le mental dit, "Alors ok, nous acceptons." Le mental ne vous laisse jamais seul. Le mental vous suit comme une ombre ; où que vous alliez, le mental dit : "Ok, je suis avec vous, juste pour vous aider, pour vous assister. Chaque fois que vous serez dans le besoin, je vous aiderai. Ne rejette pas - bien sûr, c'est vrai !

Tilopa a raison : acceptez !" Et si vous écoutez ce mental, à nouveau vous êtes dans le même piège. Le rejet et l'acceptation sont les deux aspects d'une même pièce.

Dit Tilopa :

... CAR MAHAMOUDRA EST AU-DELÀ DE TOUTE ACCEPTATION ET DE TOUT REJET.

On n'accepte pas, on ne rejette pas. Il n'y a rien à faire en fait. On ne vous demande pas de faire quoi que ce soit.

On vous demande simplement d'être détendu et naturel ; soyez vous-même et laissez les choses se faire. Le monde entier continue sans vous : les rivières se jettent dans la mer, les étoiles bougent, le soleil se lève le matin, les saisons se succèdent, les arbres poussent, fleurissent et disparaissent, et le tout continue sans vous - ne pouvez-vous pas vous laisser aller à la liberté et au naturel et suivre le tout ? C'est cela le sannyas pour moi.

Les gens viennent me voir et me demandent : " Donnez-nous une discipline bien définie. Vous nous donnez simplement sannyas et vous ne parlez jamais de discipline. Que voulez-vous que nous fassions ?"

Je n'attends rien. Je veux que tu sois libre et naturel. Soyez simplement vous-même et laissez les choses se produire - quoi qu'il arrive, QUEL QU'IL

SOIT, inconditionnellement : le bon et le mauvais, la misère et le bonheur, la vie et la mort - quoi qu'il arrive, laissez-le se produire. Ne vous mettez pas en travers du chemin. Détendez-vous. L'existence entière se déroule, et se déroule si parfaitement bien ; pourquoi vous inquiéter pour vous-même ? Il n'y a pas besoin de s'améliorer, il n'y a PAS besoin de changer. Vous restez simplement détendu et naturel et l'amélioration arrive d'elle-même, et les changements suivent, et vous serez complètement transfiguré - mais pas par vous.

Si vous essayez, vous faites la même chose que si quelqu'un se tirait par les ficelles de ses propres chaussures... en se relevant. C'est idiot ! N'essaie pas. C'est comme un chien qui attrape sa propre queue. Un matin d'hiver, quand le soleil s'est levé, vous pouvez trouver beaucoup de chiens faisant cela. Ils sont assis en silence, et soudain, ils voient leur queue sur le côté - elle a l'air tentante. Et comment peuvent-ils savoir, pauvres chiens, que la queue leur appartient ? Votre situation est la même, vous voyagez sur le même bateau : la tentation devient trop forte et la queue semble délicieuse, on peut la manger ! Le chien essaie, d'abord très lentement et en silence pour ne pas déranger la queue, mais quoi qu'il fasse, la queue s'éloigne de plus en plus. Une activité trépidante commence alors, le chien devient alerte : "Que pense cette queue d'elle-même ?" Cela devient un défi. Maintenant il saute, mais plus il saute, plus la queue saute. Un chien peut devenir fou.

Et c'est tout ce que les chercheurs spirituels se font à eux-mêmes. Ils s'attrapent la queue par un matin d'hiver où tout est beau, s'embêtant inutilement avec leur queue. Laissez-la se reposer ! Soyez naturels et détendus - et qui peut attraper sa propre queue ? Vous sautez, la queue saute avec vous et vous vous sentez frustré. Et puis vous venez me voir et me dites : "Le KUNDALINI ne se lève pas." Que puis-je faire ? Tu cours après ta propre queue et tu rates le beau matin pendant ce temps. Aurais-tu pu te reposer avec ta queue en silence ? Beaucoup de mouches venaient d'elles-mêmes et il y aurait eu un bon petit déjeuner. Mais tu attrapes la queue - les mouches ont aussi peur et la possibilité même d'un bon petit déjeuner..... Vous attendez simplement ! - tout en sachant que les choses ne peuvent pas être améliorées ; elles sont déjà au mieux. Vous n'avez qu'à profiter. Tout est prêt pour la fête, rien ne manque.

Ne vous laissez pas entraîner dans des activités absurdes - et l'amélioration spirituelle est l'une des activités les plus absurdes.

... RESTENT NATURELLES - CAR MAHAMOUDRA EST AU-DELÀ DE TOUTE ACCEPTATION ET DE TOUT REJET.

PUISQUE ALAYA N'EST PAS NÉE....

ALAYA est un terme bouddhiste, il signifie la demeure, la demeure intérieure, le vide intérieur, le ciel intérieur.

PUISQUE ALAYA N'EST PAS NÉE PERSONNE NE PEUT L'OBSTRUER OU LA SALIR.

Ne vous inquiétez pas. Puisque ton être le plus profond n'est jamais né, il ne peut pas mourir ; puisqu'il n'est jamais né, personne ne peut le souiller ou l'entraver. Il est immortel. Et puisque le tout t'a donné la vie, puisque la vie vient du tout, comment la partie pourrait-elle l'améliorer ? Tout vient de la source, laissez la source vous le fournir - et la source est éternelle. Vous vous mettez inutilement en travers du chemin et vous commencez à pousser la rivière qui coulait déjà vers la mer.....

PERSONNE NE PEUT L'OBSTRUER OU LA SOUILLER. Votre pureté intérieure est absolue ! Vous ne pouvez pas la souiller. C'est l'essence du tantra.

Toutes les religions disent que vous devez l'atteindre - le tantra dit qu'il est déjà atteint. Toutes les religions disent que vous devez travailler dur pour l'obtenir - le tantra dit qu'à cause de votre activité acharnée, vous le manquez. S'il vous plaît, détendez-vous un peu ; juste par la relaxation vous atteignez l'inaccessible.

... PERSONNE NE PEUT L'OBSTRUER OU LE SALIR.

Vous avez peut-être fait des millions de choses - ne vous inquiétez pas des karmas, car aucun de vos actes ne peut souiller, rendre impur votre être intérieur.

C'est la base du mythe de la naissance virginale de Jésus. Ce n'est pas que la mère de Jésus, Marie, était vierge ; c'est une attitude tantrique. Jésus a rencontré de nombreux tantrikas lors de ses voyages en Inde - et il a compris que la virginité ne peut être détruite et que chaque enfant naît d'une vierge. Les théologiens chrétiens se sont beaucoup inquiétés de savoir comment prouver que Jésus était né d'une vierge. Ce n'est pas nécessaire !

Tout enfant naît toujours d'une vierge, car la virginité ne peut être souillée.

Comment pouvez-vous souiller la virginité ? Deux êtres, un homme et une femme, ou deux amants, qui entrent dans un profond orgasme sexuel - comment pouvez-vous souiller la virginité par cela ? L'être le plus profond reste un témoin, il n'en fait pas partie. Les corps se rencontrent, les énergies se rencontrent, l'esprit se rencontre, et il y a un moment de béatitude - en dehors de cela. Mais l'être le plus intime reste un témoin - en dehors de tout cela. Cette virginité ne peut être souillée.

Ils s'inquiètent donc en Occident de savoir comment prouver que Jésus est né d'une vierge. Et je vous dis que pas même un seul enfant n'est né sans une mère vierge. Tous les enfants sont nés de la virginité.

A chaque instant, quoi que vous fassiez, VOUS restez en dehors de cela. Aucune action n'est une cicatrice sur vous, elle ne peut pas l'être. Et une fois que vous vous détendez et que vous voyez cela, alors vous n'êtes pas inquiet de ce qu'il faut faire et de ce qu'il ne faut pas faire. Alors vous laissez les choses suivre leur propre cours. Alors vous flottez simplement comme un nuage blanc, sans bouger nulle part, en appréciant simplement le mouvement. L'errance même est belle.

... PERSONNE NE PEUT L'OBSTRUER OU LE SOUILLER ; EN RESTANT DANS LE ROYAUME NON-NÉ, TOUTE APPARENCE SE DISSOUDRA DANS LE DHARMATA....

DHARMATA signifie que tout a sa propre nature élémentaire. Si vous restez dans votre demeure intérieure, tout se dissoudra dans son propre élément naturel. Vous êtes le perturbateur. Si vous restez à l'intérieur de votre être, dans l'alaya, dans le ciel intérieur, dans cette pureté absolue, tout comme le ciel, les nuages vont et viennent, aucune trace n'est laissée. Les actions vont et viennent, les pensées vont et viennent, beaucoup de choses se produisent, mais à l'intérieur, au fond, rien ne se passe. Là, vous ÊTES tout simplement. Seule l'existence est là. Aucune action n'atteint, aucune pensée n'atteint.

Si vous restez détendu et naturel dans cette demeure intérieure, vous verrez peu à peu tous les éléments évoluer vers leur propre nature. Le corps est composé de cinq éléments. La terre s'enfonce dans la terre, l'air dans l'air, le feu dans le feu. C'est ce qui se passe quand on meurt : chaque élément se déplace vers son propre repos. Dharmata signifie la nature élémentaire de chaque chose - chaque chose se déplace vers sa propre demeure. Vous vous déplacez vers votre propre demeure et ensuite tout se déplace vers la sienne ; alors il n'y a pas de perturbation.

Il y a deux façons de vivre et deux façons de mourir. L'une consiste à vivre comme tout le monde : en se mêlant de tout, en oubliant complètement le ciel intérieur. Ensuite, il y a une autre façon de vivre :

se reposer à l'intérieur et laisser les forces élémentaires agir à leur guise. Lorsque le corps ressent la faim, il bouge et cherche de la nourriture.

Un homme qui est illuminé reste à l'intérieur de sa demeure. Le corps ressent la faim, il observe. Le corps commence à bouger pour satisfaire la faim, il observe. Le corps trouve la nourriture, il observe. Le corps commence à manger, il observe. Le corps absorbe, se sent rassasié, il observe. Il continue à regarder - il n'est plus un acteur. Il ne fait rien, il n'est pas un faiseur. Le corps a soif, il observe.

Le corps se tient debout et bouge ; ce sont des forces élémentaires qui agissent par elles-mêmes. Vous dites inutilement : "J'ai soif" - vous n'avez pas soif ! Vous vous trompez. Le CORPS a soif et le corps trouvera son propre chemin. Il se déplacera là où se trouve l'eau.

Si vous restez à l'intérieur, vous verrez que tout arrive par lui-même. Même les arbres, sans ego et sans esprit, trouvent leurs sources d'eau ; les racines vont chercher les sources, parfois même sur des centaines de pieds pour trouver une source d'eau. Et c'est l'une des choses les plus étonnantes pour les botanistes, car ils ne peuvent pas comprendre comment cela se produit. Un arbre est là. Vers le nord, à une trentaine de mètres, se trouve une source d'eau, une petite source cachée dans la terre. Comment l'arbre sait-il que ses racines doivent aller vers le nord et non vers le sud ? L'arbre n'a pas d'esprit propre, il n'a pas d'ego. Mais les forces élémentaires par elles-mêmes... l'arbre commence à faire pousser des racines vers le nord, et un jour il atteint la source d'eau.

L'arbre s'élève vers le ciel.... Dans les jungles africaines, les arbres poussent très haut ; ils y sont obligés car la forêt est si dense que s'ils ne poussent pas très haut, ils ne pourront pas atteindre le soleil, la lumière et l'air. Ils poussent donc de plus en plus haut, ils cherchent leur chemin. Même les arbres peuvent trouver leur source d'eau - pourquoi t'inquiètes-tu ?

C'est pourquoi Jésus dit : "Regardez, considérez les lys dans les champs : ils ne travaillent pas." Ils ne font rien, mais tout arrive.

Lorsque vous vous asseyez dans votre demeure, vos forces élémentaires commencent à fonctionner dans leur pureté cristalline.

Vous n'entrez pas. Le corps ressent la faim, le corps lui-même bouge - et c'est si beau de voir le corps se mouvoir. C'est vraiment l'une des expériences les plus merveilleuses que de voir son propre corps se mouvoir et trouver la source d'eau ou de nourriture. Il y a une soif d'amour et le corps se déplace de lui-même. Vous continuez à vous asseoir à l'intérieur de votre maison, puis vous voyez soudain que les actions ne vous appartiennent pas : vous n'êtes pas un acteur, vous êtes simplement un observateur.

En réalisant cela, vous avez atteint l'inaccessible. En réalisant cela, vous avez réalisé tout ce qui peut être réalisé.

... EN RESTANT DANS LE ROYAUME NON-NÉ, TOUTE APPARENCE SE DISSOUDRA EN DHARMATA, ET LA VOLONTÉ PROPRE ET L'ORGUEIL DISPARAÎTRONT DANS LE NÉANT.

Et quand vous voyez que les choses se passent d'elles-mêmes, alors comment pouvez-vous rassembler un ego, une fierté à ce sujet ? Comment pouvez-vous dire "je" quand la faim suit son propre chemin, s'accomplit, devient satiété ; quand la vie suit son propre chemin, s'accomplit, atteint la mort et le repos ? Qui êtes-vous pour dire "je suis" ? L'orgueil, le moi, la volonté propre, tout se dissout. Alors vous ne faites plus rien, vous ne voulez plus rien - vous vous asseyez simplement dans votre être le plus profond et l'herbe pousse d'elle-même..... Tout arrive par lui-même.

C'est difficile à comprendre, parce que vous avez été éduqués, conditionnés, à faire, à agir, à être constamment en alerte, en mouvement et à vous battre. Vous avez été élevés dans un milieu qui dit que vous devez vous battre pour votre survie, sinon vous serez perdus, sinon vous n'arriverez à rien. Vous avez été élevé avec le poison de l'ambition en vous. Et en Occident en particulier, il existe un mot très absurde, la "volonté". C'est tout simplement absurde. Il n'y a rien de tel que la volonté - une fantaisie, un rêve. Il n'y a pas besoin de volonté. Les choses se produisent d'elles-mêmes, c'est leur nature.

C'est arrivé : Le maître de Lin Chi est mort. Le maître était un homme bien connu, mais Lin Chi était encore plus connu que le maître, car le maître était un homme silencieux, et grâce à Lin Chi, il était devenu très célèbre, en fait. Puis le maître est mort - et Lin Chi était également connu pour être illuminé - et une foule de milliers de personnes s'est rassemblée pour lui rendre hommage et lui faire un dernier adieu. Et ils ont vu Lin Chi pleurer, pleurer et des larmes couler comme un petit enfant dont la mère est morte.

Les gens ne pouvaient pas le croire parce qu'ils pensaient qu'il avait atteint - et il pleurait comme un petit enfant. C'est normal lorsqu'une personne est ignorante, mais lorsqu'une personne est éveillée et qu'elle enseigne elle-même que la nature la plus profonde est immortelle, éternelle, qu'elle ne meurt jamais... alors pourquoi maintenant ?

Quelques-uns qui étaient très très intimes avec Lin Chi, sont venus lui dire : " Ce n'est pas bon, et que vont penser les gens de toi ? - Il y a déjà une rumeur : les gens pensent qu'ils se sont trompés en pensant que vous avez atteint le sommet. Tout votre prestige est en jeu. Arrêtez de pleurer ! Et un homme comme vous n'a pas besoin de pleurer."

Lin Chi a dit : "Mais qu'est-ce que je peux faire ? Les larmes arrivent ! C'est leur dharmata. Et qui suis-je pour les arrêter ?

Je ne rejette ni n'accepte, je reste à l'intérieur de moi-même. Maintenant les larmes coulent, on ne peut rien faire. Si le prestige est en jeu, qu'il en soit ainsi. Si les gens pensent que je ne suis pas éclairé, c'est leur affaire.

Mais qu'est-ce que je peux faire ? J'ai quitté l'acteur depuis longtemps, il n'y a plus d'acteur. C'est simplement en train d'arriver.

Ces yeux pleurent et pleurent de leur propre chef, parce qu'ils ne pourront plus revoir le maître - et c'était une nourriture pour eux, ils vivaient de cette nourriture. Je sais très bien que l'âme est éternelle, que personne ne meurt jamais, mais comment enseigner à ces yeux ? Que leur dire ? Ils n'écoutent pas, ils n'ont pas d'oreilles. Comment apprendre à ces yeux à ne pas pleurer, à ne pas crier, que la vie est éternelle ? Et moi, qui suis-je ? C'est leur affaire. S'ils ont envie de pleurer, ils pleurent."

Rester naturel et libre signifie ceci : les choses arrivent, vous n'en êtes pas l'auteur. Sans accepter ni rejeter, la volonté propre se dissout. Le concept même de volonté devient vide et impuissant ; il se fane simplement et l'orgueil s'évanouit dans le néant Difficile de comprendre une personne éclairée. Aucun concept ne sera utile. Que pensez-vous de Lin Chi ? Il dit : "Je sais - mais les yeux pleurent ; laissez-les pleurer, ils se sentiront détendus. Et ils ne pourront plus revoir cet homme ; ce corps sera bientôt brûlé. Ils ont été nourris par lui, et ils n'ont connu de beauté que dans cet homme, et ils n'ont connu aucune grâce. Ils ont vécu trop longtemps en se nourrissant de la forme et du corps de cet homme. Maintenant, bien sûr, ils ont soif, ils ont faim ; maintenant, bien sûr, ils sentent que le sol même disparaît sous eux - ils pleurent !"

L'homme naturel reste simplement assis et laisse les choses se produire. Il ne "fait" pas. Et Tilopa dit que c'est seulement à ce moment-là que le Mahamoudra apparaît ; l'orgasme final, le tout dernier orgasme avec l'existence. Alors vous n'êtes plus séparé. Alors votre ciel intérieur est devenu un avec le ciel extérieur. Il n'y a pas deux cieux alors, seulement un ciel.

La compréhension suprême

LA CHANSON SE TERMINE :
LA COMPRÉHENSION SUPRÊME TRANSCENDE TOUT CECI ET TOUT CELA. L'ACTION SUPRÊME ENGLOBE UNE GRANDE INGÉNIOSITÉ SANS ATTACHEMENT. L'ACCOMPLISSEMENT SUPRÊME CONSISTE À RÉALISER L'IMMANENCE SANS ESPOIR.

AU DÉBUT, UN YOGI SENT SON ESPRIT TOMBER COMME UNE CHUTE D'EAU ; AU MOYEN DE LA COURSE, COMME LES GANGS, IL FLOTTE LENTEMENT ET DOUCEMENT ; À LA FIN, IL S'AGIT D'UN GRAND ET VASTE OCÉAN OÙ LES LUMIÈRES DU FILS ET DE LA MÈRE SE FONDENT EN UN SEUL.

Tout le monde naît dans la liberté, mais meurt dans la servitude. Le début de la vie est totalement libre et naturel, mais ensuite entre la société, puis les règles et les règlements, la moralité, la discipline et de nombreuses sortes d'entraînements, et la liberté, le naturel et la spontanéité sont perdus. On commence à rassembler autour de soi une sorte d'armure. On devient de plus en plus rigide. La douceur intérieure n'est plus apparente.

À la limite de son être, on crée un phénomène de type fort, pour se défendre, pour ne pas être vulnérable, pour réagir, pour la sécurité, la sûreté, et la liberté d'être est perdue. On commence à regarder le regard des autres, leurs approbations, leurs dénis, leurs condamnations, leurs appréciations prennent de plus en plus de valeur. Les autres deviennent le critère, et on commence à imiter et à suivre les autres parce qu'on doit vivre avec les autres.

Et un enfant est très doux, il peut être modelé de n'importe quelle façon ; et la société commence à le modeler - les parents, les enseignants, l'école - et peu à peu il devient un personnage et non un être. Il apprend toutes les règles. Soit il devient conformiste, ce qui est aussi une servitude, soit il devient rebelle, ce qui est aussi une autre sorte de servitude. S'il devient conformiste, orthodoxe, carré, c'est une sorte de servitude ; il peut réagir, devenir un hippie, passer à l'autre extrême, mais cela aussi est une sorte de servitude - parce que la réaction dépend de la même chose que ce contre quoi elle réagit. Vous pouvez aller dans le coin le plus éloigné, mais au fond de votre esprit, vous vous rebellez contre les mêmes règles. Les autres les suivent, vous réagissez, mais l'accent reste mis sur les mêmes règles. Réactionnaires ou révolutionnaires, tous voyagent dans le même bateau. Ils peuvent être debout les uns contre les autres, dos à dos, mais le bateau est le même.

Un homme religieux n'est ni un réactionnaire ni un révolutionnaire. Un homme religieux est simplement libre et naturel ; il n'est ni pour ni contre quelque chose, il est simplement lui-même. Il n'a aucune règle à suivre et aucune règle à nier ; simplement, il n'a aucune règle. Un homme religieux est libre dans son propre être, il n'a pas de moule d'habitudes et de conditionnements. Il n'est pas un être cultivé - non pas qu'il soit non civilisé et primitif, il est la plus haute possibilité de civilisation et de culture, mais il n'est pas un être cultivé. Il a grandi dans sa conscience et n'a pas besoin de règles, il a transcendé les règles. Il est véridique non pas parce que c'est la règle pour être véridique ; étant libre et naturel, il est simplement véridique, il se trouve qu'il est véridique.

Il a de la compassion, pas parce qu'il suit le précepte : Sois compatissant ! Non. Comme il est libre et naturel, il sent simplement la compassion circuler tout autour de lui. Il n'y a rien à faire de sa part ; c'est juste un sous-produit de sa croissance en conscience. Il n'est pas contre la société, ni pour la société - il est simplement au-delà de celle-ci. Il est redevenu un enfant, un enfant d'un monde absolument inconnu, un enfant d'une nouvelle dimension - il renaît.

Chaque enfant naît de façon naturelle, libre ; ensuite la société intervient, doit intervenir pour certaines raisons.....

Il n'y a rien de mal à cela, parce que si l'enfant est laissé à lui-même, il ne grandira jamais, et il ne pourra jamais devenir religieux, il deviendra comme un animal. La société doit entrer ; la société doit être traversée - elle est nécessaire. La seule chose à retenir est qu'il ne s'agit que d'un passage à traverser ; il ne faut pas y construire sa maison. La seule chose à retenir est que la société doit être suivie puis transcendée, les règles doivent être apprises puis désapprises.

Les règles viendront dans votre vie parce qu'il y en a d'autres, vous n'êtes pas seul. Lorsque l'enfant est dans le ventre de sa mère, il est absolument seul, aucune règle n'est nécessaire. Les règles ne viennent que lorsque l'autre entre en relation ; les règles viennent avec la relation - parce que vous n'êtes pas seul, vous devez penser aux autres et les considérer. Dans le ventre de sa mère, l'enfant est seul ; il n'a besoin d'aucune règle, d'aucune moralité, d'aucune discipline, d'aucun ordre ; mais dès sa naissance, même sa première respiration est sociale.

Si l'enfant ne pleure pas, les médecins le forcent à pleurer immédiatement, car s'il ne pleure pas pendant quelques minutes, il sera mort. Il doit pleurer parce que le cri ouvre le passage par lequel il pourra respirer, il dégage la gorge. Il faut le forcer à pleurer - même le premier souffle est social ; les autres sont là et le moulage a commencé.

Il n'y a rien de mal à cela. Il faut le faire, mais il faut le faire de telle sorte que l'enfant ne perde jamais sa conscience, qu'il ne s'identifie pas au modèle cultivé, qu'il reste libre au fond de lui-même, qu'il sache que les règles doivent être suivies mais que les règles ne sont pas la vie, qu'il sache cela aussi et qu'il faille le lui apprendre. Et c'est ce que fera une bonne société : "Ces règles sont bonnes, mais il y en a d'autres, mais ces règles ne sont pas absolues, et vous n'êtes pas censés rester confinés à elles - un jour, vous devrez les transcender." Une société est bonne si elle enseigne à ses membres la civilisation ET la transcendance ; alors la société est religieuse. Si elle n'enseigne jamais la transcendance, alors cette société est simplement laïque et politique, elle n'a pas de religion en elle.

Vous devez écouter les autres jusqu'à un certain point, puis vous devez commencer à vous écouter vous-même. Vous devez revenir à l'état originel à la fin. Avant de mourir, vous devez redevenir un enfant innocent - libre, naturel ; car dans la mort, vous entrez à nouveau dans la dimension de la solitude. Tout comme vous étiez dans le ventre de votre mère, dans la mort vous entrerez à nouveau dans la dimension de la solitude. Aucune société n'y existe.

Toute votre vie, vous devez trouver quelques espaces dans votre vie, quelques moments, comme des oasis dans les déserts, où vous fermez simplement les yeux et où vous allez au-delà de la société, où vous allez en vous-même, dans votre propre ventre - c'est cela la méditation. La société est là ; vous fermez simplement les yeux et oubliez la société et devenez seul. Il n'y a pas de règles, pas besoin de caractère, pas de moralité, pas de mots, pas de langage. Vous pouvez être libre et naturel à l'intérieur.

Grandissez dans cette liberté et cette naturalité. Même si une discipline extérieure est nécessaire, à l'intérieur, on reste sauvage. Si l'on peut rester sauvage à l'intérieur et continuer à pratiquer des choses qui sont nécessaires dans la société, alors on peut bientôt arriver à un point où l'on transcende simplement.

Je vais vous raconter une histoire et ensuite j'entrerai dans les sutras.

C'est une histoire soufie : Un vieil homme et un jeune homme voyagent avec un âne. Ils sont arrivés près d'une ville ; ils marchent tous les deux avec leur âne.

Les écoliers passaient devant eux, ils riaient et disaient : "Regardez ces idiots :

ils ont un âne en bonne santé avec eux et ils marchent. Au moins le vieil homme peut s'asseoir sur l'âne."

En écoutant ces enfants, le vieil homme et le jeune homme décidèrent : "Que faire ? - car les gens rient et bientôt nous entrerons dans la ville, alors il vaut mieux suivre ce qu'ils disent." Le vieil homme s'assit donc sur l'âne et le jeune homme le suivit.

Puis ils s'approchèrent d'un autre groupe de personnes, les regardèrent et dirent : "Regardez ! le vieil homme est assis sur l'âne et le pauvre garçon marche. C'est absurde ! Le vieil homme peut marcher, mais le garçon devrait pouvoir s'asseoir sur l'âne." Alors ils ont changé : le vieil homme a commencé à marcher et le garçon a pu s'asseoir.

Puis un autre groupe est venu et a dit : "Regardez ces idiots. Et ce garçon semble être trop arrogant.

Peut-être que le vieil homme est son père ou son professeur et qu'il marche, et qu'il est assis sur l'âne - c'est contraire à toutes les règles !".

Que faire alors ? Ils décidèrent tous deux qu'il n'y avait plus qu'une seule possibilité : s'asseoir tous deux sur l'âne ; ils s'assirent donc tous deux sur l'âne. Puis d'autres groupes sont venus et ont dit : " Regardez ces gens, si violents ! Le pauvre âne est presque en train de mourir - deux personnes sur un seul âne. Il aurait été préférable qu'ils portent l'âne sur leurs épaules."

Ils discutèrent donc à nouveau, et puis il y eut la rivière et le pont. Ils avaient maintenant presque atteint la limite de la ville, alors ils ont pensé : "Il vaut mieux se comporter comme les gens le pensent dans cette ville, sinon ils vont penser que nous sommes des imbéciles". Ils trouvèrent donc un bambou ; sur leurs épaules, ils mirent le bambou et suspendirent l'âne par les jambes, l'attachèrent dans le bambou et le portèrent. L'âne a essayé de se rebeller, comme les ânes sont ils ne peuvent pas être forcés très facilement. Il a essayé de s'échapper parce qu'il ne croit pas à la société et à ce que disent les autres. Mais les deux hommes étaient trop forts et ils l'ont forcé, alors l'âne a dû céder.

Juste sur le pont, au milieu, une foule passa et ils se rassemblèrent tous et dirent : " Regardez, ces idiots ! Nous n'avons jamais vu de tels idiots - un âne est fait pour être monté, pas pour être porté sur les épaules.

Tu es devenu fou ?"

En les écoutant - et une grande foule s'est rassemblée - l'âne est devenu agité, si agité qu'il a sauté et est tombé du pont dans la rivière - il est mort. Les deux hommes sont descendus - l'âne était mort. Ils se sont assis sur le côté et le vieil homme a dit : "Maintenant, écoutez....".

Ce n'est pas une histoire ordinaire - le vieil homme était un maître soufi, une personne éclairée, et le jeune homme était un disciple et le vieux maître essayait de lui donner une leçon, car les soufis créent toujours des situations ; ils disent que si la situation n'est pas là, on ne peut pas apprendre profondément. C'était donc juste une situation pour le jeune homme. Le vieil homme lui dit alors : "Regarde : tout comme cet âne, tu vas mourir si tu écoutes trop les gens. Ne te préoccupe pas de ce que disent les autres, parce qu'il y a des millions d'autres personnes et elles ont leur propre esprit et tout le monde dira quelque chose ; tout le monde a ses opinions et si tu écoutes les opinions, ce sera ta fin".

N'écoutez personne, vous restez vous-même. Ignorez-les, soyez indifférent. Si vous continuez à écouter tout le monde, tout le monde vous poussera à faire ceci ou cela. Vous ne serez jamais en mesure d'atteindre votre centre le plus intime.

Tout le monde est devenu excentrique. Ce mot anglais est très beau : il signifie "excentrique", et nous l'utilisons pour les fous. Mais tout le monde est excentrique, décentré, et le monde entier vous aide à être excentrique parce que tout le monde vous pousse. Votre mère vous pousse vers le nord, votre père vers le sud, votre oncle fait autre chose, votre frère autre chose, votre femme, bien sûr, autre chose - tout le monde essaie de vous forcer à aller quelque part. Au bout d'un certain temps, il arrive un moment où vous n'êtes nulle part. Vous restez juste au carrefour, poussé du nord au sud, du sud à l'est, de l'est à l'ouest, n'allant nulle part. Au bout d'un moment, cela devient votre situation totale - vous devenez excentrique. Telle est la situation. Et si vous continuez à écouter les autres et à ne pas écouter votre centre intérieur, cette situation continuera.

Toute la méditation consiste à se centrer, à ne pas être excentrique, à venir à son propre centre.

Écoutez votre voix intérieure, ressentez-la, et bougez avec ce sentiment. Au bout d'un moment, vous pouvez rire de l'opinion des autres, ou vous pouvez être simplement indifférent. Et une fois que vous êtes centré, vous devenez un être puissant ; alors personne ne peut vous aiguillonner, personne ne peut vous pousser nulle part - tout simplement, personne n'ose. Vous êtes un tel pouvoir, centré sur vous-même, que quiconque vient avec une opinion oublie simplement son opinion près de vous ; quiconque vient vous pousser quelque part oublie simplement qu'il était venu pour vous pousser. Au contraire, rien qu'en venant près de vous, il commence à se sentir dominé par vous.

C'est ainsi que même un homme seul peut devenir si puissant que toute la société, toute l'histoire, ne peut le pousser d'un seul pouce. C'est ainsi qu'un Bouddha existe, qu'un Jésus existe. Vous pouvez tuer un Jésus mais vous ne pouvez pas le pousser. Vous pouvez détruire son corps, mais vous ne pouvez pas le pousser d'un seul pouce. Non pas qu'il soit inflexible ou têtu, non, simplement il est centré sur son propre être - et il sait ce qui est bon pour lui, et il sait ce qui est bienheureux pour lui. Cela s'est déjà produit ; maintenant vous ne pouvez plus l'attirer vers de nouveaux objectifs, aucun argument commercial ne peut l'attirer vers un autre objectif. Il a trouvé sa maison. Il peut vous écouter patiemment mais vous ne pouvez pas le faire bouger. Il est centré.

Ce centrage est la première chose à faire pour être naturel et libre ; sinon, si vous êtes naturel et libre, n'importe qui vous emmènera n'importe où. C'est pourquoi les enfants ne sont pas autorisés à être naturels et libres, ils ne sont pas assez matures pour cela. S'ils sont naturels et libres et qu'ils courent partout, leur vie sera gâchée. C'est pourquoi, je dis, la société fait un travail nécessaire : elle les protège ; un caractère cellulaire devient la citadelle. Ils en ont besoin : ils sont très vulnérables, ils peuvent être détruits par n'importe qui. La multitude est là, ils ne seront pas capables de trouver leur chemin - ils ont besoin d'une armure de caractère.

Mais si cette armure de caractère devient toute votre vie, alors vous êtes perdu. Vous ne devez pas devenir la citadelle, vous devez rester le maître et vous devez rester capable d'en sortir, sinon ce n'est pas une protection, cela devient une prison. Vous devez être capable de sortir de votre personnage. Vous devez être capable de mettre de côté vos principes. Vous devriez être capable, si la situation l'exige, de réagir d'une manière absolument nouvelle. Si vous perdez cette capacité, vous devenez rigide, vous ne pouvez pas être libre. Si vous perdez cette capacité, vous devenez contre nature, vous n'êtes pas flexible.

La souplesse est la jeunesse, la rigidité est la vieillesse ; plus on est souple, plus on est jeune ; plus on est rigide, plus on est vieux. La mort est la rigidité absolue. La vie est le relâchement absolu, la flexibilité.

Vous devez vous en souvenir et ensuite essayer de comprendre Tilopa. Ses derniers mots :

LA COMPRÉHENSION SUPRÊME TRANSCENDE TOUT CECI ET TOUT CELA. L'ACTION SUPRÊME ENGLOBE UNE GRANDE INGÉNIOSITÉ SANS ATTACHEMENT. L'ACCOMPLISSEMENT SUPRÊME CONSISTE À RÉALISER L'IMMANENCE SANS ESPOIR.

Des mots très très significatifs.

LA COMPRÉHENSION SUPRÊME TRANSCENDE TOUT CECI ET CELA.

La connaissance est toujours soit de ceci, soit de cela. La compréhension n'est ni l'un ni l'autre. La connaissance est toujours duale : un homme est bon, il sait ce qu'est le bien ; un autre homme est mauvais, il sait ce qu'est le mal - mais tous deux sont fragmentaires, à moitié. L'homme bon n'est pas entier parce qu'il ne sait pas ce qu'est le mal ; sa bonté est pauvre, il lui manque la perspicacité que donne le mal..... L'homme mauvais est aussi une moitié ; sa méchanceté est pauvre, elle n'est pas riche parce qu'il ne sait pas ce qu'est la bonté. Et la vie, c'est les deux ensemble.

Un homme qui comprend vraiment n'est ni bon ni mauvais, il comprend les deux. Et dans cette compréhension même, il transcende les deux. Un sage n'est ni un homme bon ni un homme mauvais. Vous ne pouvez pas l'enfermer dans une catégorie, il n'existe aucun casier pour lui, vous ne pouvez pas le catégoriser. Il est insaisissable, vous ne pouvez pas l'attraper. Et tout ce que vous direz de lui ne sera que la moitié, ce ne sera jamais la totalité. Un sage peut avoir des amis et des disciples, et ils penseront qu'il est Dieu parce qu'ils ne voient que le bon côté des choses. Et le sage peut avoir des ennemis et des adversaires, et ils penseront qu'il est le diable incarné parce qu'ils ne connaissent que la mauvaise partie. Mais si vous connaissez un sage, il n'est ni l'un ni l'autre - ou les deux ensemble ; et les deux signifient la même chose.

Si vous êtes les deux ensemble, le bon et le mauvais, vous n'êtes ni l'un ni l'autre - parce qu'ils s'annihilent, se nient, et un vide est laissé.

Ce concept est très difficile à comprendre pour l'esprit occidental, car celui-ci a divisé Dieu et le diable de manière absolue. Tout ce qui est mauvais appartient au diable et tout ce qui est bon appartient à Dieu ; leurs territoires sont délimités, l'enfer et le paradis sont séparés... mis à part.

C'est pourquoi les saints chrétiens ont l'air un peu pauvres devant les sages tantriques, très pauvres ; juste bons, simples - ils ne connaissent pas l'autre côté de la vie. Et c'est pourquoi ils ont toujours peur de l'autre côté, ils tremblent toujours de peur. Un saint chrétien est toujours en train de prier pour que Dieu le protège du mal. Le mal est toujours au coin de la rue ; il l'a évité et quand vous évitez quelque chose, c'est toujours dans votre esprit. Il a peur, il tremble.

Un Tilopa ne connaît pas de tremblement, pas de peur, et il ne va jamais prier Dieu, "Protège-moi" ; il est protégé. Quelle est sa protection ? La compréhension est sa protection. Il a tout vécu, il est allé jusqu'au bout du mal, et il a vécu le divin, et maintenant il sait que les deux sont deux aspects du même. Et maintenant, il ne s'inquiète ni du bien ni du mal ; maintenant, il vit une vie simple, naturelle et libre, il n'a pas de concepts prédéterminés. Et il est imprévisible.

Vous ne pouvez pas prédire un Tilopa. Vous pouvez prédire Saint Augustin, vous pouvez prédire d'autres saints, mais vous ne pouvez pas prédire un sage du tantra. Vous ne pouvez pas - il est tout simplement imprévisible, parce qu'à chaque instant il répondra et personne ne sait de quelle manière, personne ne le sait ; lui-même ne le sait pas. C'est là toute la beauté de la chose, car si vous connaissez votre avenir, alors vous n'êtes pas un homme libre, vous vous déplacez selon certaines règles, vous avez un caractère préfabriqué ; d'une certaine manière, vous devez réagir, pas répondre.

Personne ne peut dire ce qu'un Tilopa fera dans une certaine situation. Cela dépendra ; c'est l'ensemble de la situation qui apportera la réponse. Et il n'a ni goût, ni aversion - ni ceci, ni cela. Il agira, il ne réagira pas ; il ne réagira pas en fonction de son passé, il ne réagira pas en fonction de ses concepts futurs, de ses propres idéaux. Non. Il ne réagira pas, il agira ici et maintenant, la réponse sera totale ; personne ne peut dire ce qui va se passer.

La compréhension transcende la dualité.

On raconte qu'un jour Tilopa se trouvait dans une grotte et qu'un passant, un chercheur d'un certain type, vint lui rendre visite. Il prenait sa nourriture et utilisait un crâne humain comme pot. Le voyageur a pris peur. C'était bizarre ! - Il était venu voir un sage et cet homme semblait appartenir au monde des magiciens noirs. Un crâne humain... et il s'amusait ; et un chien était assis à côté de Tilopa et le chien mangeait aussi dans le même pot. Lorsque cet homme est arrivé, Tilopa l'a invité à participer. "Viens ici", dit-il, "si beau que tu es arrivé à temps, car c'est tout ce que j'ai. Une fois que c'est terminé, il n'y a plus rien pendant vingt-quatre heures. Ce n'est que demain que quelqu'un pourra apporter quelque chose. Donc tu viens, tu te joins et tu participes."

L'homme se sentait très dégoûté - un crâne humain, de la nourriture à l'intérieur, et un chien également participant ! L'homme a dit, "Je me sens dégoûté."

Tilopa a dit : " Alors tu t'échappes d'ici dès que possible, tu cours vite et tu ne regardes jamais en arrière, car alors Tilopa n'est pas pour toi. Pourquoi es-tu dégoûté par ce crâne humain ? Tu le portes depuis si longtemps et qu'y a-t-il de mal à ce que j'y prenne ma nourriture ? C'est l'une des choses les plus propres.

Vous n'êtes pas dégoûté de votre propre crâne à l'intérieur - et votre esprit tout entier, vos belles pensées et votre moralité et votre bonté et votre sainteté, tout est dans le crâne. Je n'y prends que ma nourriture ; et votre ciel et votre enfer et vos dieux et votre BRAHMA, tous sont dans votre crâne. Ils doivent être devenus absolument sales à présent - vous devriez en être dégoûté. Et vous êtes vous-même dans le crâne. Pourquoi es-tu dégoûté ?"

L'homme a essayé d'éviter et de rationaliser ; il a dit : "Pas à cause du crâne mais à cause de ce chien."

Tilopa rit et dit : "Tu as été un chien dans ta vie passée et tout le monde doit passer par toutes les étapes. Et qu'y a-t-il de mal à être un chien ? Et quelle est la différence entre toi et un chien ? La même avidité, le même sexe, la même colère, la même violence, l'agressivité, la même peur - pourquoi prétendez-vous être supérieur ?"

Tilopa est difficile à comprendre car le laid et le beau n'ont aucun sens pour lui ; la pureté, l'impureté n'ont aucun sens pour lui ; le bien et le mal n'ont aucun sens pour lui. Il a une compréhension du total.

Le partiel est la connaissance, la compréhension est totale. Et quand vous regardez le total, toutes les distinctions tombent :

Qu'est-ce qui est laid et qu'est-ce qui est beau ? Qu'est-ce qui est bon et qu'est-ce qui est mauvais ?

Toutes les distinctions tombent simplement si vous avez une vue d'ensemble de la totalité, alors toutes les frontières disparaissent.

C'est comme regarder en bas d'un avion. Alors où est le Pakistan et où est l'Inde ? Et où est l'Angleterre et où est l'Allemagne ? Toutes les frontières sont perdues, la terre entière devient une.

Et si vous allez encore plus haut dans un vaisseau spatial et que vous la regardez depuis la lune, la terre entière devient si petite - où est la Russie et où est l'Amérique ? Et qui est un communiste et qui est un capitaliste ?

Qui est un hindou et qui est un mahométan ? Plus vous vous élevez, moins il y a de distinctions - et la compréhension est la chose la plus élevée, il n'y a rien de plus au-delà. De ce sommet le plus élevé, tout devient tout le reste. Les choses se rencontrent, fusionnent et deviennent une seule chose, les frontières sont perdues... un océan sans limites et sans source... l'infini.

LA COMPRÉHENSION SUPRÊME TRANSCENDE TOUT CECI ET TOUT CELA. L'ACTION SUPRÊME ENGLOBE UNE GRANDE INGÉNIOSITÉ SANS ATTACHEMENT.

Tilopa dit d'être détendu et naturel - mais il ne veut pas dire d'être paresseux et d'aller dormir. Au contraire, lorsque vous êtes détendu et naturel, vous êtes plein de ressources. Vous devenez extrêmement créatif. L'activité peut ne pas être là - l'action est là. L'obsession de l'occupation peut ne pas être là, ne sera pas là, mais vous devenez extrêmement ingénieux, créatif. Vous faites des millions de choses, non pas à cause d'une quelconque obsession, mais simplement parce que vous êtes tellement rempli d'énergie que vous devez créer.

La créativité est facile pour un homme qui est libre et naturel. Tout ce qu'il fait devient un phénomène créatif. Tout ce qu'il touche devient une œuvre d'art ; tout ce qu'il dit devient une poésie. Son mouvement même est esthétique. Si vous voyez un Bouddha marcher, même sa marche est créative. Même en marchant, il crée un rythme, même en marchant, il crée un milieu, une atmosphère autour de lui. Si un bouddha lève la main, il change immédiatement le climat autour de lui. Non pas qu'il fasse ces choses, elles se produisent simplement. Il n'en est pas l'auteur. Calme, installé à l'intérieur, tranquille, recueilli, uni à l'intérieur, rempli d'une énergie infinie qui déborde, qui déborde dans toutes les directions, chaque instant est un instant de créativité, de créativité cosmique.

N'oubliez pas cela. Il faut s'en souvenir parce que beaucoup de gens peuvent mal comprendre. Ils peuvent penser : " Aucune activité n'est nécessaire ", donc ils peuvent penser : " Aucune action n'est nécessaire. " L'action a une qualité tout à fait différente. L'activité est pathologique.

Si vous allez dans une maison de fous, vous verrez des gens en activité, chaque fou faisant quelque chose, car c'est la seule façon pour eux de s'oublier. Vous trouverez peut-être quelqu'un qui se lave les mains trois mille fois par jour parce qu'il croit à la propreté. En fait, si vous l'empêchez de se laver les mains trois mille fois par jour, il ne pourra plus se supporter, ce sera trop. C'est une échappatoire.

Les politiciens, les gens qui recherchent la richesse, le pouvoir - ce sont tous des fous. Vous ne pouvez pas les arrêter parce que si vous les arrêtez, ils ne savent plus quoi faire ; et puis ils sont rejetés sur eux-mêmes, et c'est trop.

Un de mes amis me racontait un jour qu'ils devaient se rendre à une certaine fête ; et ils ont un très petit enfant, un bel enfant, et bien sûr très actif comme le sont les enfants. Ils ont donc fermé la chambre à clé et lui ont dit : "Si tu te comportes bien et ne crée pas de trouble dans la maison, nous te donnerons tout ce que tu demanderas, et dans une heure nous serons de retour." L'enfant a été séduit : tout ce qu'il peut demander lui sera donné. Donc, il a vraiment bien agi. En fait, il n'a rien fait ; il s'est simplement tenu dans un coin parce que, "Quoi que je fasse, cela peut s'avérer... personne ne sait, personne ne connaît ces esprits adultes - ce qui est mal et ce qui est bien

; et ils ne cessent de changer d'avis aussi." Il est donc resté debout, les yeux fermés, comme un méditant.

Et quand ils ont ouvert la porte à leur retour, il était debout dans le coin, raide. Il a ouvert les yeux et les a regardés, et ils ont demandé : "Tu t'es bien comporté ?"

Il a dit : "Oui, en fait, je me suis si bien comporté que je n'ai pas pu me supporter." C'était trop !

Les personnes qui sont trop occupées par des activités ont peur d'elles-mêmes. L'activité est une sorte d'échappatoire ; ils peuvent s'y oublier. Elle est alcoolique, c'est une substance intoxicante. L'activité doit être abandonnée car elle est pathologique, vous êtes malade. L'action ne doit pas être abandonnée, l'action est belle.

Qu'est-ce que l'action ? L'action est une réponse : lorsqu'elle est nécessaire, vous agissez ; lorsqu'elle n'est pas nécessaire, vous vous détendez.

En ce moment, vous continuez à faire des choses qui ne sont pas nécessaires ; et quand vous voulez vous détendre, vous ne pouvez pas le faire. Un homme d'action, d'action totale, agit ; et quand la situation est terminée, il se détend.

Je te parle.... Parler peut être une activité ou une action. Il y a des gens qui ne peuvent pas s'arrêter de parler : ils continuent, ils continuent. Même si vous leur fermez la bouche, cela ne fera aucune différence à l'INTÉRIEUR ; ils continueront à bavarder, ils ne peuvent pas l'arrêter. C'est cela l'activité : une obsession fébrile. Vous êtes ici et je vous parle : même moi, je ne sais pas de quoi je vais vous parler. Jusqu'à ce que la phrase soit prononcée, même moi, je ne sais pas ce qu'elle va être. Non seulement vous êtes les auditeurs, mais je suis aussi un auditeur ici.

Lorsque j'ai dit quelque chose, je sais que je l'ai dit. Ni vous ni moi ne pouvons prédire ce que je vais dire ; même la phrase suivante n'est pas là, c'est VOTRE situation qui l'apporte.

Donc, quoi que je dise, je ne suis pas le seul responsable, rappelez-vous, vous en êtes aussi à moitié responsable. C'est moitié-moitié : vous créez la situation, j'agis. Donc si mes auditeurs changent, mon discours change. Cela dépend, car je n'ai rien de préformulé. Je ne sais pas ce qui va se passer, et c'est pourquoi c'est beau pour moi aussi. C'est une réponse, un acte. Quand tu es parti, je suis assis dans ma demeure, pas un seul mot ne flotte dans le ciel intérieur. C'est toi.

Il arrive donc parfois que des gens viennent me voir et me disent : "Nous allions poser une certaine question et vous y avez répondu." Et ça arrive tous les jours. Cela se produit : si vous avez une certaine question, vous créez autour de vous un climat de cette question, vous êtes rempli de cette question. Alors que dois-je faire ? Je dois répondre. Votre question crée simplement la situation et je dois y répondre.

C'est pourquoi beaucoup de vos questions sont simplement résolues. Si une question n'est pas résolue, la raison doit être quelque part en vous ; vous l'avez peut-être oubliée. Le matin, elle était dans votre esprit, mais lorsque vous êtes entré dans cette pièce, vous l'avez oubliée. Ou bien il y avait de nombreuses questions et vous n'étiez pas certain de la question à poser ; vous étiez dans la confusion, le vague, le trouble. Si VOUS êtes certain de votre question, la réponse sera là.

Ce n'est rien de ma part, ça arrive simplement. Vous créez la question, je m'y plonge simplement. Je dois le faire, car je n'ai rien à vous dire. Si j'ai quelque chose à vous dire, vous n'êtes pas pertinent ; quelle que soit votre question, elle n'a aucun sens - j'ai mon truc préparé en moi et je dois vous le dire. Même si vous n'êtes pas là, cela n'aura aucun sens.

La radio All-India avait l'habitude de m'inviter à parler, mais je trouvais cela très difficile car c'était tellement impersonnel : parler à personne ! J'ai simplement dit : "Ce n'est pas pour moi. Et c'est une telle tension et je ne sais pas quoi faire - il n'y a personne." Alors ils se sont arrangés... ils ont dit : "Cela peut se faire : parmi notre personnel, quelques personnes peuvent venir et elles peuvent s'asseoir." Mais alors je leur ai dit : "Alors vous ne me donnez pas le sujet parce que ces personnes me donneront le sujet. Ce sera totalement hors de propos - n'importe qui assis là et vous m'avez donné un sujet pour parler dessus et personne n'est impliqué dans ce sujet ; ils sont juste un public mort."

Lorsque vous êtes là, vous créez la question, vous créez la situation et la réponse coule vers vous. C'est un phénomène personnel. Puis j'ai tout simplement cessé d'y aller. Je me suis dit : "Ce n'est pas pour moi, ce n'est pas possible. Je ne peux pas parler aux machines, parce qu'elles ne créent aucune situation dans laquelle je puisse flotter.

Je ne peux parler qu'à des personnes."

C'est pourquoi je n'ai jamais écrit de livre. Je ne peux pas ! - parce que pour qui ? Qui le lira ? À moins de connaître l'homme qui le lira, et à moins qu'il ne crée une situation, je ne peux pas écrire - pour qui ? Je n'ai écrit que des lettres, parce que je sais alors que j'écris à quelqu'un. Il peut être quelque part aux États-Unis, cela ne fait aucune différence - au moment où je lui écris une lettre, c'est un phénomène personnel : il est là. Pendant que j'écris, il m'aide à écrire. Sans lui, ce n'est pas possible, c'est un dialogue.

C'est l'action. Dès que tu es parti, tout langage disparaît de moi ; aucun mot ne flotte, ils ne sont pas nécessaires. Et il devrait en être ainsi ! Quand tu marches, tu utilises tes jambes et quand tu t'assieds sur ta chaise, à quoi cela sert-il de bouger tes jambes ? C'est fou ! Quand il y a un dialogue, il faut des mots ; quand il y a une situation, il faut une action. Mais laissez l'ensemble décider ; vous ne devez pas être le facteur décisif, vous ne devez pas décider. Alors il n'y a pas de karmas, alors vous avancez, d'instant en instant, frais et dispos. Le passé meurt de lui-même à chaque instant, et le futur naît et vous vous y engagez frais comme un enfant.

L'ACTION SUPRÊME ENGLOBE UNE GRANDE INGÉNIOSITÉ SANS ATTACHEMENT.

Les actions se produisent mais il n'y a pas d'attachement ; vous ne sentez pas, "J'ai fait ceci." Je ne sens pas que j'ai dit ceci. Je sens simplement que cela a été dit, que c'est arrivé. Le tout l'a fait, et le tout n'est ni moi ni vous - le tout est les deux et aucun. Et le tout tourne autour et le tout décide : tu n'es pas celui qui fait. Beaucoup de choses se passent à travers vous, mais vous n'en êtes pas l'auteur. Beaucoup de choses sont créées à travers vous, mais vous n'êtes pas le créateur. Le tout reste le créateur - vous devenez simplement des véhicules, des médiums pour le tout. Un bambou creux... et le tout y pose ses doigts et ses lèvres et il devient une flûte, et une chanson est née.

D'où vient cette chanson ? De ce bambou creux que vous appelez une "flûte" ? Non. Des lèvres de l'ensemble ? Non. D'où vient-elle ? Tout est impliqué : le bambou creux est également impliqué, les lèvres de l'ensemble sont également impliquées, le chanteur est impliqué, l'auditeur est impliqué - tout est impliqué. Même une petite chose peut créer une différence.

Il suffit d'une fleur de rose à côté de la pièce et cette pièce ne sera pas la même, car la fleur de rose a sa propre aura, son propre être. Il influencera : il influencera votre compréhension, il influencera tout ce qui est dit par moi - et c'est le tout qui bouge, pas les parties. Beaucoup de choses se passent mais personne n'en est l'auteur.

... UNE GRANDE DÉBROUILLARDISE SANS ATTACHEMENT.

Et quand vous n'êtes pas celui qui fait, comment l'attachement peut-il se produire ? Vous faites une petite chose et vous vous attachez. Vous dites : "J'ai fait ceci". Vous aimeriez que tout le monde sache que vous avez fait ceci et que vous avez fait cela. Cet ego est une barrière pour la compréhension suprême. Laissez tomber celui qui fait et laissez les choses arriver. C'est ce que Tilopa veut dire par être détendu et naturel.

L'ACCOMPLISSEMENT SUPRÊME EST DE RÉALISER L'IMMANENCE SANS ESPOIR.

C'est une chose très profonde, très subtile et délicate. Tilopa dit : "Quel est l'accomplissement suprême ? C'est de réaliser l'immanence sans espoir ; que l'intérieur, l'espace intérieur est parfait, absolu - sans espoir. Pourquoi fait-il intervenir ce mot "espoir" ? - Parce qu'avec l'espoir vient le futur, avec l'espoir vient le désir, avec l'espoir vient l'effort pour s'améliorer, avec l'espoir vient l'avidité pour plus, avec l'espoir vient le mécontentement, et puis, bien sûr, la frustration suit.

Il ne dit pas qu'il faut être désespéré, car cela aussi vient avec l'espoir. Il dit simplement "pas d'espoir" ; pas d'espoir, pas de désespoir - parce que les deux viennent avec l'espoir. Et c'est devenu un si grand problème pour l'Occident, parce que le Bouddha dit la même chose, et ensuite les penseurs occidentaux pensent que ces gens sont pessimistes. Ce n'est pas le cas. Ils ne sont pas pessimistes, ils ne sont pas optimistes. Et c'est la signification de "pas d'espoir".

Si quelqu'un espère, nous l'appelons un optimiste. Nous disons de lui qu'il peut voir la doublure d'argent dans le nuage le plus sombre, nous disons qu'il peut voir le matin après la nuit la plus sombre : c'est un optimiste.

Et puis il y a le pessimiste, tout le contraire. Même dans la ligne d'argent la plus brillante, il y verra toujours le nuage le plus sombre. Si vous parlez du matin, il dira : "Tous les matins se terminent par un soir". Mais souvenez-vous : ils peuvent être opposés mais ils ne sont pas vraiment séparés ; leur objectif est différent mais leur esprit est le même. Que vous voyiez la doublure brillante, la doublure argentée dans le nuage sombre, ou que vous voyiez le nuage sombre dans la doublure argentée, vous voyez toujours la partie. Votre division est là ; vous choisissez, vous ne voyez jamais le total.

Bouddha, Tilopa, moi-même, nous ne sommes ni optimistes ni pessimistes - nous laissons simplement tomber l'espoir. Avec l'espoir, ils entrent - à la fois l'optimiste et le pessimiste. Nous lâchons simplement la pièce de l'espoir, et les deux aspects sont lâchés avec elle. C'est une dimension totalement nouvelle, difficile à comprendre.

Tilopa voit la nature des choses ; il est sans choix. Il voit à la fois le matin et le soir, il voit à la fois les épines et les fleurs, il voit à la fois la douleur et le plaisir, il voit à la fois la naissance et la mort. Il n'a pas de choix personnel. Il n'est ni pessimiste ni optimiste - il vit sans espoir. Et c'est une dimension vraiment merveilleuse à vivre : vivre sans espoir. Les mots mêmes "sans espoir" sont utilisés... simplement à l'intérieur de vous, vous avez l'impression que c'est quelque chose de si pessimiste, mais c'est à cause du langage - et ce que Tilopa dit est au-delà du langage. Il dit, L'ACCOMPLISSEMENT SUPRÊME EST DE RÉALISER L'IMMANENCE SANS ESPOIR. Vous vous réalisez simplement tel que vous êtes, dans votre nature totale, et vous êtes simplement cela. Il n'y a aucun besoin d'amélioration, de changement, de développement, de croissance, aucun besoin. Rien ne peut être fait à ce sujet. C'est simplement le cas.

Une fois que l'on s'enfonce dans cette idée - que c'est tout simplement le cas - soudain, toutes les fleurs et toutes les épines disparaissent, les jours et les nuits disparaissent, la vie et la mort disparaissent, l'été et l'hiver disparaissent.

Il ne reste rien - parce que l'attachement disparaît. Et avec l'acceptation de ce que vous êtes, quel que soit le cas, il n'y a alors aucun problème, aucune question, rien à résoudre - vous êtes simplement cela. Une célébration vient ; et cette célébration n'est pas de l'espoir, cette célébration est juste un débordement d'énergie. Vous commencez à fleurir. Vous fleurissez simplement, pas pour quelque chose dans le futur ; vous ne pouvez pas faire autrement.

Lorsque l'on réalise la nature de l'être, l'épanouissement se produit ; on continue à s'épanouir, à s'épanouir et à célébrer sans aucune cause visible. Pourquoi suis-je heureux ? Qu'ai-je que vous n'avez pas ? Pourquoi suis-je serein et tranquille ? Ai-je réalisé quelque chose que vous devez réaliser ?

Ai-je atteint quelque chose que vous devez atteindre ? Non. Je me suis simplement détendu dans la nature.

Peu importe ce que je suis - bon, mauvais, moral, immoral - peu importe ce que je suis, je me suis simplement détendu dans la nature de ce que je suis. Et j'ai abandonné tout effort pour m'améliorer, et j'ai abandonné tout avenir. J'ai abandonné l'espoir, et avec l'abandon de l'espoir, tout a disparu. Je suis seul et simplement heureux sans aucune raison ; simplement silencieux parce que maintenant, sans espoir, je ne sais pas comment créer des perturbations. Sans espoir, comment pouvez-vous créer des perturbations dans votre être ?

Rappelez-vous ceci : tous les efforts vous mèneront à un point où vous abandonnerez tout effort et deviendrez sans effort.

Et toute cette recherche vous mènera à un point où vous hausserez simplement les épaules, vous vous assiérez sous un arbre et vous vous installerez.

Chaque voyage s'achève dans l'état le plus profond de l'être - et cela, vous l'avez à chaque instant. Il ne s'agit donc que de devenir un peu plus conscient. Qu'est-ce qui ne va pas chez vous ? J'ai vu des millions de personnes et je n'ai pas vu une seule personne qui a vraiment quelque chose qui ne va pas, mais elle crée des choses. Vous êtes des créateurs, de grands créateurs de maladies, de maux, de problèmes, et ensuite vous les pourchassez - comment les résoudre ? d'abord vous créez et ensuite vous chassez. Pourquoi les créer en premier lieu ?

Il suffit de laisser tomber l'espoir, le désir, et de regarder simplement le cas que vous êtes déjà ; il suffit de fermer les yeux et de voir qui vous êtes, et terminé ! Même en un clin d'œil, c'est possible, cela ne demande pas de temps.

Si vous pensez qu'il faut du temps, une croissance graduelle. Alors c'est à cause de votre esprit que vous aurez besoin de temps, sinon le temps n'est pas nécessaire.

L'ACCOMPLISSEMENT SUPRÊME EST DE RÉALISER L'IMMANENCE...

... que tout ce qui doit être réalisé est en nous. C'est le sens de l'immanence : tout ce qui doit être réalisé est déjà là, en vous. Tu nais parfait ; le contraire n'est pas possible parce que tu es né du parfait. C'est le sens de la phrase de Jésus : "Moi et mon Père sommes un." Que dit-il ?

Il dit que vous ne pouvez pas être autre chose que le tout, car vous êtes issu du tout.

Vous prenez une poignée d'eau de l'océan, vous la goûtez : elle a le même goût partout. Dans une seule goutte d'eau de mer, vous pouvez trouver toute la chimie de la mer. Si vous pouvez comprendre une seule goutte d'eau de mer, vous avez compris toutes les mers, passées, futures, présentes - car une petite goutte est un océan miniature. Et vous êtes le tout sous une forme miniature.

Lorsque vous allez plus profondément en vous et que vous réalisez cela, un rire se produit soudainement, vous commencez à rire.

Que cherchiez-vous ? Le chercheur était lui-même le recherché ; le voyageur était lui-même le but. C'est l'accomplissement suprême : se réaliser soi-même, sa perfection absolue, sans espoir - car si un espoir est là, il s'agitera ; il s'agitera continuellement dans votre trouble. Vous recommencerez à penser : "Quelque chose de plus est possible". L'espoir crée toujours des rêves : "Quelque chose de plus est possible.

Bien sûr que c'est bon...."

Les gens viennent me voir et me disent : " La méditation se passe très bien ; bien sûr, c'est bien, mais donnez-nous une autre technique pour que nous puissions nous développer davantage. " Il arrive même que des gens viennent me voir en disant : "Tout est beau....". Et puis ils disent : "Et maintenant ?" Maintenant l'espoir s'éveille. Tout est beau, alors pourquoi demander, "Et maintenant ?" Tout était faux, alors encore une fois vous demandiez, "Et maintenant ?" Et maintenant que tout est beau, vous demandez à nouveau "Et maintenant ?". Maintenant, laissez-le, cet espoir.

L'autre jour, quelqu'un est venu et a dit : "Tout va très bien maintenant, mais qui sait pour demain ?" Pourquoi faire intervenir demain alors que tout va parfaitement bien ? Ne pouvez-vous pas rester sans problèmes ? Maintenant, tout va bien, mais vous vous inquiétez de savoir si cela ira bien demain ou pas. Si tout va bien aujourd'hui, d'où viendra le lendemain ? Il naîtra d'aujourd'hui, alors pourquoi vous inquiéter ? Si aujourd'hui est silencieux, demain sera encore plus silencieux ; il naîtra d'aujourd'hui. Mais à cause de cette inquiétude, vous pouvez détruire aujourd'hui ; alors le lendemain sera là et vous serez comblé dans votre frustration et vous direz : "Voilà ce à quoi je pensais et m'inquiétais - c'est arrivé." Et c'est arrivé à cause de vous. Cela ne devait pas arriver ! Si vous étiez resté sans avenir, cela ne serait pas arrivé.

Et c'est la tendance autodestructrice de l'esprit, suicidaire ; et d'une certaine manière, c'est très auto-réalisateur, donc l'esprit peut toujours dire : " Je vous avais prévenu avant. Je vous avais prévenu auparavant, vous ne m'avez pas écouté." Maintenant, vous allez penser : "Oui, c'est vrai ; le mental vous avertissait et je ne l'écoutais pas." Mais cela n'est arrivé que grâce à l'avertissement de l'esprit.

Beaucoup de choses arrivent.... Si vous allez chez les astrologues, les JYOTISHI, les chiromanciens, et qu'ils vous disent quelque chose, lorsque cela se produit, vous penserez qu'ils ont prédit votre avenir. Or, c'est tout le contraire qui se produit :

parce qu'ils ont prédit, votre esprit s'y est mis et c'est arrivé. Si quelqu'un dit que le mois prochain, le treize mars, vous allez mourir, la possibilité existe - non pas parce qu'il connaît votre avenir, mais parce qu'il a prédit l'avenir. Maintenant, le treize mars sera continuellement présent dans votre esprit : vous ne pourrez pas dormir sans lui, vous ne pourrez pas rêver sans lui, vous ne pourrez pas aimer sans lui. Vingt-quatre heures : "Le treize mars et je vais mourir." Cela deviendra une autohypnose, un chant. Il tournera en rond ; plus le treize mars approchera, plus il ira vite. Et elle se réalisera d'elle-même : treize mars....

Il est arrivé une fois qu'un chiromancien allemand prédise sa propre mort. Il avait prédit la mort de nombreuses personnes et cela s'est produit, il est donc devenu certain que sa prédiction était quelque chose ; sinon, comment cela se produisait-il ? Et comme il se faisait vieux, quelques amis lui ont suggéré : "Pourquoi ne pas prédire la vôtre ?" Il a donc étudié les aiguilles, les graphiques et tout le reste - tout cela était insensé - et puis il a décidé de sa propre mort : qu'elle allait se produire à telle date, à six heures tôt le matin.

Et puis il l'a attendue. Six heures approchaient ; dès cinq heures, il était prêt, assis à la pendule.

Chaque instant, et la mort s'approchait de plus en plus. Et puis est arrivé le dernier moment - un moment de plus et l'horloge dirait qu'il est six heures, et il est encore en vie, comment est-ce possible ?

Les secondes ont commencé à passer, et quand l'horloge a sonné six heures, il a sauté par la fenêtre...

parce que comment est-ce possible.... Et bien sûr, il est mort exactement comme prévu.

L'esprit a un mécanisme auto-réalisateur. Soyez vigilant à ce sujet. Vous êtes heureux ; le mental dit : "Bien sûr, vous êtes heureux, c'est bien - mais qu'en est-il de demain ?" Maintenant, l'esprit a déjà déformé, détruit ce moment, il a apporté le lendemain. Maintenant, le lendemain viendra de ce mental, et non de ce moment de bonheur qui était là.

N'espérez pas dans un sens ou dans l'autre, pour ou contre, laissez tomber tout espoir. Restez dans l'instant, dans l'instant, avec l'instant, pour l'instant. Il n'y a pas d'autre moment que celui-ci. Et tout ce qui va arriver arrivera à partir de ce moment, alors pourquoi s'inquiéter ? Si ce moment est beau, comment le moment suivant peut-il être laid ? D'où viendra-t-il ? Il grandit, il sera plus beau - il doit l'être. Il n'y a pas besoin d'y penser.

Et une fois que vous avez accompli cela, en restant avec votre perfection innée..... N'oubliez pas que je dois utiliser des mots et qu'il y a un risque que vous compreniez mal. Quand je dis rester avec votre perfection intérieure, vous pouvez être inquiet parce que parfois vous pouvez sentir que vous n'êtes pas parfait - alors restez avec votre imperfection. L'imperfection est également parfaite ! Il n'y a rien de mal en elle, restez avec elle.

Ne vous éloignez pas de CE moment ; ici et maintenant est toute l'existence. Tout ce qui doit être accompli doit être accompli ici et maintenant, donc quoi qu'il en soit, même si vous vous sentez imparfait - magnifique, soyez imparfait ! C'est ainsi que vous êtes, c'est votre nature. Vous vous sentez sexuel - parfait, sentez-vous sexuel. C'est comme ça que vous êtes, c'est comme ça que Dieu a voulu que vous soyez. Triste - magnifique, sois triste, mais ne t'éloigne pas du moment présent. Restez dans l'instant et, de proche en proche, vous sentirez que l'imperfection s'est dissoute dans la perfection, que le sexe s'est dissous dans l'extase intérieure, que la colère s'est dissoute dans la compassion.

En ce moment, si vous pouvez être votre être total, alors il n'y a aucun problème. C'est l'accomplissement suprême. Il n'y a pas d'espoir, il n'y en a pas besoin. C'est tellement parfait qu'il n'y a pas besoin d'espoir.

L'espoir n'est pas une bonne situation ; espérer signifie toujours que quelque chose ne va pas chez vous - c'est pourquoi vous espérez le contraire. Vous êtes triste et vous espérez le bonheur ; votre espoir dit que vous êtes triste. Vous vous sentez laid et vous espérez avoir une belle personnalité ; votre espoir dit que vous êtes laid.

Montrez-moi votre espoir et je pourrai vous dire qui vous êtes, car votre espoir montre immédiatement qui vous êtes - tout le contraire. Laissez tomber l'espoir et soyez simplement. Au début, si vous essayez cela, juste être, cela se produira :

AU DÉBUT, UN YOGI SENT SON ESPRIT TOMBER COMME UNE CHUTE D'EAU ; AU MOYEN DE LA COURSE, COMME LES GANGS, IL S'ÉCOUTE LENTEMENT ET DOUCEMENT ; À LA FIN, IL S'AGIT D'UN GRAND ET VASTE OCÉAN OÙ LES LUMIÈRES DU FILS ET DE LA MÈRE SE FONDENT EN UN.

Si vous êtes ici et maintenant, le premier SATORI se produira, le premier aperçu de l'illumination. Et ce sera la situation à l'intérieur :

AU DÉBUT, UN YOGI SENT QUE SON ESPRIT TOMBE COMME UNE CHUTE D'EAU...

parce que ton esprit commence à fondre. En ce moment, il est comme un glacier gelé. Si vous restez détendu, naturel, fidèle au moment, authentiquement ici et maintenant, le mental commence à fondre. Vous lui avez apporté de l'énergie solaire. Le fait d'être dans l'ici et maintenant conserve une telle énergie. Ne pas se déplacer dans le futur, ne pas se déplacer dans le passé, vous avez tellement, une énorme énergie en vous, que cette énergie même commence à faire fondre le mental.

L'énergie est le feu, l'énergie est du soleil. Lorsque vous ne bougez pas, que vous êtes complètement immobile, ici et maintenant - sans aller, en convergeant vers vous-même - toutes les fuites s'arrêtent, car les fuites sont dues au désir et à l'espoir. Vous fuyez à cause de l'avenir. La fuite est due à une motivation : "Faites quelque chose, soyez quelque chose, ayez quelque chose. Pourquoi perdez-vous votre temps à rester assis ? Allez-y ! Bougez ! Fais-le !" - alors il y a une fuite. Si vous êtes simplement là, comment pouvez-vous fuir ? L'énergie converge, retombe sur vous, elle devient un cercle de feu - et alors le glacier du mental commence à fondre.

AU DÉBUT, UN YOGI SENT QUE SON ESPRIT TOMBE COMME UNE CHUTE D'EAU....

Tout tombe. L'esprit entier tombe, tombe, tombe - vous pouvez avoir peur. Près du premier satori, le maître est nécessaire très profondément et

intimement, parce que qui vous dira : " N'ayez pas peur, c'est beau - tombez "
?

Il suffit du mot "chute" pour que la peur s'installe, car tomber signifie tomber dans un abîme, perdre pied, avancer vers l'inconnu. Et la chute comporte un sentiment de mort - on a peur.

Avez-vous déjà été sur une montagne, un sommet élevé, et de là, vous avez regardé l'abîme, la vallée ? La nausée, les tremblements, la peur vous envahissent comme si l'abîme était la mort et que vous pouviez y tomber.

Lorsque l'esprit fond, tout commence à tomber, TOUT, je dis bien TOUT. Votre amour, votre ego, votre avidité, votre colère, votre haine - tout ce que vous avez été jusqu'à présent commence soudain à se détacher et à tomber, comme si la maison s'écroulait. Vous devenez un chaos - plus d'ordre, toute la discipline tombe. Vous vous mainteniez d'une manière ou d'une autre ; d'une manière ou d'une autre, vous vous imposiez un contrôle, une discipline. Maintenant que vous êtes libres et naturels, tout s'écroule. Beaucoup de choses que vous avez supprimées vont surgir, elles vont faire surface. Vous trouverez le chaos tout autour de vous ; vous serez comme un fou.

La première étape est vraiment difficile à franchir, car tout ce que la société vous a imposé tombera, tout ce que vous avez appris tombera, tout ce que vous vous êtes conditionné tombera. Toutes vos habitudes, toutes vos orientations, tous vos chemins vont tout simplement disparaître. Votre identité s'évaporera ; vous ne serez pas en mesure de savoir qui vous êtes. Jusqu'à présent, vous saviez bien qui vous étiez : votre nom, votre famille, votre statut dans le monde, votre prestige, votre honneur, ceci et cela : vous en aviez conscience. Maintenant, soudainement, tout se fond, l'identité est perdue. Vous saviez beaucoup de choses, maintenant vous ne saurez plus rien. Vous étiez sage dans les voies du monde ; elles vont tomber et vous vous sentirez complètement ignorant.

C'est ce qui est arrivé à Socrate. C'était son premier moment de satori, quand il a dit : " Maintenant, je ne sais qu'une chose, c'est que je ne sais rien. Je n'ai qu'une seule connaissance, celle d'être ignorant." C'est le premier satori.

Les soufis ont un terme particulier pour cet homme, ce type d'homme, qui arrive à cet état ; ils l'appellent MAST, ils l'appellent le fou. Il vous regarde sans vous regarder. Il erre sans savoir où il va. Il dit n'importe quoi. Il ne peut pas garder une cohérence pertinente dans son discours.

Un mot, puis un vide ; puis un autre mot qui n'a absolument aucun rapport ; une phrase, puis une autre phrase qui n'est pas du tout reliée - aucune cohérence, toute consistance est perdue. Il devient une contradiction ; on ne peut pas se fier à lui.

C'est pour ces moments-là qu'il faut une école, où les gens peuvent s'occuper de vous. C'est pour cette raison que les ashrams ont vu le jour - parce que cet homme ne peut pas être autorisé à entrer dans la société, sinon on pensera qu'il est fou et on le forcera à entrer dans une prison ou un asile, et on essaiera de le soigner.

Ils essaieront de le faire redescendre, de le ramener à son état normal - et il grandit ! Il a brisé toutes les chaînes de la société ; il est devenu un chaos.

D'où mon insistance sur les méditations chaotiques. Elles vous aideront à atteindre ce premier satori. Dès le début, vous ne pouvez pas vous asseoir en silence ; vous pouvez vous apaiser, mais vous ne pouvez pas vous asseoir, ce n'est pas possible.

Cela ne peut se produire que dans le deuxième satori. Dans le premier satori, vous devez être chaotique, dynamique ; vous devez permettre à vos énergies de se déplacer de sorte que toutes les camisoles de force qui vous entourent soient brisées et que toutes les chaînes soient jetées. Pour la première fois, vous devenez un étranger, vous ne faites plus partie de la société. Vous avez besoin d'une école où l'on peut prendre soin de vous. Il faut un maître qui puisse te dire : "N'aie pas peur".

qui peut vous dire de tomber facilement. Laissez-vous faire ; ne vous accrochez pas à quelque chose car cela ne ferait que retarder le moment - tombez ! Plus vite vous tomberez, plus vite la folie disparaîtra ; si vous tardez, alors la folie peut se poursuivre longtemps.

Il y a des millions de fous dans les maisons de fous du monde entier qui ne sont en fait pas fous, qui avaient besoin d'un maître, qui n'ont pas besoin d'un psychothérapeute. Ils ont atteint leur premier satori, et toutes les psychothérapies les forcent à redevenir normaux. Ils sont dans une meilleure situation que vous ; ils ont atteint une croissance, mais cette croissance est tellement aberrante - il doit en être ainsi au début, ils passent le premier satori - et vous les avez rendus coupables. Vous dites : "Vous êtes fou !" - et ils essaient de le cacher et de s'accrocher, et plus longtemps ils s'accrochent, plus longtemps la folie les suivra.

Ce n'est que tout récemment que quelques psychanalystes, en particulier R.D. Laing et d'autres, ont pris conscience du phénomène selon lequel quelques personnes folles ne sont pas tombées plus bas que la normale, elles sont même allées au-delà de la normale. Seules quelques personnes en Occident, des personnes très perspicaces, ont pris conscience de ce phénomène - mais l'Orient a toujours été conscient, et l'Orient n'a jamais supprimé les personnes folles. La première chose que fait l'Orient est d'amener les fous dans une école où de nombreuses personnes travaillent et où se trouve un maître vivant. La première chose à faire est de les aider à atteindre le satori.

En Orient, les personnes folles jouissaient d'un grand respect ; en Occident, elles sont tout simplement condamnées, obligées de recevoir des chocs électriques, des chocs à l'insuline, obligées d'une manière ou d'une autre de détruire leur cerveau - parce que maintenant, il y a des opérations chirurgicales. Leur cerveau est opéré et quelques parties du cerveau sont enlevées. Bien sûr, ils deviennent alors normaux, mais ternes, idiots, leur intelligence est perdue. Ils ne sont plus fous, ils ne feront de mal à personne ; ils deviendront une partie silencieuse de la société - mais vous les avez tués sans savoir qu'ils atteignaient un point à partir duquel un homme devient surhumain.

Mais bien sûr, le chaos doit être dépassé.

Avec un maître aimant et un groupe de personnes aimantes dans une école, dans un ashram, cela passe facilement, tout le monde le prend facilement, l'aide ; on passe facilement à la deuxième étape. Cela doit se produire parce que tout ordre vous est imposé, ce n'est pas un ordre réel. Toute discipline vous est imposée, ce n'est pas votre discipline intérieure. Avant que vous n'atteigniez l'intérieur, l'extérieur doit être abandonné ; avant qu'un nouvel ordre naisse, l'ancien doit cesser - et il y aura un vide. Ce vide, c'est la folie. On a envie de dégringoler, de tomber comme une cascade dans l'abîme, et il semble qu'il n'y ait pas de fond.

À mi-parcours, si ce point est dépassé, si le premier satori est bien vécu, alors un nouvel ordre surgit qui vient de l'intérieur, qui vient de votre propre être. Maintenant, il ne s'agit plus de la société, il ne vous est pas donné par les autres, ce n'est pas un emprisonnement. Maintenant, un nouvel ordre apparaît qui a une qualité de liberté. Une discipline vous vient naturellement, elle est la vôtre. Personne ne vous le demande, personne ne vous dit : "Fais ceci !" - vous faites simplement ce qui est juste.

EN MILIEU DE COURSE, COMME LES GANGS, IL FLUIT DOUCEMENT ET DOUCEMENT....

La chute d'eau tumultueuse et rugissante a disparu, le chaos n'est plus. C'est le deuxième satori.

Vous devenez comme le Gange, qui coule doucement, lentement ; aucun son n'est créé. Vous marchez comme un jeune marié, silencieusement, gracieusement. Un charme absolument nouveau s'empare de votre être - grâce, élégance.

C'est le deuxième stade dans lequel on a attrapé tous les bouddhas dans les statues ; car on ne peut pas attraper le troisième, seulement le deuxième ou le premier.

Tous les bouddhas, les TIRTHANKARAS des Jainas - allez voir leurs statues : l'élégance, la grâce, la rondeur subtile de leur corps, féminin. Ils n'ont pas l'air masculin, ils ont l'air féminin ; leur rondeur, leur courbure est féminine. Cela montre que leur être intérieur est devenu très lent, très doux ; rien d'agressif en eux.

Les maîtres zen - Bodhidharma, Rinzai, Bokuju - ont été représentés dans le premier état. C'est pourquoi ils sont si féroces. Ils ressemblent à des lions rugissants, ils ont l'air de vouloir vous tuer. Si vous regardez leurs yeux, leurs yeux sont des volcans, le feu vous saute dessus ; ils sont comme des chocs. Ils ont été représentés dans le premier état de satori pour certaines raisons, parce que les zen savent que le premier est le problème ; et si vous connaissez Bodhidharma dans cet état, lorsque le même état vous arrivera, vous comprendrez qu'il ne faut pas avoir peur ; même Bodhidharma..... Mais si vous avez toujours observé les bouddhas et les tirthankaras dans leurs rivières silencieuses et lentes et dans leur grâce féminine, vous aurez très peur lorsque la férocité viendra à vous, lorsque vous deviendrez comme un lion - exactement : on commence à rugir. Vous devenez une chute d'eau - formidable !

C'est pourquoi, dans le Zen, l'état féroce est de plus en plus représenté. Bien sûr, il y avait des bouddhas dans le sanctuaire, mais c'est l'état suivant. Et ce n'est pas du tout un problème ; lorsque vous devenez silencieux, il n'y a pas de problème. En Inde, on a trop mis l'accent sur la deuxième étape et cela est devenu un obstacle, car il faut savoir dès le début comment sont les choses. Un bouddha est déjà un être accompli. Cela peut vous arriver, mais dans l'intervalle entre vous et le bouddha, quelque chose d'autre va se produire - et c'est la folie totale.

Que se passe-t-il quand on accepte toute folie, qu'on la laisse faire ? - elle se calme d'elle-même. L'ordre ancien que la société a imposé, s'en va, s'évapore tout simplement. Les anciennes connaissances n'existent plus ; tout ce que vous saviez sur les écritures n'existe plus. Il y a un moine zen qui brûle toutes les écritures - sa photo est l'une des plus célèbres. Cela fait partie du premier état. On brûle toutes les écritures, on jette toutes les connaissances ; tout ce qui vous a été donné ressemble à des déchets, à de la pourriture. Maintenant, votre propre sagesse apparaît ; vous n'avez pas besoin de l'emprunter à qui que ce soit. Mais cela prendra un peu de temps, tout comme il faut du temps à une graine pour germer.

Si vous arrivez à passer par l'état chaotique, alors le second suit très très facilement, automatiquement, de lui-même. Vous devenez silencieux, tout est calmé, tout comme le Gange quand il arrive dans les plaines. Dans les collines, il rugit comme un lion, tombant de très haut dans les profondeurs, avec beaucoup d'agitation ; puis il arrive dans les plaines, quitte les collines. Maintenant le terrain change, maintenant tout coule en silence. Vous ne pouvez même pas voir si cela coule ou non ; tout bouge comme si cela ne bougeait pas, à l'aise.

Atteindre l'accomplissement intérieur, inné, sans espoir - ne pas viser de but, ne pas être pressé, ne pas se hâter ; juste profiter... de chaque instant.

Comme les gangs, il coule doucement et gentiment.

Cette deuxième étape a la qualité du silence absolu, du calme, de la quiétude, de la tranquillité, de la sérénité, du repos, de la relaxation.

Et puis :

À LA FIN, C'EST UN GRAND ET VASTE OCÉAN OÙ LES LUMIÈRES DU FILS ET DE LA MÈRE SE FONDENT EN UNE SEULE.

Puis soudain, coulant silencieusement, il atteint l'océan et ne fait plus qu'un avec l'océan - une vaste étendue, sans limites. Maintenant, ce n'est plus une rivière, ce n'est plus une unité individuelle, il n'y a plus d'ego.

Même au deuxième stade, il y a un ego très très subtil. Les hindous ont deux noms : l'un qu'ils appellent AHAMKAR, l'ego, c'est ce que vous avez ; le second qu'ils appellent ASMITA, l'amabilité, pas d'ego. Lorsque vous dites "je suis", pas le "je", mais simplement "je", l'amness, ils l'appellent asmita. C'est un ego très très silencieux, personne ne le ressent, il est très passif, pas agressif. Il ne laissera aucune trace nulle part, mais il est toujours là.

On a l'impression de l'être.

C'est pourquoi on l'appelle le deuxième satori : le Gange coule en silence, bien sûr, à la maison, en paix, mais il coule quand même ; c'est asmita, c'est l'amabilité. Le "je" est tombé et toute la folie du "je" s'est envolée ; le "je" agressif, féroce, n'est plus là, mais un calme très silencieux s'ensuit, car le fleuve a des berges et le fleuve a des limites. Il est toujours séparé, il a sa propre individualité.

Avec l'ego, la personnalité tombe mais l'individualité demeure. La personnalité est l'individualité extérieure.

L'individualité est la personnalité intérieure. La personnalité est pour les autres, c'est un truc de salon, un étalage.

Cela est tombé ; c'est l'ego. Mais ce sentiment intérieur, "je suis" ou plutôt "suis", n'est pas à afficher, personne ne pourra le voir. Il ne s'immisce pas dans la vie de qui que ce soit, il ne fourre pas son nez dans les affaires de qui que ce soit. Il se déplace simplement, mais il est toujours là - car le Gange existe en tant qu'individu.

Alors l'individualité est également perdue. C'est le troisième mot : ATMA. Ahamkar est l'ego, le "je" ; le "je" n'en est qu'une ombre, le "je" est concentré. Ensuite, le deuxième état, asmita : le "je" est tombé ; maintenant l'amness est devenu le total, pas une ombre. Et ensuite, atma : maintenant, le "je" a également disparu.

C'est ce que Tilopa appelle le non-soi. Vous ÊTES, mais sans aucun soi ; vous êtes, mais sans aucune limite.

La rivière est devenue l'océan ; la rivière est dans l'océan, elle est devenue une avec lui. L'individualité n'existe plus, il n'y a plus de frontières, mais l'être existe comme un non-être. Il est devenu un vaste vide.

Elle est devenue comme le ciel.

L'ego était comme des nuages noirs dans le ciel. L'amabilité, asmita, était comme des nuages blancs dans le ciel.

Et atma est comme si, sans nuages, seul le ciel était resté.

À LA FIN, C'EST UN GRAND ET VASTE OCÉAN OÙ LES LUMIÈRES DU FILS ET DE LA MÈRE SE FONDENT EN UNE SEULE.

Lorsque vous revenez à la source originelle, la mère, le cercle est complet. Vous êtes revenu à la maison, dissous avec la source originelle. Le Gange est venu à Gangotri, la rivière est revenue à sa source originelle : le cercle complet. Maintenant vous êtes, mais dans un sens tellement différent qu'il est préférable de dire que vous n'êtes pas.

C'est l'état le plus paradoxal parce qu'il est le plus difficile de le traduire en langage et en expression.

Il faut y goûter. C'est ce que Tilopa appelle Mahamoudra - le grand orgasme, l'orgasme ultime, l'orgasme suprême. Vous êtes revenu de là où vous étiez parti. Le voyage est terminé, et non seulement le voyage est terminé, mais aussi le voyageur n'est plus. Non seulement le voyage est terminé en tant que chemin, mais le but est également terminé.

Maintenant, rien n'existe et tout est.

Rappelez-vous cette distinction. Une table existe, une maison existe - mais Dieu EST ; parce qu'une table peut aller vers la non-existence, une maison peut aller vers la non-existence, mais Dieu ne peut pas. Il n'est donc pas bon de dire que Dieu existe ; Dieu est tout simplement. Il ne peut pas être inexistant. C'est la pureté de l'être. C'est le Mahamoudra.

Tout ce qui existe a disparu, seul l'être demeure.

Le corps a disparu, il existait. L'esprit a disparu, il existait. Le chemin a disparu, il existait. Le but a disparu. Tout ce qui existait a disparu, seule la pureté de l'être est là - un miroir vide, un ciel vide, un être vide.

C'est ce que Tilopa appelle Mahamoudra. C'est le suprême, le dernier, il n'y a pas d'au-delà. C'est l'"au-delà" même.

Rappelez-vous ces trois étapes ; vous devrez les traverser. Le chaos, tout a basculé ; vous n'êtes plus identifié à quoi que ce soit, tout est devenu lâche et s'est effondré - vous êtes complètement fou. Regardez-le, permettez-le, passez-le, n'ayez pas peur ; et quand je suis là, vous n'avez pas à avoir peur. Je sais que cela va passer, je sais que cela passe toujours, je peux vous l'assurer. Et à moins que cela ne passe, la grâce, l'élégance, le silence d'un bouddha ne vous arriveront pas.

Laissez passer. Ce sera un cauchemar, bien sûr, mais laissez-le passer. Avec ce cauchemar, tout votre passé sera nettoyé. Ce sera une énorme catharsis. Tout votre passé passera par le feu, mais vous deviendrez de l'or pur.

Puis vient le deuxième état. Il faut passer le premier parce que vous pouvez avoir peur et vous enfuir. Le deuxième état comporte également un autre type de danger, un type absolument différent ; ce n'est pas du tout un danger. Le premier état doit être dépassé ; vous devez être conscient qu'il passera. Il passera, il faut juste du temps et de la confiance. Le second a un autre type de danger : on voudrait s'y accrocher parce qu'il est si beau ; on voudrait y être pour toujours et à jamais. Lorsque la rivière intérieure coule calmement et tranquillement, on veut s'accrocher aux berges ; on ne veut pas aller ailleurs, c'est si bon. D'une certaine manière, c'est un plus grand danger.

Un maître doit vous assurer que la première passe, et un maître doit vous forcer à ne pas vous accrocher à la seconde, parce que si vous vous accrochez, le Mahamoudra ne vous arrivera jamais. De nombreuses personnes s'accrochent à la seconde, elles s'y accrochent. Beaucoup de gens s'accrochent à la seconde parce qu'ils s'y sont tellement attachés. C'est tellement beau qu'on voudrait en tomber amoureux ; on tombe automatiquement. Être conscient, rester conscient - cela aussi doit être dépassé. Veillez à ne pas vous accrocher.

Si vous pouvez surveiller votre peur avec la première et votre avidité avec la seconde..... N'oubliez pas que la peur et l'avidité sont les deux aspects d'une même pièce. Dans la peur, vous voulez échapper à quelque chose, dans l'avidité, vous voulez vous y accrocher, mais ce sont les mêmes choses. Observez la peur, observez l'avidité et laissez le mouvement se poursuivre ; n'essayez pas de l'arrêter. Vous pouvez devenir stagnant, alors le Gange ne devient pas une chose qui coule, mais une piscine stagnante. Aussi beau soit-il, il sera bientôt mort. Il deviendra sale, il s'asséchera et bientôt tout ce qui a été gagné sera perdu.

Continuez à bouger. Le mouvement doit être éternel - gardez-le à l'esprit. C'est un voyage sans fin, il est toujours possible d'en faire plus ; laissez-le se produire. Ne l'espérez pas, ne le demandez pas, n'allez pas trop loin, mais laissez-le se produire, car le troisième danger survient lorsque le Gange se jette dans l'océan, et c'est le dernier, car vous vous perdez vous-même.

C'est la mort ultime. Cela ressemble à la mort ultime. Même le Gange frissonne, tremble avant de tomber ; même le Gange regarde en arrière, pense aux jours passés et aux souvenirs, au temps magnifique dans les plaines et au formidable phénomène énergétique dans les collines et les glaciers.

Au dernier moment, lorsque le Gange va se jeter dans l'océan, il s'attarde encore un peu. Il veut regarder en arrière, repenser aux souvenirs, aux belles expériences. Cela doit aussi être surveillé. Ne vous attardez pas.

Quand l'océan arrive, permettez : fusionner, fondre, disparaître.

Ce n'est qu'au dernier point que vous pouvez dire adieu au maître, jamais avant. Fais tes adieux au maître et deviens l'océan. Mais jusqu'à ce moment-là, tu as besoin de la main de quelqu'un qui sait.

Il y a une tendance dans l'esprit à éviter une relation intime avec le maître ; c'est ce qui devient un obstacle à la prise de sannyas. On aimerait ne pas s'engager ; on aimerait apprendre, mais on aimerait ne pas s'engager. Mais vous ne pouvez pas apprendre, ce n'est pas la voie à suivre ; vous ne pouvez pas apprendre de l'extérieur. Vous devez entrer dans le sanctuaire intérieur de l'être d'un maître. Vous devez vous engager.

Sans elle, vous ne pouvez pas vous développer.

Sans cela, vous pouvez apprendre un peu de ci de là, et vous pouvez accumuler un certain savoir - cela ne vous sera d'aucune aide, cela peut plutôt devenir un obstacle. Un engagement profond est nécessaire, un engagement total en fait, car de nombreuses choses vont se produire. Et si vous vous contentez de rester à la périphérie, d'apprendre comme un simple visiteur, alors beaucoup de choses ne sont pas possibles, car que vous arrivera-t-il lorsque le premier satori arrivera ? Que vous arrivera-t-il quand vous deviendrez fou ? Et vous ne perdez rien lorsque vous vous engagez auprès d'un maître, car vous n'avez rien à perdre. Par votre engagement, vous gagnez simplement ; vous ne perdez rien parce que vous n'avez rien à perdre. Vous n'avez rien à craindre. Mais malgré tout, on veut être très intelligent et on veut apprendre sans s'engager. Cela ne s'est jamais produit, car ce n'est pas possible.

www.ingramcontent.com/pod-product-compliance
Lightning Source LLC
Chambersburg PA
CBHW021151160726
47994CB00001B/158